資料でわかる

認知発達心理学入門

Introduction to Psychology of Cognitive Development

加藤義信 編

ひとなる書房

Prologue はじめに

認知発達心理学への誘い
―子どもの不思議を通して、人間の心について考える―

　本書は、発達心理学の数ある研究領域の中でも、とくに「認知発達」という領域に関心をもつ若い研究者によって作られた本です。みなさんの中には、「認知発達」ということばを初めて耳にするという人もいるでしょう。英語では「cognitive development」ということばで、欧米の心理学では古くからあった表現ですが、日本の心理学の世界でもここ20年ほどの間に広く用いられるようになってきています。みなさんは、人間の心の働きを「知・情・意」と三つに分ける考え方があるのをご存知ですね。「認知」とは、その区分の「知」に該当すると考えてもよいかと思います。「世界について知る」心の働きと言い換えてもよいでしょう。知覚、思考、想像、記憶、判断など、私たちは目覚めている間は活発に心を働かせて、外界についての知識を増やし、ときには新しい知識を自ら生み出して、環境に適応し、環境を変えて、この世界の中で生きています。ところが、こうした心の働きは外からは直接には観察不可能です。友だちが目を瞑って腕組みをしながらジッとしているのを見ても、むつかしい数学の問題を考えているのか（思考）、失恋の思い出をくよくよ反芻しているのか（記憶）、パソコンはマックにしようかウィンドウズにしようか迷っているのか（判断）、外からは私たちにはわかりません。いや、私たち自身ですら、一所懸命考えているときに自分の心の中で何が起こっているのか、本当には知らないと言えるでしょう。認知発達心理学とは、私たち人間のこうした高次の心の働きが、どのようにして芽生え、年齢とともに次第に複雑かつ高次なものになっていくのかを、明らかにしようとする学問です。

　認知発達心理学の研究は、近年めざましい進歩をとげています。とりわけ、乳児期については、新しい研究技法の開発とともにこれまで知られていなかった事実が次々と明らかになり、従来の子ども観の塗り替えの必要性を説く心理学者も少なくありません。最近の研究成果に基づいて、「赤ちゃんや幼児は私たちが思っていたよりはずっと有能」といった見方が広

がり、それが教育や保育の世界では、早くから子どもをいっそうの有能さの獲得へと駆り立てる主張（早期能力開発の主張）とも結びついて語られることもしばしばです。

　本書は、認知発達心理学研究の最新の成果をやさしく嚙み砕いてみなさんにお届けします。しかし同時に、最近の発達心理学の本の多くが自明のごとく語るようになった上記の「"有能な"子ども」観には、一定の批判的スタンスをもって臨みます。というのも、「"有能な"子ども」観の背後には、子どもを大人のミニチュアとしてみる視点があり、そこには重大な落とし穴が隠されているように感じられるからです。私たちは、子どもと接したときに経験する楽しさや、彼らの意表をつく発話、不思議な行動を、なにより発達心理学の原点として大切にしたいと考えます。かつて大人のだれもが子どもでした。しかし、だれも自分がどのような世界に生きていたかを本当には思い出せません。ということは、本来、子どもは大人とは異なる固有の世界を生きつつある存在ではないでしょうか。そのような視点に立ったとき、はじめて私たちは、「子どもの不思議」を一場の愉快なエピソード以上の意味をもって眺めることができ、そこから人間そのものの不思議さの解明へと一歩を踏み出すことができるのではないでしょうか。子どもという存在がどのような世界に生きているのかを再構成することを通じて人間の原点を探究したい、そこから、実践の知にも謙虚に学びつつ、今の子どもたちの保育や教育への豊かな示唆を汲み取っていきたい、私たちはそのように願って、この本を作りました。

　本書の全体は、「表象」をキーワードに編集されています。「表象」とは、世界を心の中に置き換える働きのことです。詳しい定義は4章をごらんください。私たちは、「表象」の発達こそ、認知発達の中心的問題であると考え、そうした心の働きがどのように生まれ、育ち、他者との共同の心の働きとなっていくのか、またその心の働きの障害について、本書では四部構成によってわかりやすく示すよう努めました。

　最初に書いたように、本書の執筆者の多くは、研究者としてのキャリア形成途上にある若い人々です。認知発達心理学の各領域のおもしろさを伝えようとする彼ら・彼女らの熱意と清新な志の一端を、読者に感じていただくことができれば、そしていっそう深く学んでみたいと思っていただくことができれば、本書の目的の過半は達成されたといえるでしょう。

編　者

Contents もくじ

はじめに 2

第Ⅰ部　表象世界のはじまり 11

第1章 ● 乳幼児の知覚世界 12　　　　　　　　　坂田陽子

1　赤ちゃんの知覚的能力 14
（1）おなかの中の赤ちゃんの能力 14
（2）生まれたあとの赤ちゃんの能力 16
　①視力はどれぐらい？ 16
　②色は見えるの？ 18
　③細かいモノをまとまりとして見ている？　それともばらばら
　　に見ている？ 18

2　カテゴリー形成 21
（1）頭の中を整理整頓 21
（2）まずは似たもの同士で分ける 22

第2章 ● コミュニケーション能力の発達 28　　　　常田美穂

1　赤ちゃんの認識世界 29
（1）0〜2ヵ月：養育者との情動交流 29
（2）2〜7ヵ月：養育者と同じモノを見る 30
（3）7〜9ヵ月：養育者と心の交流をする 33

2　共同注意が子どもの世界を広げる 34
（1）共同注意のやりとりから子どもが学ぶこと 34
　①対象物の社会的意味 34
　②ことば 34
　③道具としての対象物：「つもり」をもってモノを使う 36
（2）表象が行動に先行する 37

3　共同注意によって失われる世界・拓かれる世界　40

第3章●乳児の意図理解の発達　44　　　　　　　　　　　　赤木和重

　　　1　意図の重要性とその発達　45
　　　　　（1）0ヵ月から6ヵ月の乳児の意図理解：意図理解の芽生え　45
　　　　　（2）6ヵ月から12ヵ月の乳児の意図理解　46
　　　　　（3）12ヵ月から18ヵ月ころの意図理解　50
　　　2　乳児の意図理解研究の先にあるもの：乳児は果たして有能なのか？　53
　　　3　意図理解の発達と新たなコミュニケーション　54
　　　　おわりに　56

第4章●表象機能の発生と発達　60　　　　　　　　　　　　木村美奈子
　　　　　――世界の二重化のはじまり――

　　　1　二重化した世界に生きる私たち　60
　　　　　（1）私たちの心の世界　60
　　　　　（2）心の世界の幕開け　62
　　　2　模倣、ふり、ごっこ遊び　64
　　　　　（1）模倣　64
　　　　　　　①模倣のはじまり―即時的な模倣から延滞模倣へ　64
　　　　　　　②模倣の利点　66
　　　　　（2）ふり　68
　　　　　（3）ごっこ遊び　68
　　　　　　　①他者になりきる　68
　　　　　　　②仲間の子どもと想像の世界で遊ぶ　70
　　　　まとめ　72
　　　　コラム：『星の王子さま』と意味の世界　74
　　　　　　　　：大きくなるにつれてごっこ遊びをしなくなるのはなぜ？　75

第5章●自己イメージの起源　76　　　　　　　　　　　　　加藤弘美

　　　1　鏡像自己認知研究のはじまり　76

Contents もくじ

　　　　（1）ヒト以外の鏡像自己認知　77
　　　　（2）ヒトの子どもの鏡像自己認知　78
　　2　鏡像以外の自己認知研究　80
　　　　（1）さまざまな自己像認知の成立時期の違い　80
　　　　（2）遅延ビデオ映像の自己認知　81
　　　　（3）ライブビデオ映像の自己認知　81
　　3　自己認知の成立　84
　　　　（1）鏡像自己認知課題に通過することの意味　84
　　　　（2）「わたし」が「わたし」であると知るとき　85

第Ⅱ部　表象世界のひろがり　87

第6章●心の理解の発達　88　　　　　　　　　　瀬野由衣
　　－子どもに心の世界が開けるとき－

　　1　「心の理論」とは　89
　　　　（1）「心の理論」研究の始まり　89
　　　　（2）なぜ理論と呼ぶのか　90
　　　　（3）誤信念課題で測られているもの　90
　　2　心を理解することによって開かれる世界　92
　　　　（1）他者に限らない自分の心の理解　92
　　　　（2）「心の理論」の成立と日常生活との関連　92
　　　　（3）4歳以降のさらなる心の理解の発展　94
　　3　心の理解の成立以前の世界　94
　　　　（1）4歳以前の子どもには、「心」がない？　94
　　　　（2）目が「情報の窓」であることの理解　96
　　　　（3）「見ること－知ること」の関係理解　98
　　4　心の理解が可能になっていくプロセス　98
　　　　（1）子ども自身の中で何が変化するのか　98
　　　　（2）他者との関係の中で育まれるもの　100
　　　　（3）「心の理論」の獲得によって得たもの、失ったもの　100

第7章 ●子どもの素朴理論の発達　104　　　　布施光代

1　素朴理論とは　106
2　素朴生物学　108
　　（1）素朴生物学とは　108
　　（2）素朴生物学の獲得　109
　　（3）素朴生物学の発達的変化　113
3　素朴理論と科学理論を教育の中でどう扱うか　115

第8章 ●時間概念の発達　120　　　　丸山真名美

1　時間概念とは？　121
　　（1）時間構造　121
　　（2）時間構造の特徴　122
　　（3）スクリプト研究における時間構造　123
　　（4）時間に関する認知的活動への時間構造の影響　124
2　時間構造の発達　124
　　（1）階層的時間構造の発達　125
3　認知的処理における時間構造の利用　129
　　（1）時間処理方略　129

第9章 ●数概念の発達　134　　　　山名裕子

1　数概念って何？：数概念の理論　135
　　（1）数概念とは　135
　　（2）数概念の獲得　136
2　数概念の発達と乳幼児教育　139
　　（1）遊びの中ではぐくまれる数量の感覚　139
　　　　①高さの感覚　141
　　　　②距離の感覚　142
　　　　③曜日の感覚　144
　　（2）社会や文化の中での数　145

Contents もくじ

（3）具体的な文脈と抽象的な世界　146

第Ⅲ部　外的表象の理解とその使用　151

第10章●子どもとテレビ　152　　　　　　　　　木村美奈子

1　私たちにとってのテレビ　153
2　子どもの生活とテレビ　154
　（1）生活に溶け込むテレビ―子どものテレビ視聴の実態　155
　（2）子どもの心の発達にテレビの影響はあるか？　156
3　子どもはどのようにテレビを見ているのだろうか　160
　（1）子どもは映像と現実を区別しているか？　160
　（2）子どもの映像理解のプロセス　162
4　子どもにテレビをどう見せるか　165
　（1）テレビよりもまず、実体験　165
　（2）子どもに見せる映像に対する配慮　166
　（3）テレビの有効利用　166
　まとめ　167
　コラム：小学生が考えるテレビの良い点悪い点　169

第11章●子どもは文字をどのように自分のものとするか　170　松本博雄

1　「文字を読み書きできる」ということ　171
2　文字習得のプロセス：「読み」を例に　174
3　幼児期の文字習得を支えるために　179

第12章●子どもの絵の発達　186　　　　　　　　　平沼博将

1　子どもの絵の不思議　187
　（1）「子どもの絵」の発見　187
　（2）頭足人の秘密と謎　187

2　子どもの絵の発達過程　188
　（1）なぐりがき期　188
　（2）象徴期（意味づけ期）　190
　（3）前図式期（カタログ期）　190
　（4）図式期　192

3　描画過程から子どもの絵のおもしろさを探る　192
　（1）頭から描くから頭でっかちになるのか？　192
　（2）子どものプランニング能力と人物画の関係　194

4　子どもの絵の楽しみ方　196
　（1）子どもの絵に耳を傾けてみる　198
　（2）あそびとして楽しむ子どもの絵　198

第Ⅳ部　障害をもつ子の世界　201

第13章●自閉症児の心の世界　202　　　　　　中嶋理香

1　自閉症児の発達を支えるために知っておきたいこと　202
　（1）自閉症児の心の世界を理解するために　202
　（2）医学的な診断　204
　　①社会性の障害　205
　　②コミュニケーションの障害　205
　　③想像力とそれに基づく行動の障害　206
　（3）コミュニケーション障害をみつける目　207
　　①共同注意　208
　　②行為の中にこめられた意図を読み取ること　210
　　③心の理論　211
　　④自閉症児の心の世界　212

2　コミュニケーション援助のための手立て　212
　（1）身体的なコミュニケーションを利用する　214
　（2）ことばの理解とコミュケーションの成立　216
　コラム：自閉症の診断基準　222
　　　　：Rくんとシャボン玉　224

第14章 ● 発達障害の子どもたちの認知発達と援助　226 別府悦子

1　発達障害のある子どもたちの認知発達　228
2　ＡＤＨＤ（注意欠陥多動性障害）　228
3　高機能自閉症・アスペルガー症候群　231
4　ＬＤ（学習障害）　233
5　発達障害の子どもたちの認知発達と支援　236

コラム：ピアジェの認知発達理論　238　　　　　　　　加藤義信

● 索引　242

第Ⅰ部

表象世界の はじまり

第1章 乳幼児の知覚世界

❀本章のねらい

1．誰もが思い出せない赤ちゃんの頃のこと

「昨日あったことを思い出してください」と言われると、ほとんどの人は思い出せるでしょう。また、「1年前の今頃は、何をしていましたか？」という問いかけにも、大まかなことは思い出せるのではないでしょうか。では、小学生の頃の記憶は鮮明に残っているでしょうか？ もう少し年齢を下げて、幼稚園や保育園のころ、もっと下げて赤ちゃんの時のこと……。みなさん、どの年齢まで自分自身のことを思い出せますか？ 赤ちゃんの頃のことが思い出せる人はいましたか？ 多くの人は、おそらく幼稚園や保育園の頃のことが一番昔の記憶ではないでしょうか。つまり、私たちは誰もが赤ちゃんであったのに、自分自身の赤ちゃんの頃のことを思い出せないのです。この現象を「幼児期健忘症」と言います（Freud, 1904）。「健忘症」と名前がついていますが、病気ではありません。健常な人間なら誰でもおこることです（**資料1－1参照**）。

ところで本章では、赤ちゃんの持っている能力、とくに知覚の能力について紹介していきます。もし「幼児期健忘症」の現象がなければ、自分自身が赤ちゃんの頃にやっていたことを思い出すだけでいいのです。ただ、人間はそれが残念ながら出来ません。ですので、自分自身がたどって来た道のりなのに、本章を見れば驚きや新たな発見がたくさんあると思います。本章の第1のねらいは、赤ちゃんがモノを見る時、私たち成人と同じように見ているかどうかについて検討することです。

2．頭の中の知識はぐちゃぐちゃに入っているのではない

「クジラ」と聞くと、どんなことをイメージしますか？ 大きくて、海にいて、魚のような……、と思った人もいるでしょう。この「魚のような

Chapter ❶ 乳幼児の知覚世界

資料1－1　もっとも幼いときの記憶と年齢

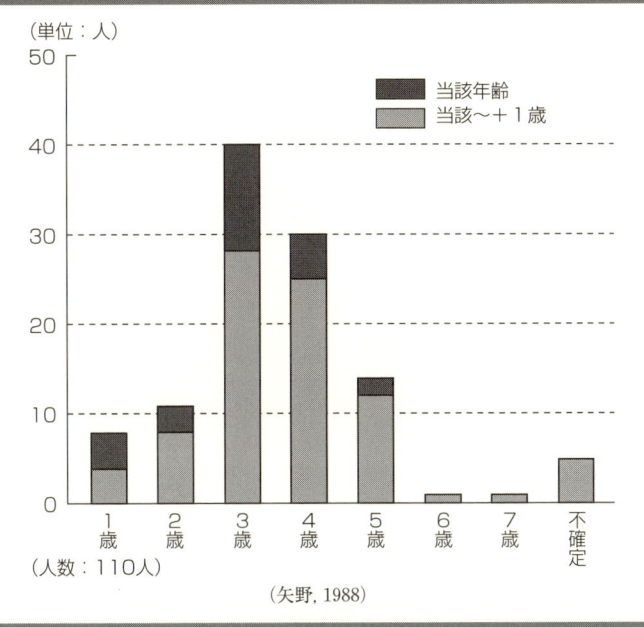

(単位：人)

（矢野, 1988）
(人数：110人)

大学生110人の一番古い記憶の年齢を示したグラフです。3～4歳と答える人が多く、1～2歳と答える人は少ないことがわかります。なお、凡例の"当該～＋1歳"とは、たとえば、「はっきり覚えていないが、2～3歳ごろ」のように幅を持たせて答えた場合を示します。

資料1－2　自発的な選好注視法

（ブレムナー，1999；渡辺雅之訳）

赤ちゃんに写真などを2枚同時に見せて、どちらを好んでよく見るか、また2枚の写真の区別がつくか、などを調べる方法です。

資料1－3　馴化・脱馴化法

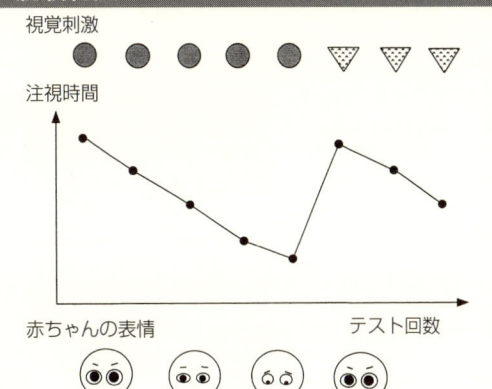

（多賀, 2002）

赤ちゃんに、ある視覚刺激を、見せる、見せない、見せる、見せない……を繰り返します。最初はその刺激に興味をもって見ていた赤ちゃんも、だんだん飽きてきて、視覚刺激を見なくなります。飽きてきたころに、新しい視覚刺激を見せます。すると、前の刺激と違い新しいものである、と思って再び興味を示します。このように、この検査法は、前の刺激と新しい刺激の区別がつくかどうかを調べるために用います。

……」がクセモノなのですが、「クジラ」は本当に「魚」の仲間なのでしょうか。理科や生物学を学ぶと、クジラが哺乳類である、と習います。つまり、「クジラ」と一言で言っても、見た目や住んでいるところで仲間分けをすると、「魚みたい……」と言えますし、一方、生物学的に分類すると「哺乳類」の仲間に入ります。このように、私たちの頭の中にはきちんと整理整頓されて入っています。では赤ちゃんや幼児は、初めて見るものや聞くことを覚えていく時は、ちゃんと仲間分けができるのでしょうか？本章の第2のねらいは、先に紹介した知覚の能力とも照らし合わせながら、赤ちゃんや幼児が新たな事物を覚えて知識として蓄えるときに、どのように仲間分けをして整理整頓しながら覚えていくかを読み取ることです。

● 予習アクティビティー

1．あなた自身の一番小さいときの記憶は何歳ぐらいのことでしたか？「本章のねらい」で紹介した「幼児期健忘症」のグラフと照らし合わせてみましょう。
2．ことばを話すことが出来ない赤ちゃんの能力を測定する場合、どんな方法があるか調べてみましょう（資料1−2、1−3参照）。
3．資料1−4、1−5の仲間分けに関する小学校入試問題をやってみましょう。

1 赤ちゃんの知覚的能力

① おなかの中の赤ちゃんの能力

おなかの中の赤ちゃんを見たことがありますか？　最近は、超音波画像の技術が進み、おなかの中の赤ちゃんでも、顔がはっきりわかるようになってきました。それに伴って、おなかの中の赤ちゃんの能力についてもわかることが増えてきました。たとえば、眼球運動は妊娠わずか14週前後ぐらいから規則的で

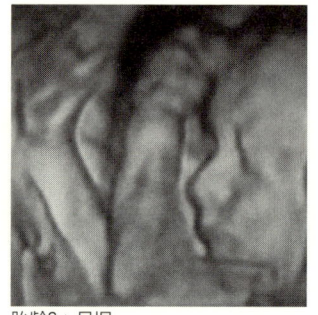

胎齢6ヵ月児
愛知淑徳大学清水遵先生より寄贈

Chapter 1 乳幼児の知覚世界

資料1-4　仲間はずれはどれでしょう

(平成10年度版過去5年間における大阪教育大学教育学部
附属平野小学校過去問題集　日本学習図書より引用)

資料1-5　仲間に分けましょう

(資料1-4と同じ)

はないですが起こるようになります。妊娠26週をすぎる頃からは、眼球運動がまとまりを持って起こるようになります。妊娠29～30週を過ぎる頃には、眼球運動が頻繁に見られる眼球運動期とそれが見られない無眼球運動期とが区別されるようになります。さらに妊娠36週～37週前後には、眼球運動期と無眼球運動期が交代で起こる、いわゆるウルトラディアン・リズム（ultradian ryhthm）が確立されます（福嶋 他, 2006）。これは、睡眠をつかさどる生体リズムの基盤となるといわれており、生まれたあとでとても大切な役割を果たします。

　おなかの中の赤ちゃんの耳は聞こえているのでしょうか。胎齢12週頃から音に反応を示し出し、胎齢16週頃から母親の声を記憶し始め、母親の声を他の女性の声と聞き分けられるという報告があります（DeCasper 他, 1994）。出産の1ヵ月ぐらい前になると、いろいろな高さの音から成人の女性の声の高さ（周波数250～500Hz）に対して好んで注意をむけて反応できるそうです（室岡, 1983）。

② 生まれたあとの赤ちゃんの能力

❶ 視力はどれぐらい？

　生まれたばかりの赤ちゃんの視力はどれぐらいだと思いますか？　その回答の前に、そもそもことばが未発達な赤ちゃんの視力をどうやって測るのでしょうか。方法としては、**資料１－６**のように、まず赤ちゃんに２枚の長方形の刺激を見せます。ひとつは灰色で、もうひとつは灰色と黒のたてじまが描かれています。ここで利用するのは、赤ちゃんはコントラストの強いシマシマ模様が大好き、という性質です。ですので、２つの刺激を左右に並べて赤ちゃんに見せると、シマシマがちゃんと見えていれば、大好きなシマシマの刺激をじっと見るのです。このシマシマをだんだん細くしていきます。すると、だんだん灰色と黒の区別が付かなくなり、２つの刺激が同じような灰色に見えてきます。そして、片方の刺激だけ好んでじっと見るということはなくなります。このシマシマ刺激のほうをどれぐらいの太さまで好んで見ることが出来るかを指標にして、視力を測ります。これを使用して、生後１週間目の新生児の視力を調べると、健常成人が見分けることのできる縞の30倍の太さだったそうです（Mohn 他, 1988）。成人の視力が1.0であるとすると、乳児の視力は単純に計算すると、成人の

Chapter 1 乳幼児の知覚世界

資料1−6　乳児の視力測定法

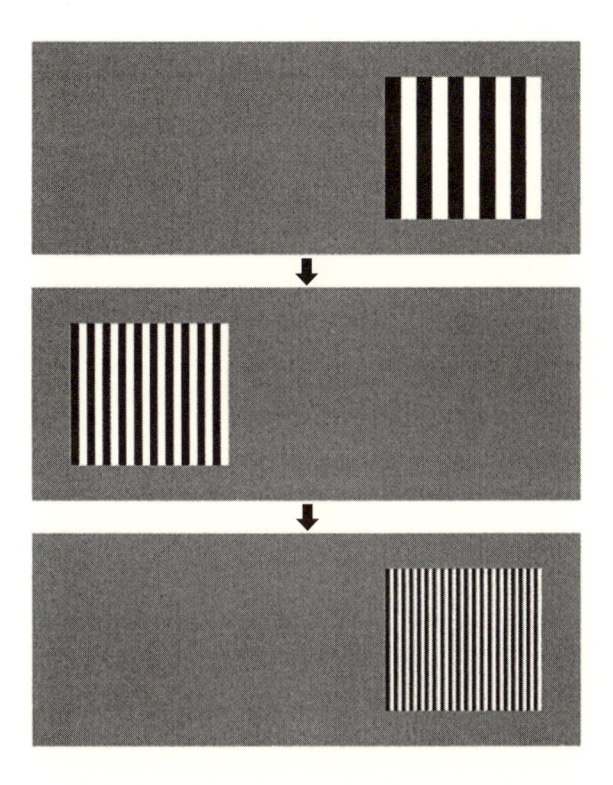

（山口, 2003より一部改変して引用）

資料1−7　乳児が見る世界（左）と大人が見る世界（右）

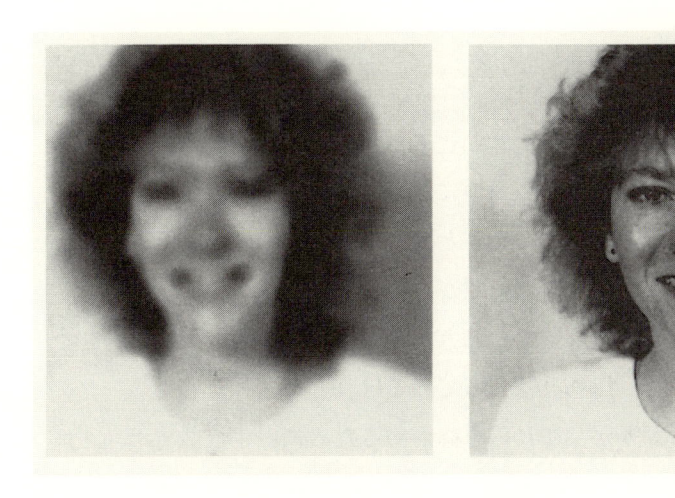

(Slater & Butterworth, 1997)

30分の1、すなわち、0.03ぐらいになります。実際には0.001ぐらいしか見えていないという報告もあります。これは、光の明暗はわかるものの、見ているモノはぼやけて見えている程度であると予測されます（資料1-7参照）。その後、生後6ヵ月までに視力は急速に発達しますが、それでも0.1程度にすぎないと言われています（山口, 2003）。

❷色は見えるの？

　赤ちゃんが見ている世界は、カラーでしょうか、それとも白黒でしょうか？　生まれたばかりの赤ちゃんは、一応カラーで見ているのですが、カラーといっても私たちが見ている色とは違うようです。

　ところで、どうして私たちには色が見えるのでしょうか？　実は私たちは、赤色、緑色、青色を、目の中にある別々の細胞（錐体細胞）で受け取っています。色盲や色弱は、この細胞のうちどれかが欠損したり、うまく働かなかったりすることが原因で生じます。これら3種の錐体細胞は、生まれてすぐに、同時に発達するのではなく、青色を受け取るための錐体細胞が、他の2つよりも発達的に遅れるということがわかっています（Atkinson, 2000, Kellman & Banks, 1997）。

　さて赤ちゃんの話に戻りますが、今述べたように、3つの錐体細胞のうち青色を受け取る細胞の発達が遅れるということは、つまり、青色がきちんと見えるのが遅いということになります。生後2ヵ月児になると、赤、緑、黄色を無彩色から区別できるという報告がありますが、青色は遅れて、生後4ヵ月ぐらいにならないと、きちんと認識できないと言われています（Adams, Maurer & Davis, 1986）。

❸細かいモノをまとまりとして見ている？　それともばらばらに見ている？

　赤ちゃんは細かいモノを見るとき、1つずつに注目してばらばらに見ているのでしょうか？　それとも全体をまとまりとして見ているのでしょうか？　このことを確かめるために、様々な実験が行われていますので、少し紹介しましょう。赤ちゃんに点線を見せたとき、1つずつの四角いかたまりを見ているのか、それとも、切れ目は入っているけれども全体としては直線として見ているのでしょうか。これらを確かめるために、生後3ヵ月の赤ちゃんに参加してもらい、実験をしています（Quinn, Burke & Rush, 1993）。

まず、**資料1-8**①の一番左の点で書かれた縦線を赤ちゃんに見せる、見せない、見せる、見せないということを何度も繰り返しました。何度か繰り返しているうちに、最初は「おや、何だろう？」と、好奇心旺盛に見ていた赤ちゃんも飽きてきて、見なくなります。この見なくなったときを見計らって、次に、**資料1-8**②と③を同時に赤ちゃんに見せて、どちらをよく見るかを観察しました。もし、縦線よりも横線のほうを好んでみれば、赤ちゃんが今まで見すぎて飽きてしまった縦線よりも、初めて見る横線のほうへ興味が移ったと考えられます。これは、今までの点線はつながっている縦線と同じものとして見ていた、だから飽きてしまったほうの縦線は再び見なかった、と解釈できます。一方、縦線と横線を同程度に見るならば、縦線を飽きてしまった点線とは違うものとして見ているということになり、点線を全体として線とは見ていないことになります。結果は、縦線よりも横線をよく見ました。すなわち、点線を1つずつの四角いかたまりとしては見ておらず、切れ目は入っているけれど、全体としては線であるというように見ていることがわかります。つまり、赤ちゃんでも細かいものを全体として見ていると言えます。

次に紹介する実験では、3つの丸を使って図形を作り出した時に、3ヵ

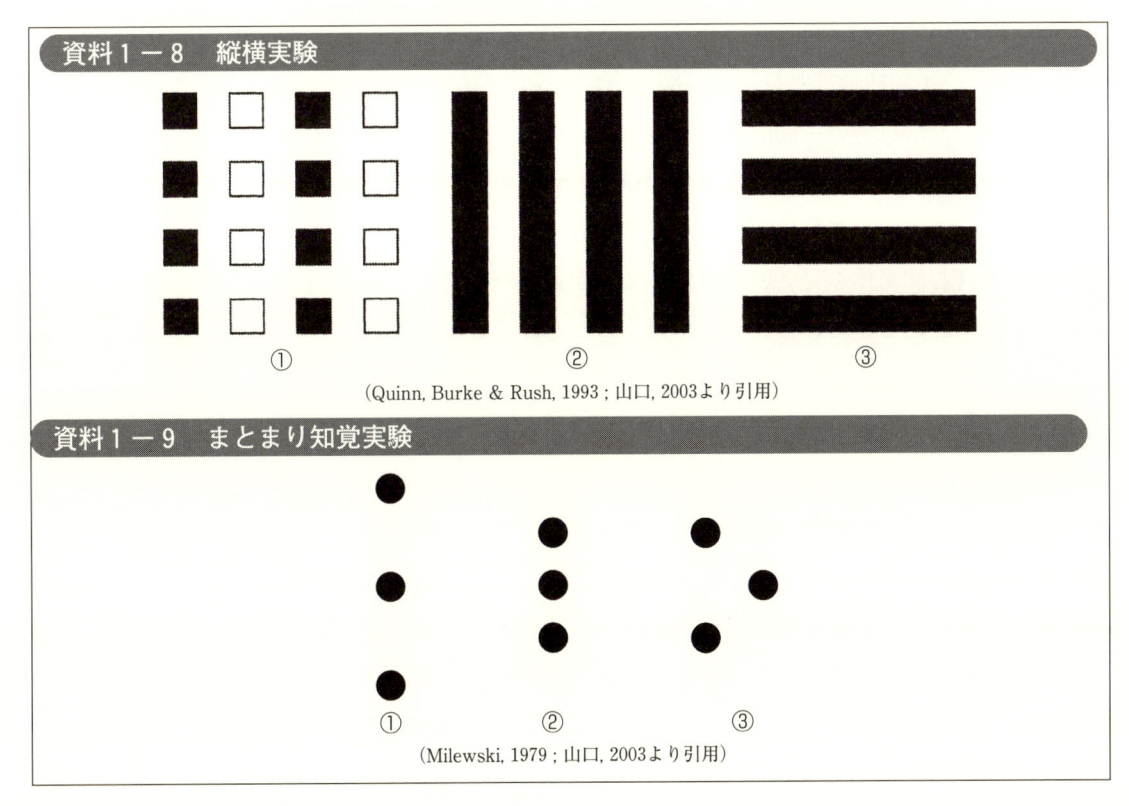

資料1-8　縦横実験

① ② ③

(Quinn, Burke & Rush, 1993 ; 山口, 2003より引用)

資料1-9　まとまり知覚実験

① ② ③

(Milewski, 1979 ; 山口, 2003より引用)

月の赤ちゃんがそれを区別できるかを調べています（Milewski, 1979）。まず**資料1-9**①の3つの丸を飽きるまで見せます。そして、次に**資料1-9**②、③の2つの図形を同時に見せます。すると赤ちゃんは、右側の図形をじっと見ました。これは、左側の図形は最初に見た図形に似ていたので、すでに飽きていてあまり見ず、右側の図形ははじめて見る新しい図形なので、興味を持ってじっと見た、と解釈できます。すなわち、生後3ヵ月の赤ちゃんでも、1つずつの丸に注意を向けるのではなくて、図形全体を見ているということがわかります。

同様のことは、主観的輪郭の実験でも言えます。主観的輪郭ということばは聞き慣れないかもしれません。**資料1-10**①を見てください。実際は書かれていない四角形が見えるのではないでしょうか。このように、物理的には存在しない輪郭を、見る人が勝手に主観で見てしまう輪郭のことを「主観的輪郭」と言います。赤ちゃんもこの四角形が見えているのでしょうか。

ギム(Ghim, 1990)は、生後3ヵ月の赤ちゃんを対象に、次のような実験を行っています。まず主観的輪郭が見える**資料1-10**①を赤ちゃんに飽きるまで見せます。その後、②～④の図のいずれかを見せた場合は、赤ちゃんが図を見ている時間は再び長くなり、①と区別していることがわかりました。しかし、主観的輪郭が見えない図を赤ちゃんに飽きるまで見せた後、飽きてしまった図以外の主観的輪郭が見えない図を見せた場合は、区別がつきませんでした。つまり生後3ヵ月の赤ちゃんでも、一つひとつの欠けた円もしくは図の中の部分に注意を向けているのではなく、4つの欠けた円すべてを含む図全体を見ているということがわかりました。

赤ちゃんは、たくさんのモノの間のほんの少しの違いは無視し、全体に似ているものどうしを仲間と考えることもできるようです。3～4ヵ月の赤ちゃんに**資料1-11**の様々な円（他の図形の場合もあった）を順番に飽きるまで見せます。そのあと、まだ見せていない円と、円以外の新たな図形（たとえば十字）を同時に見せます。すると赤ちゃんは新たな図形（十字）のほうを長く見ました。赤ちゃんは、様々な円の少しの違いを無視しておおざっぱに見ているため、見飽きた円には注意を向けず、新たな図形に注目したと考えられます。このことは、多少の違いはある円でも1つの仲間としてまとめて考えられるということを示しています（Slater & Morison, 1987）。

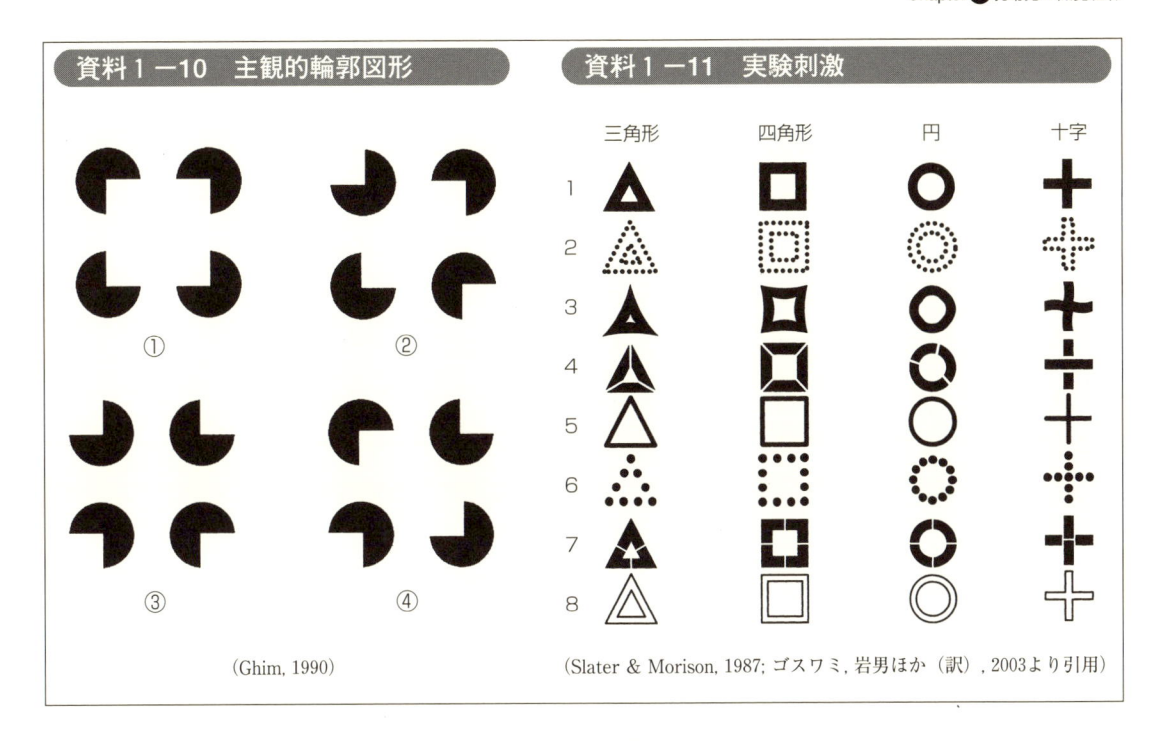

資料1−10　主観的輪郭図形

① ② ③ ④

(Ghim, 1990)

資料1−11　実験刺激

	三角形	四角形	円	十字
1				
2				
3				
4				
5				
6				
7				
8				

(Slater & Morison, 1987; ゴスワミ, 岩男ほか（訳）, 2003より引用)

　以上の研究結果から、形全体を見るための基本的な能力が生得的もしくは生後かなり早い時期から備わっていることがわかってきました。この、全体をまとまりを持ったものとしてとらえる力は、次節で紹介するカテゴリーの発達に大いに関連があります。

2 カテゴリー形成

①頭の中を整理整頓

　あなたは、「イヌ」と聞くと、どんなものを思い浮かべますか？　足が4本で、目は2つ、耳も2つ、口は1つあり、自身で動くことができ、食物を食べ、ワンと吠え……。このように典型的なイヌが思い浮かびますね。イヌには多数の種類や模様などがあるのに、どうしてそれらの細かい点は無視して、イヌの共通点だけを取り出せるのでしょうか。これは、頭の中に個々のイヌがばらばらに入っているのではく、たとえば、「動物」という引き出しがあり、まずそこを開けその中の「イヌ」という引き出しをも

う一度開け、さらにその中の「チワワ」とか「ダックスフント」などのイヌの種類別の引き出しを開けて、そこに情報を入れています。この多数の引き出しに分けて知識を整理するることが「カテゴリー分類」です。そして、この引き出しから、イヌと聞いた時に、個々のイヌ間の差異を越えて典型的な共通点が取り出されます。もしこの能力がなければ、はじめて見るものや覚えたことが、頭にばらばらに入っていくので、パンクしてしまいます。頭の中の引き出し、すなわち、カテゴリーに分ける能力は、頭の中を整理整頓するのに役立っています。また、引き出しがひとつだけではないこともわかるでしょう。「イヌ」といっても、「動物」という上位レベル、「イヌ、ネコ、鳥……」といった基礎レベル、「チワワ、ダックスフント……」といった下位レベルなどに分類されます。私たち成人は、頭の中の引き出しがある程度出来ており、初めて見聞きする事物もどれかの引き出しに収めることが出来ます。しかし赤ちゃんは生後すぐにこの引き出しがあるのでしょうか。このカテゴリーを形成していく過程をみていきましょう。

② まずは似たものどうしで分ける

　幼い赤ちゃんは、頭の中にしっかりとした引き出しがまだ出来ていません。それを作っていくときに重要な役割を果たすのが、いろいろな対象の知覚的な類似性であるといわれています(**資料1－12**)。ロッシュら (Rosch & Mervis, 1975 ; Rosch et al., 1976) は、赤ちゃんはこの類似性を基に、基礎レベルのカテゴリー（たとえば「イヌの仲間」「ネコの仲間」「鳥の仲間」……など）を形成していくと主張しています。

　ロバーツとホロウィッツ (Roberts & Horowitz, 1986) は7、9ヵ月児に対して次のような実験をしています。まず、すずめのようないかにも"鳥"らしい3種類の白黒線描画か、もしくは3種類の七面鳥のような鳥らしくない白黒線描画を順番に子どもに飽きるまで見せます。その後、先の3種以外の鳥（カテゴリー内）の白黒線描画を見せた場合と、鳥ではない（カテゴリー外）白黒線描画を見せた場合との子どもの反応の違いを検討しています。その結果、9ヵ月の子どもは、鳥らしい描画に慣れた場合は、その後、鳥の種類（カテゴリー内）の描画を見せられても、先に飽きるまで見ていた鳥と似ていたのであまり見ず、鳥以外（カテゴリー外）の描画に対しては、目新しいのでよく見ました。鳥らしくない描画に慣れた

場合は、その後に見せられる描画が何であろうと、あまり見ませんでした。この結果は知覚的に鳥らしいモノを多数見せられた場合は鳥カテゴリーが形成され、知覚的に鳥らしくないモノを多数見せられた場合は鳥カテゴリーが形成されにくいことを示しています。手法を改変した第2実験では、6ヵ月の乳児でも、鳥らしい描画に慣れた場合は、鳥カテゴリーの形成を示唆する結果が得られています。このように、ロバーツらは、子どものカテゴリー形成において、カテゴリー内の知覚的類似性を重要視しています。また、その後の研究から（Roberts & Cuff, 1989）、カテゴリー形成は「鳥」といった基礎レベルから「動物」といった上位レベルへ進むことを示唆しています。

　クウィンら（Quinn, Eimas, & Rosenkrantz, 1993）は、ロバーツらの結果よりもさらに低年齢児でもカテゴリー化ができることを示しました。3、4ヵ月児に対して、12種類のネコ（もしくはイヌ）のカラー写真を見せたあとに、先に見たネコ（イヌ）以外のネコ（イヌ）のカラー写真と鳥のカラー写真を見せました。その結果、ネコ（イヌ）と鳥との区別がついていることが明らかになりました。そしてクウィンらは、知覚的類似を基にしたカテゴリー形成が連続的に、概念的に類似しているときの概念的カテゴリー形成に続くという立場をとっています（概念的カテゴリー；たとえば、クジラは知覚的には魚と類似しているが、魚類ではなく哺乳類であるとい

資料1－12　乳児の日常のカテゴリー分類

1歳7ヵ月児がたくさんのおもちゃの中から
乗り物の仲間だけを出して並べたところ

うように、知覚的類似を伴わないカテゴリー分類のことです）。

さらにその後の研究結果から（Quinn & Johnson, 2000）、カテゴリーの発達順序性に関して、必ずしも基礎レベルから上位レベルへ進むのではなくて、両方が混在しながら発達するという見解を述べています。

マンドラーとバウワーとマクドノー（Mandler, Bauer & McDonough, 1991）は、幼い子どもが同じカテゴリーに属するモノを繰り返し触るという性質を利用した反復タッチング課題（sequential-touching task）を用いて、19、24、31ヵ月児を対象に子どもにおもちゃを触らせることで、カテゴリー形成の過程を検討しています（**資料 1 - 13**）。

使用されたおもちゃは、①イヌとウマ（知覚的に強い類似）、②イヌとウサギ（知覚的に中程度の類似）、③イヌと魚（知覚的に弱い類似）、④車と動物（知覚的に弱い類似）の組み合わせでした。①～③は基礎レベルの、④は上位レベルのカテゴリー分類が可能かを調べるために用意されました。その結果、31ヵ月児のみが知覚的に強く類似しているイヌとウマの区別ができました。知覚的に中程度の類似であるイヌとウサギは24、31ヵ月児が区別できました。知覚的な違いが大きい場合は基礎レベルであるイヌと魚の区別も、上位レベルである車と動物の区別も両方とも、すべての月齢の子どもが区別ができました。

以上の結果より、知覚的類似が子どものカテゴリー分類に影響していることがわかります。しかしながらマンドラーたちは、知覚的類似についてはあまり触れず、この結果やその後の研究から、上位レベルのカテゴリー化が、基礎レベルのそれよりも発達的に先行するのではないかと主張しています。そして知覚的カテゴリー形成が連続的に概念的カテゴリーへ進むというクウィンらの立場に反して、二者は別々の過程をたどると主張しています。一方、こうしたマンドラーたちの知見に対して次のような批判もあります。ゴスワミ（Goswami, 1998）は、上位レベルも基礎レベルも知覚的な類似性に基づいて区別していた可能性は捨てきれず、マンドラーらの研究からは上位レベルと基礎レベルを必ずしも区別しきれていない、と主張しています。

このように、子どものカテゴリー形成過程についての論争は続いていますが、総じて、子どもがいろいろな対象をまとまりとしてとらえ、多数の対象の中の知覚的類似性や共通性を見つけだすといった知覚的な能力がカテゴリー形成の基礎となっていることが考えられます。

Chapter 1 乳幼児の知覚世界

資料1－13　モノ調べの実験の様子（上）と使用されたおもちゃの例（下）

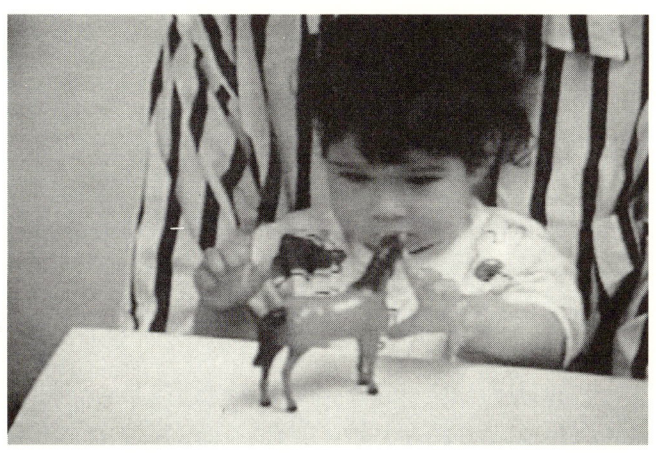

(Mandler, 1997)

●復習アクティビティー

1．いろいろなモノや生物どうしの知覚的類似点と、概念的類似点を探してみましょう。
2．知覚的な能力とカテゴリーの形成とのつながりをまとめてみましょう。

もっと深く学びたい人のために

ブレムナー, G.（渡部雅之訳）　1999　*乳児の発達*　ミネルヴァ書房
ゴスワミ, U.（岩男卓実他訳）　2003　*子どもの認知発達*　新曜社
梅本堯夫（監修），落合正行・土井道栄（共編）2002　*認知発達心理学*　倍風館
山口真美　2006　*赤ちゃんは世界をどう見ているのか*　平凡社新書

引用文献

Adams, R. J., Maurer, D., & Davis, M. 1986 Newborns' discrimination of chromatic from achromatic stimuli. *Journal of Experimental Child Psychology*, 41, 267-281.

Atkinson, J. 2000 *The developing visual brain*. New York: Oxford Unversity Press. アトキンソン, J.（金沢創・山口真美 監訳） 2005 視覚脳が生まれる－乳児の視覚と脳科学 北大路書房

Bremner, G. 1994 *Infancy*. Oxford: Blackwell Publishers. ブレムナー, G.（渡部雅之訳） 1999 乳児の世界 ミネルヴァ書房

DeCasper, A. J., Lecanuet, J. P., Busnel, M. C., Granier-Deferre, C., & Maugeais, R. 1994 Fetal reactions to recurrent maternal speech. *Infant Behavior and Development*, 17, 159-164.

Freud, S. 1904 *Zur Psychopathologie des Alltogslebens*. 浜川祥枝（訳） 1970 生活心理の錯誤（改訂版フロイド選集13） 日本教文社

福嶋恒太郎・諸隈誠一・中野仁雄 2006 胎児の眼球運動－個体リズムの発生と中枢神経系機能発達の指標として．周産期医学, 36 (4), 419-426.

Ghim, H. R. 1990 Evidence for perceptual organization in infants: Perception of subjective contours by young infants. *Infant Behavior and Development*, 13, 221-248.

Goswami, U. 1998 *Cognition in children*. London: Psychology Press, ゴスワミ, U.（岩男卓実・上淵寿・小池若葉・富山尚子・中島伸子 訳） 2003 子どもの認知発達 新曜社

平成10年度版過去5年間における大阪教育大学教育学部附属平野小学校過去問題集 1997 日本学習図書

Kellman, P. J., & Banks, M. S. 1997 Infant visual perception. W. Damon (Ed-in-chief), D. Kuhn & R. S. Siegler (Eds-in-volume), *Handbook of Child Psychology, fifth edition*. Vol.2, Cognition, Perception, and language. New York: John Wiley & Sons, Inc. 103-146.

Mandler, J. M. 1997 Development of categorisation: Perceptual and conceptual categories. In G. Bremner, A. Slater, & G. Butterworth (Eds.), *Infant Development: Recent Advances*. London: Psychology Press, 163-189.

Mandler, J. M., Bauer, P. J., & McDonough, L. 1991 Separating the sheep from the goats: Differentiating global categories. *Cognitive Psychology*, 23, 263-298.

Milewski, A. E. 1979 Visual discrimination and detection of configurational invariance in three-month infants. *Developmental Psychology*, 15, 357-363.

Mohn, G., Van Hof-Van Duin, J., Fetter, W. P., & de Groot, L. 1988 Acuity assessment of non-verbal infants and children: Clinical experience with the acuity card procedure. *Developmental Medicine & Child Neurology*, 30(2), 232-244.

室岡一 1983 母と胎児のきずな 永野重史・依田明（編） 母と子の出会い 新曜社

Quinn, P. C., Burke, S., & Rush, A. 1993 Part-whole perception in early infancy: Evidence for perceptual grouping produced by lightness similarity. *Infant Behavior and Development*, 16, 19-42.

Quinn, P. C., Eimas, P. D., & Rosenkrantz, S. L. 1993 Evidence for representation of perceptually similar natural categories by 3-month-old and 4-month-old infants. *Perception*, 22, 463-475.

Quinn, P.C., & Johnson, M. H. 2000 Global-before-basic object categorization in connectionist networks and 2-month-old infants. *Infancy*, 1, 31-46.

Roberts, K., & Cuff, M. D. 1989 Categorization studies of 9- to 15-month-old infants: Evidence for superordinate categorization? *Infant Behavior and Development*, 12, 265-288.

Roberts, K., & Horowitz, F. D. 1986 Basic level categorization in seven- and nine-month-old infants. *Journal of Child Language*, 13, 191-208.

Rosch, E., & Mervis, C.Y. 1975 Family resemblance: Studies in the internal structure of categories. *Cognitive Psychology*, 7, 573-605.

Rosch, E., Mervis, C. Y., Gray, W. D., Johnson, D. M., & Boyes-Braem, P. 1976 Basic objects in natural categories. *Cognitive Psychology*, 8, 382-439.

Slater, A., & Butterworth, G. 1997 Perception of social stimuli: Face perception and imitation. G. Bremner, A. Slater & G. Butterworth (Eds.), *Infant Development:Recent Advances*. London: Psychology Press, 223-245.

Slater, A., & Morison, V. 1987 Shape constancy and slant perception at birth. J. Oates & S. Sheldon (Eds.), *Cognitive development in infancy*. Hillsdale, N. J.: Lawrence Erlbaum Associates, 119-129.

多賀厳太郎　2002　脳と身体の動的デザイン　金子書房

矢野喜夫　1988　幼い時代の記憶　岡本夏木（編）　認識とことばの発達心理学　ミネルヴァ書房

山口真美　2003　赤ちゃんは顔をよむ　紀伊國屋書店

第2章 コミュニケーション能力の発達

🌸 本章のねらい

　本章では0～2歳代の子どもと養育者のコミュニケーションにおける発達的変化を「共同注意」に焦点をあてて論じます。

　まず第1節では、ことばによるコミュニケーションが成立する以前の子どもが大人とどのようにやりとりしているのかについて論じます。続いて第2節では、子どもは養育者との共同注意のやりとりを通して何を学ぶのか、共同注意のやりとりを通じて子どもの世界が広がっていく様子について述べます。最後に第3節では、共同注意というヒトに独自なコミュニケーションのあり方を獲得することによって、私たちの認識世界がどのように変わるのかについて考えてみたいと思います。

●予習アクティビティー

　あなたの身近にいる赤ちゃんを観察してみましょう。0歳代の赤ちゃんと1歳代、2歳代の子どもでは、手足の動かし方から表情、話し方まで違うはずです。できればそれぞれの年齢でそうした身体運動・表情・発声がどのように違うのか、何ができて何はできないのか、記録をとって比較してみるとよいでしょう。すると特に0、1歳児にとっては1ヵ月という時間が私たち大人に比べて非常に大きな意味をもつことがわかるはずです。

　本章では、月齢が増すごとに子どもの行動がいかに変化していくのかという視点で話を進めていきます。何ヵ月という月齢・年齢を表す記述があるところでは、その月齢・年齢の子どもの姿を具体的に思い浮かべながら読んでいくとより理解がしやすいでしょう。

1 赤ちゃんの認識世界

① 0〜2ヵ月：養育者との情動交流

　生まれたばかりの赤ちゃんは、私たちが生活するこの世界をどのように知覚し、またそこでどのようなことを感じているのでしょうか。ヒト乳児が他の哺乳類に比べて特別未熟な状態で生まれてくるということは、よくいわれることです。乳児期の視覚などの知覚の発達については1章に詳しく述べられていますので、ここではそれらの感覚機能を使って赤ちゃんがどのようにまわりの大人とコミュニケーションをとろうとしているのか考えてみたいと思います。

　乳児を対象とした研究には様々な方法がありますが（1章参照）、そのうちのひとつにマイクロ分析という手法があります。これは、たとえば赤ちゃんとお母さんがやりとりしている場面をビデオカメラで録画し、この録画された映像をスロー再生やコマ送りなどの機能も使いながら何度も再生することによって、対象者の行動特徴を分析していくというものです。このようなマイクロ分析の手法を使った研究結果から様々なことがわかってきました。

　赤ちゃんが大人とのやりとりの中で知覚・反応しているのは、自分へ向けられていたお母さんの視線が他へ逸れること、お母さんの首の傾きや顔の向き、お母さんの顔や手が自分に近づいてくるときのスピード、表情の持続時間、興奮度の小さな変化などです。また、赤ちゃんとやりとりする大人には、赤ちゃんの表情・発声・身体の動きをまねる、ときにはそうした模倣を大げさにする、ちょっと変化をもたせてくりかえす、などの行動が見られました（Stern, 2002）。

　生後1〜2ヵ月の幼い赤ちゃんと遊んだことのある人なら次のような経験をしたことがあるのではないでしょうか。赤ちゃんを抱っこして目と目を合わせると、赤ちゃんはこちらの顔をじっと見つめてきます。あまりにじっと見つめてくるので大人はつい声をかけたくなってしまいます。そして大人が声をかけると赤ちゃんのほうも「アー」とかわいらしい声を出し

てくれます。自分の声に赤ちゃんが反応してくれたと感じられるので大人はうれしくなり、笑顔で「じょうずね、お話できるね」などと返事をします。赤ちゃんはこの大人のちょっとした表情の変化、声のうれしそうな弾んだ調子を感じ取って、それに合わせて興奮したように「ウッウッ」と言いながら手足を動かしたりするでしょう。大人もまた赤ちゃんの興奮した様子に反応して「うん、うん、うれしいの」などと大げさにうなずいて声をかけます。

赤ちゃんは大人がかけたことばの意味がわかるわけではありません。しかしその声のトーンや表情・身体のリズムを感じ取り、それに反応して体を動かしたり声を出したりするのです。大人の側も赤ちゃんの表情の変化・体の動きから赤ちゃんの状態を認識し、それに合わせる形で自分の次の行動を決定していきます。このように生後2ヵ月までの赤ちゃんと養育者は身体的な動作の随伴性やリズムの同調・変調などを通して情動交流をしているのです（資料2-1）。

② 2～7ヵ月：養育者と同じモノを見る

上に述べた赤ちゃんと大人のやりとりの例の中に、赤ちゃんがじっと大人の顔を見つめてくる場面がありました。実は生後2ヵ月くらいまでの赤ちゃんは、視覚的注意をコントロールする機能がまだ十分に発達していないために、ある対象をじっと見るのをやめて次の対象へ視線を動かすことが難しいという特徴があります（松澤, 1999）。ある対象を一度見るとその対象自体が動いて視界から消えてしまわないかぎり、同じ対象を見続けてしまうことになるのです（資料2-2）。また、この時期の赤ちゃんの注意を最もよくひきつけるのは人間の顔のパターンだといわれています（Fantz, 1961）。ですからヒトが育つ自然な環境においては、赤ちゃんは身近にいる大人の顔を見つめるようにできているのです。こんなことを聞くと、赤ちゃんは自分に興味があって見ているのだと思っていた大人はがっかりするかもしれません。しかしこのような特徴が備わっていることで、赤ちゃんと養育者の間に「顔を見る、見せる」関係（陳, 2004）が成立し、そこからコミュニケーションが始まっていくのです。

この赤ちゃんと大人の「顔を見る、見せる」関係の中に、養育者は、赤ちゃんとのやりとりをもっとおもしろくしようと「対象物」を持ち込みま

| 資料2-1　　2ヵ月女児と母親の情動交流 |

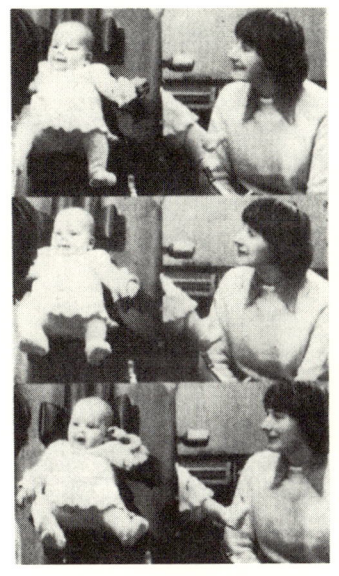

左上から左下：母子が微笑んでいるところで乳児が身振りで「お話」
を始める。
右上から右下：クライマックスのところでは乳児は微笑んでいない。母親は大げさに声を出して模倣している。乳児の表現のクライマックスと母親の表現のクライマックスとの時間のずれは約1秒。

(Treversen, 1979)

| 資料2-2　　顔模式図に対する1，2ヵ月齢児の視覚的走査の軌跡 |

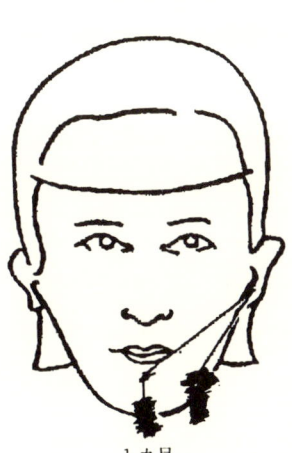

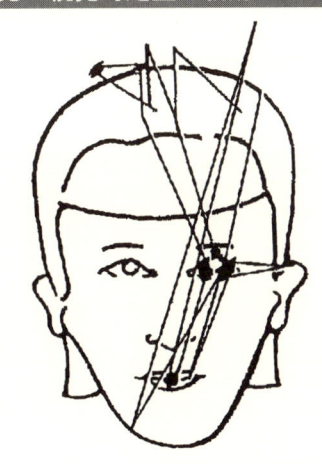

1ヵ月　　　　　　　　　2ヵ月

1ヵ月齢児では輪郭線を固視し続けている。2ヵ月齢児では顔の中を見るようになるが、まだ固視時間が長く、走査領域が狭い。

(Maurer & Maurer, 1988)

す。幼い赤ちゃんと遊ぶときに、ガラガラを振って鳴らして見せるということはよくあることです。ただし生後2ヵ月くらいでは、赤ちゃんはまだ視覚的注意のコントロール機能が発達していないので、対象が赤ちゃんの視線から逸れてしまうと、それ以上対象の動きを目で追うことができません（**資料2－3(a)**）。赤ちゃんは受動的に対象を見せられているにすぎないのです。この段階では、養育者と赤ちゃんの注意状態は、ただたんに両者が同じ対象を見ている「単純な注視」のレベルです。

　しかし生後3～4ヵ月になると、視覚的注意のコントロール機能が発達してくるので、赤ちゃんは積極的に視線を動かして周りの対象を見ようとします。またこの時期には首もすわり、自分で顔の向きを変えて対象の動きを追うことも可能になるとともに、目と手の協応（Piaget, 1936）により、視覚的にとらえた対象へ随意的に手をのばすこともできるようになってきます。そうすると養育者は、赤ちゃんの注意をひくことができそうな対象をいろいろ見せるだけでなく、赤ちゃんがその対象に働きかけるように誘います。対象に手を伸ばすという行動によって、赤ちゃんがその対象に興味をもっているのだ、ということが養育者の側にはっきりわかるからです。この段階になると、養育者と赤ちゃんの間には、両者が互いの動きに協働しあって同じ対象を見る「共同注視」の状態が成立します。

　一方、支え座りの姿勢が可能になった生後5～7ヵ月前半の赤ちゃんは、前の時期よりもさらに積極的に周りの対象を見てその対象に手を伸ばし、つかんだり、なめたり、たたきつけたりして対象に働きかけるようになります。赤ちゃんはそうした行動を赤ちゃん自身の興味に従って行いますから、この時期になると養育者の誘いには必ずしも反応してくれなくなってしまいます。お母さんがおもちゃに注意をひこうと思っているのに、赤ちゃんはお母さんの顔を見つめていたり、反対にお母さんが自分のほうを見てもらおうと笑顔で声をかけても赤ちゃんのほうは無視しておもちゃをいじっていたりするのです。しかし、このような養育者と赤ちゃんの間の行動のズレが、実は両者の注意のレベルを次の段階へと押し上げる原動力になるのです（Tsuneda, 2005）。

　養育者は赤ちゃんが自分の誘いに反応してくれなくなると、遊びを持続させるために、赤ちゃんが今何を見ているのかをモニターして、赤ちゃんが興味をもっている対象を動かして関心をひこうとします（**資料2－3(b)**）。養育者の側が赤ちゃんの注意方向に自分の注意の方向を合わせる

のです。そうすると赤ちゃんは、自分が注意を向けているおもちゃがおもしろい動きをするのでますます興味をもち、そのおもしろい動きを作りだしている原因であるお母さんのほうを見るでしょう。お母さんは赤ちゃんが自分の顔を見てくれたので笑顔を返します。養育者と赤ちゃんが同じ対象を見ているだけでなく、両者の間に"おもしろい"という情動状態が共有され始めているといえます。

③ 7〜9ヵ月：養育者と心の交流をする

　生後7ヵ月後半〜9ヵ月には、赤ちゃんはお母さんが自分のために何かおもしろいことをしてくれる、ということを既に知っているので、お母さんが対象物に働きかけている間は、「何が起こるかな」と期待しながらその様子を見ています。そしてお母さんの一連の動作が終わったところで、今度は赤ちゃん自身がその対象に働きかけるのです。養育者と赤ちゃんのやりとりがターンテーキング（観察者と動作者の役割を順に交代して行うこと）の特徴をもつような形になったといえます。赤ちゃんの座位が安定して対象物や養育者から少し距離を保ってそれらの展開を眺めることができるようになったこと（これを「静観的態度」といいます。ウェルナー＆カプラン, 1963）、また相手の行為の結果を期待するという心の働きが生まれてきたことが、このようなやりとりを可能にしたのだと考えられます。

　こうしたやりとりの中で、赤ちゃんは、対象物の操作から生まれる「おもしろい」と感じる自分の内的情動状態と、やりとりの流れに沿って養育

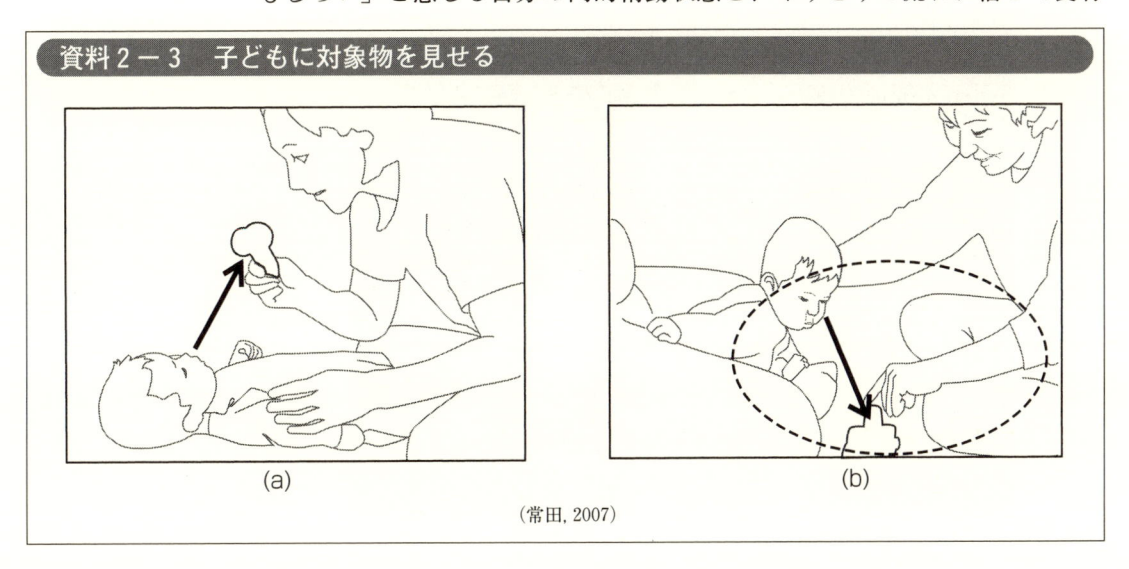

```
資料2-3　子どもに対象物を見せる
```

(a)　　　　　　　　　　　　　　　(b)

（常田, 2007）

者の顔を見たときに示される表情から感じられる感覚とを結びつけることによって、自分と相手が同じ気持ちを共有していることを知ります。そしてやがては赤ちゃんのほうから相手へ向けて対象物に関するメッセージを発信するようになっていくのです。この段階になると、養育者と赤ちゃんの間に、二者が同じ対象に注意を向け合いその対象に関連して心の交流を行う「共同注意」の状態が成立しているといえます。

2 共同注意が子どもの世界を広げる

① 共同注意のやりとりから子どもが学ぶこと

❶ 対象物の社会的意味

　生後9ヵ月を過ぎた頃から、赤ちゃんはそれまでのように養育者に導かれて注意の対象を共有するだけでなく、自分のほうからも積極的に養育者の注意をある対象物へと差し向けるようになります。10～12ヵ月頃には指さしも出るでしょう（写真参照）。「アッ」と言いながらある対象物を指さして養育者のほうを振り返って見る子どもの行動に対して、養育者はその子が自分に何かを伝えようとしている、教えようとしていると感じるはず

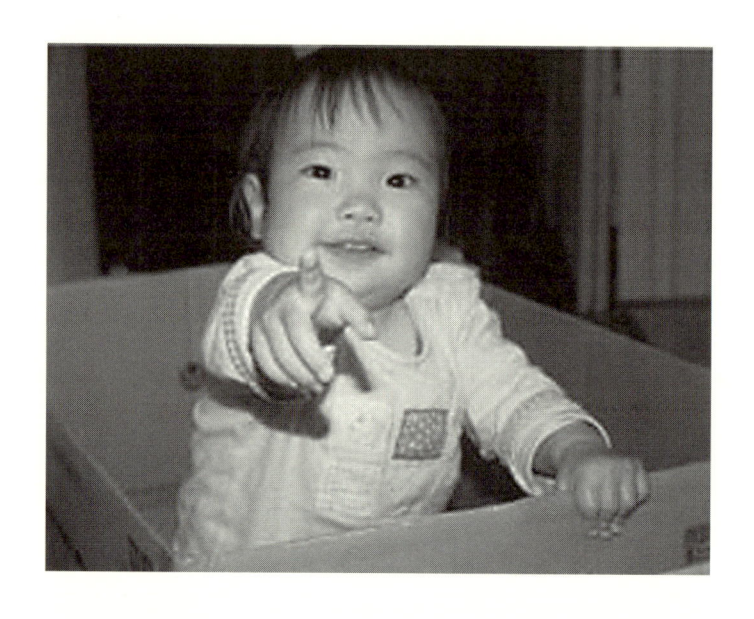

です。この段階になるともうその子は、お世話されるばかりの「赤ちゃん」ではなく、大人とは違うひとつの人格をもった「子ども」と言えるのではないでしょうか（ですからここからは赤ちゃんではなく、子どもと呼びたいと思います）。

　共同注意のやりとりを通して、子どもは大人から様々なことを学びます。そのひとつは対象物に関する「社会的意味」です。共同注意の状態は、二者がたんに同じ対象物を見ていることとも、また相手の注意がどこに向けられているのかという注意の焦点に関する理解とも異なります。子どもは養育者と注意の対象を共有し、その対象物に関するメッセージを自分から相手に伝える一方で、養育者が発するメッセージも受け取ります。たとえば、熱いお茶の入った湯飲みに手を伸ばそうとした子どもは「あっちっちよ、さわっちゃダメ」と行動をさえぎられるかもしれません。熱い湯飲みはさわってはいけないものです。床に落ちていた靴下を拾って「アイ」とお母さんに渡したら「ひろってくれたの、ありがとう」と笑顔が返ってきました。落とし物を拾って届けるのはよいことです。このように共同注意のやりとりを通して、視覚的に捉えられた物理的対象に「社会的意味」が重ねられていくのです。

　何かが何かを表す「表象」の世界に生きる前の子どもたちにとっては、この世界にある全てのモノは見て触れて感じられるままのものです。ハイハイしている赤ちゃんにとって床の上に見つけたゴミは、小さくてキラキラしていて思わず口に入れて確かめたくなるような魅力的なものです。でも「ゴミ」が「バッチイ（汚い）」ということを表す表象の世界に生きる子どもは、決してゴミを口に入れたりはしません。指先でつまんで、ときには顔をしかめ、そしていかにも「ぼくはわかっているよ」というように少し誇らしげにゴミをゴミ箱へ捨てます。私たち大人は、まわりにあるモノをたんなる物理的対象物とは見ていません。必ずそこに何らかの「社会的意味」を付与し、対象を二重化して見ています。子どもは養育者との共同注意のやりとりを通して対象物の社会的意味を学習していくにつれ、大人がどのような意図でそのモノを扱っているのか、そのモノに関連して自分に何をさせようとし、また禁じようとしているのか、という観点から大人の行動を見るようになります。そして物理的対象に社会的意味を重ねて、自らも何かが何かを表す表象の世界に生きるようになっていくのです。

❷ ことば

　一方、子どもは共同注意のやりとりの中で、大人が何かに注意を向けさせる意図で語音を発しているのだということを理解していきます。それが理解できたときに初めて、大人の発音は子どもにとっての「ことば」になります。この大人の発話による伝達意図（子どもの注意をどこに向けさせたいかという大人の意図）を理解することは、自分の注意の状態に対する他者の意図を理解するということなので、他者の意図だけを理解することよりも明らかに複雑な作業です（意図理解については3章参照）。このような"離れ業"を子どもは通常生後1年くらいで、大人のサポートがある、たいていはくり返しの多い、予測しやすい共同注意場面でできるようになっていきます。そして子どもは、大人の伝達意図を識別するのが上手になるにつれて、様々な変化に富んだ社会的コミュニケーションの文脈において、大人の注意の対象を識別して、より積極的に共同注意を確立し、多数の単語を学習していくのです（Tomasello, 1999）。

　言語という記号の使い方を身につけることは、子どもの中にまったく新しい認知様式の形成を促し、子どもの世界観を変えていきます（Tomasello, 1999）。言語は社会的に他者と共有されているという意味で間主観的（intersubjective[1]）です。また、どの言語も、それが指す現象の特定の解釈を示しているという意味で視点依存的です。言語的な記号とは、長い歴史の間に文化の中で蓄積されてきた、世界に対する間主観的な様々な解釈を具体的に体現したものなのです。ですから、言語記号の使い方を習得するということは、世界の（他者によって作られた）様々な解釈を内面化していく過程でもあるのです。共同注意のやりとりを通して「ことば」を手に入れた子どもは、その「ことば」を通してますますこの世界を他者と共同化していくといえるかもしれません。

❸ 道具としての対象物：「つもり」をもってモノを使う

　一般的に生後10ヵ月頃から、子どもはたんなる音の出るようなおもちゃでは満足せず、大人が使っている道具に興味をもち始めるようになります（白石, 1994）。大人との間に共同注意を確立するのが上手になってきた子どもは、生活の中で大人が何に注意を向けそのモノをどのように扱うのかを観察し始めます。それ以前の時期の子どもは、まわりにあるモノは何でもつかみ、口に入れ、振ってみたり、落としてみたりして、自分の感覚を

(1) 二者が、互いに相手が何をするつもりなのかを予測しあい、意図的・目的的行動を調整しあうこと

頼りにモノの性質を確かめる遊びをします。お母さんの携帯電話を見つけるとそれを口に入れて舌でボタンの感覚を味わうのです。一方"お母さんがその携帯電話をどのように扱うか"という視点からお母さんの行動を見るようになった子どもは、自分が携帯電話を持ったときには、携帯という物理的対象にお母さんの姿を重ね、思い浮かべて、お母さんになった「つもり」で携帯を耳に当てておしゃべりするようになります。特定の大人との情動的一体感を基盤にして、大人の行為・ふるまいにあこがれ、自らもそれをしてみようとした結果、子どもの内面に自分なりの「つもり」が生まれるのです（木下, 1998）。

　さらに1歳半を過ぎてことばを話し始めた子どもは、今度はそうした「みたて・つもり」のほうから対象物を扱うようになります。黄色い長方形の積み木をバナナにみたてたり、お買い物に行ったつもりになって「チーズパン買ってきたよ」と空の手を差し出します。頭の中にイメージを思い浮かべ、そのイメージを表現しようとするのです。この段階では、大人と子どもの共同注意の対象は、その場で感じられる情動状態を越えて、ことばによって表現される表象的対象へと変化しています。みたて・つもりあそびが可能になるためには、そのみたてやつもりが両者の間で共有されていなければなりません。1歳半～2歳頃から子どもはこのような遊びや生活の中で、ことばを使って相手の注意を特定の対象や行為・物事のある側面へと差し向け、互いのイメージを共有し合う方法に習熟していきます。

② 表象が行動に先行する

　対象物に社会的意味やつもりを重ねて表象の世界に足を踏み入れ、他者とイメージを共有し始めた子どもたちは、そのイメージの力をさらに豊かに広げていきます。頭の中で「次はこれをやろう」「あんなふうにしたい」という自分なりの思いや見通しを描いてからそれを行動に移すようになるのです。表象世界が行動に先行していくといえるでしょう。目の前にごはんが出されてから「あ、ごはんだ」とうれしそうな顔をするのではなく、散歩から帰ってくる道すがらで「帰ったらごはん食べよう」と、今ここにないものに対して期待をもち、そのために靴や上着を自分で脱いで、エプロンを出してきて、テーブルに向かうのです。

　このように思いや見通しをもって行動するようになると、今度は逆に見

通しをもちにくい状況に対して子どもは不安を感じるようになります。初めての場所や場面に対してしりごみしたり拒否するという姿が目立ってきます。それまではどこに行ってもニコニコして愛想のよかった子どもが、2歳頃になると急に両親の後ろに隠れて出てこなくなってしまったり、「○○ちゃんもやってみたら」と誘われて泣き出してしまったりします。初めてその子に会った大人は「なんて引っ込み思案な子どもだろう」と思うでしょうし、親のほうは今までは大丈夫だったのに、どうして急に何でもやりたくないなんて言うようになってしまったのか、といぶかしく思うかもしれません。しかし子どもの立場に立ってみると、これは表象世界が豊かになってきたが故の不安なのです。

　一方で、自分なりのイメージを実現しようと行動する子どもたちは、その思いや見通しがさえぎられることに対して激しく怒ります。「よし、このズボンをはこう！」と思ったのに、「ズボンの前にパンツだよ」などと言われようものなら、ひっくり返って大泣きし「いやだいやだ！　パンツもズボンも、もうはくもんか！」と怒ります（写真参照）。大人からするとまったくわけがわからないのですが、この時期の子どもにとっては自分の「思い」を理解されることが一番大切なのです。次の2歳児の事例はそのことを端的に表しているといえるでしょう。

【事例1】
　ラーメンを食べてしまって、A保育士にF子「食べちゃった」と空っぽになった器を見せて得意顔。A保育士に「すごいね」とほめてもらう。B保育士にも「見せてこよー」と立ち上がる。B保育士は「おかわり？」と聞き、F子「ウェーン」、座り込んで泣き出す。何と言ってもダメ。ほめてもらいたかったのだ。（神田, 2004より）

　このように思いや見通し・イメージといった表象世界が行動に先行し、いわば考えてから行動するようになると、ある意味で子どもの行動は不自由になるといえるのではないでしょうか。考えすぎて動けなくなってしまったり、思い通りにならずにかんしゃくを起こしてみたり、表象の世界に足を踏み入れた2歳代の子どもにとっては、ことばを使って頭の中のイメージを他者と共有することはまだ難しいようです。

【事例2】
　最近、SちゃんHちゃんは別々の日に動物園へ行きました。
　Hちゃん「Hちゃんね〜　動物園行ったの！　パパとママと〜、ぞうさんいたの〜」とご機嫌。するとSちゃん「ばばと〜、じじと〜、ママとSちゃん動物園行った〜」。それを聞いたHちゃんは「Hちゃんの動物園〜!!」と怒り出しました。保育者は目が点に……。
　保育者「そっか〜、Hちゃんも動物園行ったんだね。でも、Sちゃんもおじいちゃんとおばあちゃんとママと行ったんだって。二人とも一緒だね」。それを聞いた二人は「いっしょだね〜」とうれしくなったようでニコニコ……。（西尾・小島, 2007より）

　0〜1歳代にかけて、子どもは相手と注意の対象を共有することを通してことばを学んできました。さらに2歳代に入ると、子どもは自分の頭の中のイメージをことばで表現し、ことばによって相手の注意を誘導してそのイメージを共有するという新しい課題に取り組んでいきます。この課題が子どもたちにとっていかに困難なものであるかは、事例を見てもわかる通りです。大人と子どもが同じ対象に注意を向け、その対象に関する心の交流を行う「共同注意」の"形式"は、生後9〜10ヵ月頃には確立します。一方、その「共同注意」の"対象"は、幼児期にかけて、その場で二者に感じられる情動状態からことばで表現される表象的対象へと変化していくと考えられます。

3 共同注意によって失われる世界・拓かれる世界

　以上見てきたように、共同注意はヒトのコミュニケーションにとって欠くことのできない認知様式です。共同注意のやりとりはヒト以外の霊長類には見られないことからも（Tomasello & Call, 1997; Tomonaga, et. al., 2004）、共同注意はヒトという種における認識の基礎的特徴をなすものといえるでしょう。一方で、他者と共同注意の状態を確立できないことは、重大な障害をもたらすとも考えられます（13章参照）。

　では、発達の過程で共同注意が達成されることは、子どもにとって無条件によいことだといえるでしょうか。共同注意は、他者の行動の背後に「心の世界」を見出し、他者と心を通い合わせることによって子どもの世界を確実に豊かにします。しかしその一方で、それは他者の行動を常に「心（意図）」という観点から捉えることを子どもに強いるともいえます。感性の豊かな感受性の強い子どもであるほど、相手の顔色をうかがう機会が増えてしまうのかもしれません。

　また、共同注意の能力や共同注意のやりとりを通してことばの能力を獲得し、表象の世界が発達してくることで、純粋に「自分の感覚を楽しむ世界」は失われてしまいます。たとえば、砂遊びや粘土遊びをしたとき、表象の世界が豊かに発達し「こうしよう」という思いやつもりをもち始めた子どもは、何らかの目的を実現するために砂や粘土を使います。しかしそれ以前の子どもでは、砂や粘土に向かったとき、砂がスコップからこぼれるさらさらとした感触や、粘土をこねたときに手に付くしっとりとした感触をただ味わうことでしょう。そのようにどこにも向かわず純粋に今ここにある自分の感覚を味わうことができるのは、実は表象の世界ができる前、人生の初めの短い時間だけなのかもしれません。

　他者と注意を共有する力は、自分が自分自身の感覚の内にとどまることを妨げます。それは個人を他者へとつなぐ強力な認知様式なのです。こうした能力があるからこそ、ヒトはヒトの条件である意図的な教え・学びを成立させ、他者の存在によって自らの世界を切り広げていけるのです。

● 復習アクティビティー

　小さい赤ちゃんとお母さんが遊んでいる場面を観察してみましょう。お母さんは赤ちゃんに対してどのようにおもちゃなどのモノを見せているでしょうか。また赤ちゃんのお母さんと対象物への視線はどうでしょうか。母子間に「共同注意」が成立している場合、そこには人とモノの間で視線を往復させる"視線のパターン"が見られるはずです。

　一方、大人どうしの対面コミュニケーションにおいて、上の"視線のパターン"は見られるでしょうか。友人どうしが会話しているとき、それぞれの人の視線がどのように動いているか観察してみましょう。大人になると共同注意成立のために"視線のパターン"はそれほど重要ではなくなってくることがわかるでしょう。

もっと深く学びたい人のために

麻生武　1992　身ぶりからことばへ　新曜社

鯨岡和子（編訳）鯨岡峻（著）　1989　母と子のあいだ　ミネルヴァ書房

下條信輔　1988　まなざしの誕生　新曜社

やまだようこ　1987　ことばの前のことば　新曜社

引用文献

陳省仁　2004　行動発達における生成と転移のメカニズムを求めて　三宅和夫・陳省仁・氏家達夫（編）『個の理解』をめざす発達研究　有斐閣　139-163

Fantz, R. L. 1961　The origin of form perception. *Scientific American*, 204, 66-72.

神田英雄　2004　伝わる心がめばえるころ：二歳児の世界　かもがわ出版

木下孝司　1998　幼児が「心」に気づくとき　丸野俊一・子安増生（編）　子どもが「こころ」に気づくとき　ミネルヴァ書房　33-55

松澤正子　1999「注意」の発達　正高信男（編）赤ちゃんの認識世界　ミネルヴァ書房　115-156

Maurer, A. N., & Maurer, C. 1988　*The world of the newborn.* Cambridge: Basic Books.

西尾香織・小島志保　2007　2007年度たいよう組半期のまとめ：子どもにとって…とは何か？を考える（保育の力量を高めよう）　天使みつばち保育園（社会福祉法人春日井福祉会）2007年度半期のまとめ会資料

Piaget, J.　1936　*La naissance de l'intelligence chez l'enfant.*　ピアジェ, J.（谷村覚・浜田寿美男　訳）1978　知能の誕生　ミネルヴァ書房

白石正久　1994　発達の扉（上）：子どもの発達の道すじ　かもがわ出版

Stern, D. N.　2002　*The first relationship: Infant and mother.* Cambridge: Harvard University Press.

Tomasello, M. 1999　*The cultural origins of human cognition.* Cambridge: Harvard University Press.　トマセ

ロ，M.（大堀壽夫・中澤恒子・西村義樹・本多啓　訳）　2006　心とことばの起源を探る　勁草書房

Tomasello, M., & Call, J. 1997 *Primate cognition*. New York: Oxford University Press.

Tomonaga, M., Tanaka, M., Matsuzawa, T., Myowa-Yamakoshi, M., Kosugi, D., Mizuno, Y., Okamoto, S., Yamaguchi, M., & Bard, K. 2004 Development of social cognition in infant chimpanzees (Pan troglodytes): Face recognition, smiling, gaze, and the lack of triadic interactions. *Japanese Psychological Research*. 2004 vol. 46, No. 3, 227-235.

Trevarthen, C. 1979 *Communication and cooperation in early infancy: A description of primary intersubjectivity. Before speech*. Cambridge: Cambridge University Press.　トレヴァーセン，C.（鯨岡峻編訳・鯨岡和子　訳）　1989　早期乳児期における母子間のコミュニケーションと協応：第一次相互主体性について　ミネルヴァ書房

Tsuneda, M. 2005 Significance of "Periods of difficulty in interaction" in the development of joint attention during infancy. *Annual report: Research and clinical center for child development*, No. 28, 23-28.

常田美穂　2007　乳児期の共同注意の発達における母親の支持的行動の役割　発達心理学研究，第18巻，第2号，97-108.

Werner, H., & Kaplan, B. 1963 *Symbol formation: An organismic-developmental approach to language and the expression of thought*. New York: John Wiley & Son. ウェルナー，H.・カプラン，B.（柿崎祐一　監訳）　1974　シンボルの形成　ミネルヴァ書房

Chapter ❷ コミュニケーション能力の発達

第3章 乳児の意図理解の発達

❀本章のねらい

　本章では、2歳までの乳児の意図理解の発達についてとりあげます。意図とは、大変曖昧なことばで定義しにくいのですが、トマセロたち（Tomasello, Carpenter, Call, Behne & Moll, 2005）によれば、「生命体が目標の追求において選択し、それ自身に託す行為のプラン」と定義されます。もう少し簡単なことばでいいかえれば「目標を決めて、○○しようとする気持ちの表れ」と考えていいでしょう。このような相手の意図を乳児はどのように理解するようになるのでしょうか。本章では、最近の発達心理学の研究を紹介しながら、乳児の意図理解について考えていきます。

●予習アクティビティー

　最初に、次の2つの文章を読んでください。
　「Aさんは、ハサミを持っていました。手がすべってハサミが落ちました。ハサミは、通りがかったBさんの足のうえに落ちてBさんは怪我をしました。」
　「Aさんは、ハサミを持っていました。通りがかったBさんに向けてハサミを落としました。ハサミは、Bさんの足のうえに落ちてBさんは怪我しました。」
　どちらのケースが、悪質だと判断できるでしょうか。おそらくこれを読んだほぼ全員の方が、2つ目の文章を悪質だと考えるでしょう。しかし、結果から考えると、どちらのケースもBさんは同じように怪我をしています。同じ行為なのに、なぜ、2つ目のケースを悪質だと私たちは判断できる、もしくは判断してしまうのでしょうか？

1 意図の重要性とその発達

　この問題を考える鍵は、その行為が意図的であるかどうかにあります。1つ目のケースでは、Aさんは意図してハサミを落としているわけではないと私たちは判断します。つまり、「たまたま」ハサミが落ちたとみなします。一方、2つ目のケースでは、意図的に、つまり、「わざと」ハサミを落としていると理解できます。このような意図性の有無によって、結果が同じ行為だとしても、ある行為の意味は大きく変わってきます。意図という概念は、私たちが他者の行動や感情を理解していくうえで、重要な概念だとわかります。このような他者の意図の理解は、乳児においてどのように発達していくのでしょうか。

① 0ヵ月から6ヵ月の乳児の意図理解：意図理解の芽生え

　乳児期前半にある子どもは、上にあげたエピソードにみられる意図的な行為と偶発的な行為とを区別することができません。その意味では、他者の意図を理解することは困難であるといえます。ただ、最近の研究からは、乳児期前半の子どもにおいても、意図理解の芽生えがみられることが明らかになってきています。

　資料3-1を見ましょう。左側の図では、黒丸が白丸のほうに移動していきます。その後、右側の図のように、白丸が上に移動すると、黒丸も同じように上に移動します。このような黒丸と白丸の動きを見て、私たちは何を感じるでしょうか。私たちの多くはたんなる丸の幾何学図形を見ているにもかかわらず、「黒丸が白丸を追いかけている」と、その動き方を擬人化して、図形の動きの中に意図を知らず知らずのうちに感じる傾向があるでしょう。ロシャたち（Rochat, Morgan & Carpenter, 1997）は、この動きの裏にある意図を乳児は理解できるのかについて、研究を行いました。彼らは、3ヵ月児と6ヵ月児に対して、選好注視法という実験方法（第1章参照）を用いて、動くものに意図を感じる傾向があるのかを調べました。乳児に、2つの図形が意図的に相互作用しているようにみえる動画と、お

互いがランダムに動いているような動画を別々のモニターを使って同時に見せました。すると、3ヵ月児は、2つのモニターを均等に注視するのではなく、相互作用しているようにみえる動画のほうをより多く注視しました。このことは、3ヵ月の乳児でも、2つの丸が意図的にかかわっているかのような動きとそうでない動きとを区別できることを示しています。もちろん、この結果から直接的に、3ヵ月児でも、物体の動きから意図を感じとれるとはいいきれません。しかし、少なくとも、生後3ヵ月では、大人にとって意図的にみえる動きの情報に対してある感受性をみせることは事実だといえるでしょう。そして、このような感受性が、その後の他者の動きの背後にある意図を理解する能力につながっていくと考えられます。

② 6ヵ月から12ヵ月の乳児の意図理解

　乳児期後半になると、乳児は様々な形で他者の意図を理解するようになります。とくに9ヵ月ころに大きな変化があるとされます。トマセロ（Tomasello, 1999/2006）は、9ヵ月ころの変化を「意図的な行為者（intentional agent）」として他者を理解することに特徴づけられると主張しています。意図的な行為者としての他者理解とは、単純にモノが動き、それが他のモノにあたったという物理的な因果関係として物事を理解することとは質が異なります。このことを、**資料3－2**に拠りながら説明します。図の上半分にあるような図式、たとえば〔風が吹く〕→〔枝が揺れる〕→〔果物が落ちる〕といった物理的な出来事の因果関係の理解であれば、乳児期前半の子どもでも可能です。しかし、図の下半分にあるように、〔岩が落ちる〕→〔（他者が）恐れを感じる〕→〔逃げ去る〕といった社会的な出来事の因果関係（他者の意図）を理解することは、乳児期前半の子どもでは困難です。そして、この下半分のような形で、他者の行為の裏にある意図を理解できることが、意図的な行為者として他者を理解することとみなせるのです。このように9ヵ月ころの他者理解を含めた社会的認知に関する質的な転換をトマセロは「**9ヵ月革命**」とよんで重要視しています。

　このような他者理解は、ヒト固有のものであり、進化的にヒトに最も近いチンパンジーでさえ困難であるといわれています。ヒトとチンパンジーの違い、ひいてはヒトが人たるゆえんとなる鍵となるものが、この時期の

Chapter ❸ 乳児の意図理解の発達

資料3−1　ロシャたちの実験

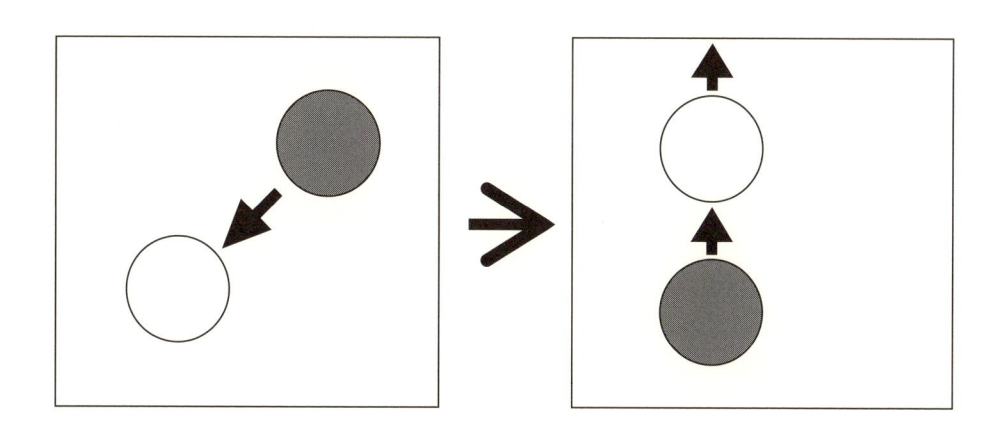

（Rochat et al., 1997より一部改変して引用）

資料3−2　物理的な出来事と社会的な出来事の理解

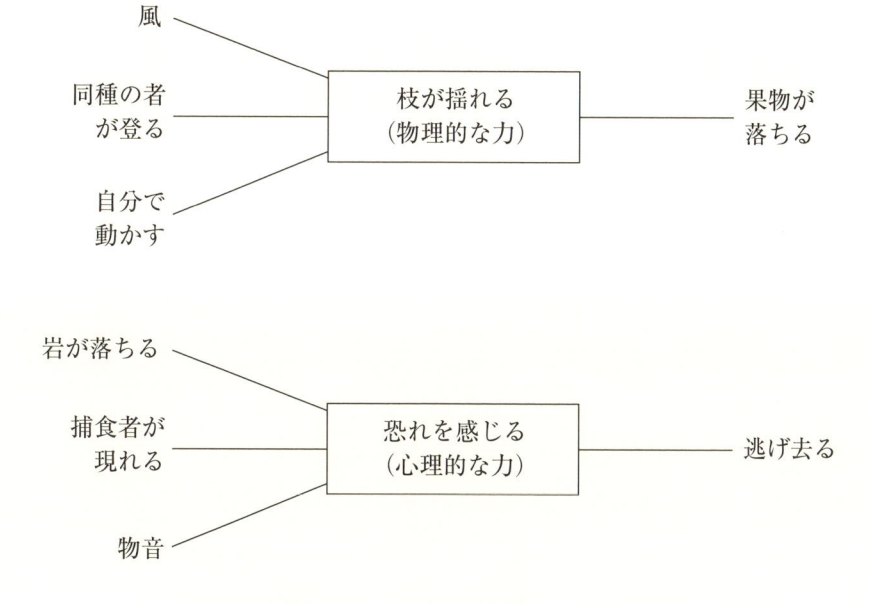

物理的な事象（上）と社会的な事象（下）の図式化。どちらの場合も、多種多様な先行事象から、結果事象を引き起こす力が生み出される。

（Tomasello, 1999/2006）

47

他者理解にあるといえるでしょう。

　また、このような水準の意図理解は、具体的には、次のような行動としてみられます。1つ目の例は、叙述の指さしです。乳児がお母さんと散歩に行き、その途中で犬を見つけたとしましょう。3、4ヵ月児であれば、犬をじっと見たり、微笑みかけたり、もしくは、泣き出してお母さんにしがみついたりするでしょう。9ヵ月をすぎると、**資料3-3**の左図のように、犬を指差し、そして、右図のようにその指さしの前後にお母さんを見るような行動が出てきます。ここでのポイントは、単純に犬を指さすだけでなく、同時に母も見ているところにあります。このことは、たんに犬が興味深いということだけでなく、他者も自分と同様に同じモノ（ここでは犬）を見ているということを乳児が理解できていることを示しています。すなわち、他者を意図的な行為主体として理解できているからこそ、犬を指さすだけでなく、母のほうも見ることができるのです。なお、この叙述の指差しと似たような現象に、共同注意というものがあります。共同注意について詳しくは第2章を参考にしてください。

　2つ目の例は、社会的参照です。社会的参照とは、他者が何かに対して行動をしているのを見て、そこから行為の意味をつかんでいく行動のことをさします。たとえば、**資料3-4**の左図を見てください。これは、お母さんが、箱を開けてびっくりしているのを赤ちゃんが見ているところです。

　このとき、3、4ヵ月児であれば、お母さんがびっくりしているのを見て、そのまま泣いてしまうでしょう。ところが、9ヵ月をすぎるようになると、お母さんの感情に伝染するだけではありません。**資料3-4**の右図のようにお母さんの様子を見て、箱に何が入っているのかを、警戒しながら近づいたり、お母さんに抱っこされながら箱の中をうかがおうとしはじめます。9ヵ月児は、お母さんの様子を通して箱の中に何か警戒するものが入っていることを理解しはじめるのです。この社会的参照と呼ばれる現象は、他者の意図理解を考えた場合、重要なものとなります。なぜなら、他者の行為の裏にある意図（ここでいえば、お母さんがびっくりする行動の裏にある意図）を感じるからこそ、普通の箱に対して警戒することができるからです。

　さらに、からかいの理解についても同じことがいえます（Behne, Carpenter, Call & Tomasello, 2005）。大人が玩具を赤ちゃんに渡そうとします。すると、この時期の赤ちゃんであれば、その玩具を受け取ろうと

Chapter 3 乳児の意図理解の発達

するでしょう。しかし、このときに大人がからかうように、わざと玩具を渡さない場合と、思いがけずに玩具を落としてしまう場合を見せます。どちらも玩具を子どもに渡せないという意味では、行為としては同じです。しかし、9ヵ月児は、前者のときにより不満そうな行動をとることが明らかになりました。

資料3－3　叙述の指さし

資料3－4　社会的参照

このような事実から、乳児は8、9ヵ月ころより、行為の裏にある意図を様々な形で理解しはじめるといえるでしょう。

③ 12ヵ月から18ヵ月ころの意図理解

　1歳をすぎる頃から、いよいよ他者の意図理解がはっきりとした形になってきます。それは、子どもが模倣できることを生かした研究に示されています。1つは、カーペンターたち（Carpenter, Akhtar & Tomasello, 1998）の研究です。彼らの研究から、1歳をすぎると本章最初の「予習アクティビティ」であげたような2つのエピソードの違いを理解できるようになることが明らかになっています。

　カーペンターたちは、1歳2ヵ月から1歳6ヵ月の子どもを対象に、他者の行為を見て、それが「○○しよう」という意図的な行為なのか、それとも「たまたま」起きた偶発的な行為なのかを区別できるのかについて、**資料3-5**のような道具を使って調べました。この道具はハンドルを引っ張って車輪を転がすと、玩具が出てくるものです。実験者（大人）は、意図的な行為の場合、偶発的な行為の場合のいずれにおいても、ハンドルをひっぱり、車輪を動かして玩具を出現させます。ただ、意図的な行為の場合では、「どうだ！」と言って満足げな様子をみせます。一方、偶発的な行為の場合では、「しまった！」と言って、身体を少しジャンプさせる様子をみせます。このような実験者の行為を見せたあとで、対象の子どもにこの道具を提示します。すると、子どもに意図的な行為を見せた場合のほうが、偶発的な行為を見せた場合よりも、より多く玩具を出す行為を模倣することが明らかになりました。

　もう1つ、模倣を生かした有名な研究があります。メルツォフ（Meltzoff, 1995）は、次のような実験をして、1歳半ころの意図理解を調べました。彼らは、**資料3-6**のような積み木2つとダンベルをつないで作った道具（a）などを用いて、1歳6ヵ月の子どもにある行為を示しました。その行為とは、「ダンベルから積み木を離そうとするけれど、手がすべって離れない」「リングを突起にひっかけようとするけれども、うまくかけられない」（c）といった行為です。これは、「○○したいけど、できない」という意図的な行為を示しています。このような行為を見せたあと、その道具を子どもに渡します。すると、1歳6ヵ月児の80％が、「で

資料3-5　カーペンターたち（1998）で用いられた装置

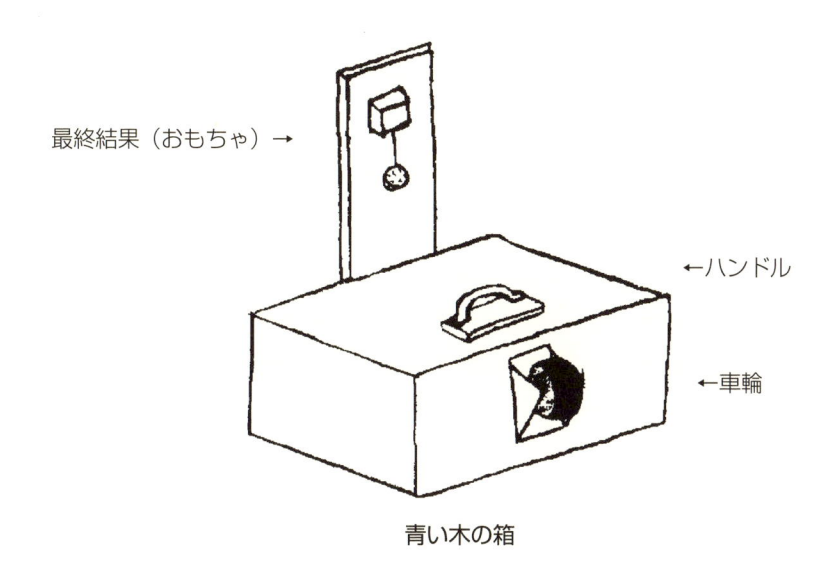

最終結果（おもちゃ）→

←ハンドル

←車輪

青い木の箱

(Carpenter et al., 1998)

資料3-6　メルツォフ（1995）で用いられた実験装置

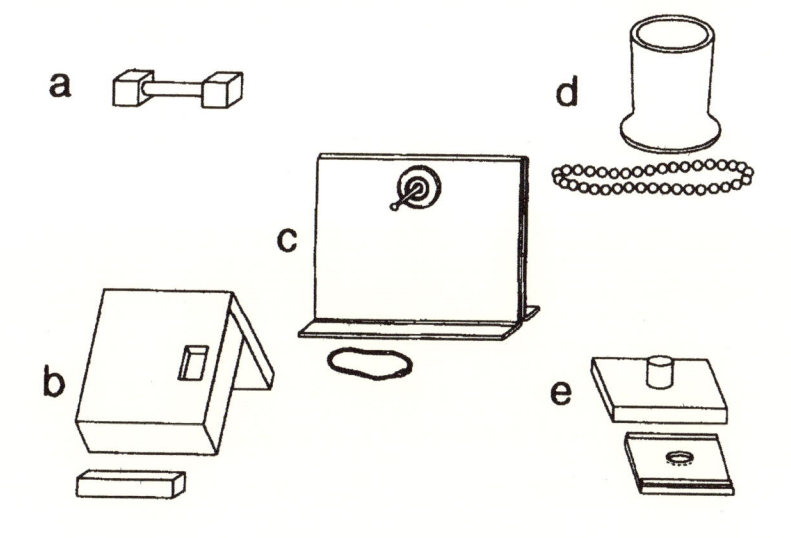

テストに用いられた5つの道具
a. ダンベル，b. 箱と棒，c. 突起とリング，
d. シリンダーとビーズ，e. はめ板と円柱

(Meltzoff, 1995)

きない」行為をそのまま真似するのではなく、ダンベルから積み木を外しました。この実験では、他にも普通にこの積み木を見せた条件や、まったく関係のない行動を見せた条件が行われましたが、そのときよりも高い確率でダンベルから積み木を外しました。このような結果から、1歳6ヵ月児は、目の前で完成された行為を見せずに中途の行為を見たとしても、その行為から「○○しようとする意図」を理解することができることがわかります。後の実験では、12ヵ月の子どもでは、この課題の遂行が難しいことが明らかにされており（Bellagamba & Tomasello, 1999）、1歳代において発達する意図理解の能力であることが明らかにされています。

このような他者の意図理解は、実験結果からだけでなく、日常の生活の様子からもわかります。保育園での1歳児クラスで、保育者が「今から散歩に行くよ」と言わずに、かばんや帽子を用意するだけでも、1歳半をすぎた子どもたちは、その行為から保育者の意図を読み取り、散歩に行くことを理解するようになります。日常の様々な場面で、他者の行動からその先にある意図を読み取れるようになると考えられます。

また、レパチョリたち（Repacholi & Gopnik, 1997）は、メルツォフ（Meltzoff, 1995）とは別の角度から、この時期における他者の意図理解について調べています。レパチョリらは、大人が子ども（14ヵ月児群と18ヵ月児群）の目の前で、生のブロッコリーをおいしそうに食べ、クラッカーをまずそうに食べます。当然ですが、子どもはクラッカーのほうを好みます。

このような状況を提示したあと、大人が、とくに何を食べるかを指示することなく、子どもに「少しくれる？」とことばをかけます。すると、14ヵ月児は、クラッカーを大人に手渡すことが多かったのに対し、18ヵ月児は、生のブロッコリーを大人に手渡すようになりました。この結果から、18ヵ月の子どもは、他者の食べる様子から、他者の「好み」という意図について理解することができるといえます。とくに、自分と他者の好みの違いを理解しながら相手の意図を理解できるというのは、特筆すべき能力といえるでしょう。

2 乳児の意図理解研究の先にあるもの
乳児は果たして有能なのか？

　ここまでの説明を読めば、乳児の意図理解は我々大人と同じような優れたものにみえます。たしかに、「赤ちゃん＝できない存在」とみるのではなく、様々な理解の可能性をもっている有能な存在としてみていくことは、子どもの発達を支援するうえで大事なことでしょう。しかし、やはり限界があることや意図理解のテーマそのものが持つ問題についても同時に考慮しておく必要があります。

　まず、乳児の意図理解の限界について検討します。具体的には次の2つが考えられます。1つ目の限界は、この時期の意図理解は、偶発的な行為なのか意図的な行為なのかをあくまで区別できるということにすぎないということです。その区別できた意図的（もしくは偶発的）な行為が、どのような価値を有しているのかについては、乳児はまだ理解することができません。たとえば、予習アクティビティにあげたように、その行為が意図的か否かによって、その行為の悪質性が判断できるようになるには、少なくとも6歳以降を待たなければなりません（Berg-Cross, 1975）。

　2つ目の限界は、あくまで今行われている目の前の行為からでしか、他者の意図を推測できない点にあります。「いま、ここ」から離れた時間的な視点から、他者の意図を理解できるのは幼児になってからですし、幼児でもまだ不十分な場合もあります。たとえば、願望と信念が異なる場合の理解は、3歳児でも困難であることが指摘されています。フェインフィールドたち（Feinfield, Lee, Flavell, Green & Flavell, 1999）は、「ある子どもは、Aという場所に行きたかったのに、母はBに連れて行った。でも、結果として偶然Aに着いた」という物語を聞かせたうえで、この子どもは、どこに行こうとしていたのかと尋ねました。すると3歳児は、Aに行こうとしていたと答えることが多く、意図と願望を区別できないことが明らかになりました。

　これらの結果からわかるように、乳児の有能さとともに、どのような点で限界があるのかをふまえておくことは、乳児を過小評価したり過大評価

したりせずに、適切な理解をするうえで、重要なことであるといえます。

3 意図理解の発達と新たなコミュニケーション

　次に考慮すべきことは、乳児が他者の意図理解を発達させることの意味についてです。ここまで、乳児は年齢を重ねるにつれて、高次な意図を理解するようになることを述べてきました。しかし、我々大人とともに生活する存在として乳児をみた場合、この意図理解を知るだけで事足りるわけではありません。他者の意図を理解することは、当然ながら、様々なコミュニケーションが発生する契機につながります。このような視点から考えれば、乳児の他者に対する意図理解の発達が、どのようなコミュニケーションの発達と関連していくのかについてみておく必要があるでしょう。ここでは、1歳代の他者の意図理解に関連するコミュニケーションの特徴について3点触れます。

　1点目の特徴は、他者と意図を共有できることです。意図を理解することは、他者と意図を共有することの必要条件になります。他者の意図を理解せずに意図を共有することが不可能であることを考えれば、意図の共有にとって他者の意図を理解することは重要になるでしょう。トマセロたちは、このような他者との意図の共有の具体的な現われとして協力行動に注目しています。なぜなら、お互いに「○○しよう」という意図を共有しなければ、協力行動は成立しないからです。ワーネケンらは、14ヵ月児を対象に、**資料3-7**のような道具を用いて、協力行動の発達について検討しました（Warneken & Tomasello, 2007）。具体的には、小さなトランポリンの上にのっている物を運ぶために、実験者（大人）と子どもがこのトランポリンの両端をもって同時に目標まで移動するというものです。その結果、14ヵ月児の24名中15名が、4回中少なくとも1回は目標まで到達し、そこで喜びを表現しました。このような知見は、1歳半頃には、意図を理解することだけでなく、意図を共有できはじめることを示しているといえます。

　2点目の特徴は、自分の意図と他者の意図とを調整するようなコミュニケーションがみられることです。他者の意図を理解することが、他者と意

図を共有することに直接にはつながらないこともあります。むしろ、他者の意図が理解できるからこそ、その意図に反することも普段の生活の中では多いのではないでしょうか。たとえば、1歳児クラスでは、保育者が「散歩に行こう」と言い、帽子などの準備をはじめると、子どもたちは、その意図することを理解して散歩をイメージするようになります。そして、保育者が「いつもの大きいワンワンを見に行こう」と言うと、1歳半を越えてきた子どもは、その意図も理解できるようになります。しかし、だからといって、みながワンワンを見に行きたくなるわけではありません。ある子どもは散歩に行きたくないと言い、またある子どもは、散歩は行きたいけどワンワンを見に行きたいわけではないと、様々な形で主張します。このように、自他の意図が対立し、そして調整・交渉をはじめることになります。

　このような自他の意図の調整という視点は、他者の意図理解や意図の共有について多くの知見を出しているトマセロたちの研究ではあまりみられません。しかし、我が国においては、少ないながらもこのような視点から研究が行われています。たとえば、伊藤・麻生（1997）は、1歳児・2歳児に対して積み木を使った拍子木課題を実施して、自他の意図の調整の発達について検討しています。拍子木課題というのは、子どもの目の前で、赤い積み木2個を出し、実験者（大人）が、その積み木を打ち合わせて、子どもにも同じ行為を求めるというものです。この行為自体は、1歳児・2歳児においてはとても簡単な課題です。しかし、この研究のユニークなところは、この行為を繰り返し何度も求めるところにあります。何度も同

資料3－7　ワーネケンとトマセロ（2007）で用いられた道具

トランポリン

（Warneken & Tomasello, 2007）

じ行為を求められるという他者の意図をどこまで理解するのか、そして、そのうえで、どのように自分の意図を押し出すのか、といった点を検討しています。

　その結果、1歳前半の子どもでは、＜自分がイヤになったらやめる＞など他者の意図をあまり考慮にいれない行動が目立ったのに対し、1歳後半になると＜自分はイヤだけど求められるのでやる。何度も求められると笑顔を作るなどしてやめようともっていく＞といったように他者の意図を理解したうえで、なんとか調整しようとする行動がみられました。このように他者の意図を理解することで、他者との意図の調整という新たなコミュニケーションの質がみられるようになります。

　3点目の特徴は、1歳半ころから、教える、助ける、思いやるといったこれまでにみられなかった新たなコミュニケーション行動が生起することです。他者の意図を理解することができれば、相手への働きかけかたも当然変化していきます。その変化の代表的な現れの1つとして、ここでは、教えるという教示行為の発達をとりあげます。赤木（2004）は、はめ板と呼ばれる**資料3－8**のような道具を用いて簡単な実験を行いました。実験者（大人）が、1歳児の目の前で、円板を四角の孔にはめようとして、「あれ、入らない」と言いながら四角の孔に入れ続ける様子を見せるというものです。その結果、**資料3－9**に示すように、1歳7ヵ月までの子どもは、そのほとんどが、自ら円板を触って自分ではめようとしました。つまり、実験者に教える行為はみられませんでした。一方、1歳8ヵ月から1歳11ヵ月の子どもは、その半数以上が、自分で円板を触らず、実験者を見ながら円孔を指さしました。この結果は、1歳半ころを境に教示行為がみられることを示しています。1歳半というのは、先にも述べたように、「他者の行為を見て、○○しようという意図を推測できる」という他者の意図理解を発達させる時期でした。そう考えれば、この赤木（2004）の結果のように、他者がうまくいかない行為を見て、正解を伝えるような教示行為がこの時期に出てくるのでしょう。

おわりに

　他者の意図を理解するというのは、我々大人でも難しいことです。とくに、他者の意図を完全に、正確に理解することは、自己と他者の存在が

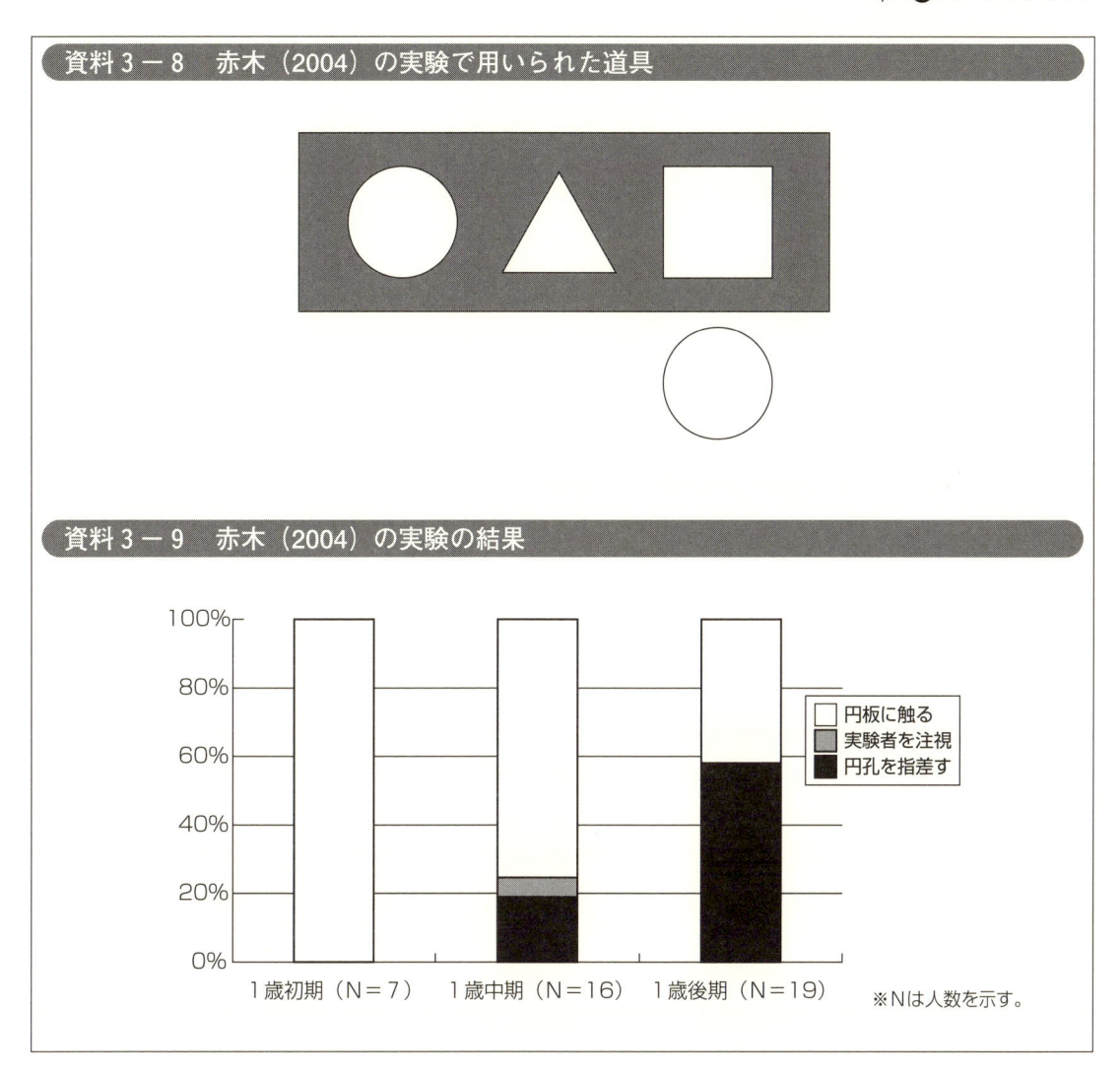

Chapter ③ 乳児の意図理解の発達

資料3－8　赤木（2004）の実験で用いられた道具

資料3－9　赤木（2004）の実験の結果

凡例：
- □ 円板に触る
- ▨ 実験者を注視
- ■ 円孔を指差す

横軸：1歳初期（N＝7）、1歳中期（N＝16）、1歳後期（N＝19）

※Nは人数を示す。

別々であるという生物としての制約がある以上、実は無理なことなのでしょう。ですが、赤ちゃんを見ていると、他者の意図を理解しようとする志向性が強く、しかも、その理解が大筋では間違っていないことに驚かされます。赤ちゃんが他者の意図をどのように理解しているのかを知ることは、赤ちゃんと豊かなコミュニケーションをとるうえで、また、赤ちゃんの不思議さをリアルにとらえるうえでも重要な視点になるでしょう。

●復習アクティビティー

1．乳児には理解の難しい他者の意図とはどのようなものかを考えてみましょう。
2．生後9ヵ月ころの他者の意図理解が発達することで、どのようなコミュニケーションがみられるのかを、日ごろの乳児の様子を思いうかべながら考えてみましょう。

もっと深く学びたい人のために

麻生武　2002　乳幼児の心理　サイエンス社

板倉昭二　2006　「私」はいつ生まれるか　ちくま新書

ロシャ, P.　2002　乳児の世界　ミネルヴァ書房

引用文献

赤木和重　2004　1歳児は教えることができるか：他者の問題解決困難場面における積極的教示行為の生起．発達心理学研究，15，366-375．

Behne, T., Carpenter, M., Call, J., & Tomasello, M. 2005 Unwilling versus unable? Infants' understanding of intentional action. *Developmental Psychology*, 41, 328-337.

Bellagamba, F., & Tomasello, M. 1999 Re-enacting intended acts: Comparing 12- and 18-months-olds. *Infant Behavior and Development*, 22, 277-282.

Berg-Cross, L. G. 1975 Intentionality, degree of damage, and moral judgments. *Child Development*, 46, 970-974.

Carpenter, M., Akhtar, N., & Tomasello, M. 1998 14-through 18-month-old infants differentially imitate intentional and accidental actions. *Infant Behavior and Development*, 21, 315-330.

Feinfield, K. A., Lee, P. P., Flavell, E. R., Green, F. L., & Flavell, J. H. 1999 Young children's understanding of intention. *Cognitive Development*, 14, 463-486.

伊藤典子・麻生武　1997　1歳と2歳：他者の意図を知り悩む年頃　発達，70，6-19．

Meltzoff, A. 1995 Understanding the intentions of others: Re-enactment of intended acts by 18-month-olds children. *Developmental Psychology*, 31, 838-850.

Repacholi, B. M., & Gopnik, A. 1997 Early reasoning about desires: Evidences from 14-and 18-month-olds. *Developmental Psychology*, 33, 12-21.

Rochat, P., Morgan, P., & Carpenter, M. 1997 Young infants' sensitivity to movement information specifying social causality. *Cognitive Development*, 12, 537-561.

Tomasello, M., Carpenter, M., Call, J., Behne, T., & Moll, H. 2005 Understanding and sharing intentions: The origins of cultural cognition. *Behavioral and Brain Sciences*, 28, 675-691.

Tomasello, M. 1999 *The Cultural Origins of Human Cognition*. Cambridge: Harvard University Press. トマセロ, M.（大堀壽夫・中澤恒子・西村義樹・本多啓　訳）　2006　心とことばの起源を探る　勁草書房

Warneken, F., & Tomasello, M. 2007 Helping and cooperation at 14 months of age. *Infancy*, 11, 271-294.

第4章 表象機能の発生と発達
世界の二重化のはじまり

🍀 本章のねらい

　私たちは知覚した世界——「いま、ここ」の世界のみに生きているのではありません。「いま、ここ」の世界とは異なるもうひとつの世界——心の世界を生きています。心の世界の中で、昨日の失敗を思い悩んだり、美しい思い出を大切にしたり、また、将来について考えたりしながら、日々を過ごしています。人はそういう複雑な心の世界を持っているのですが、このような心の世界はどのように獲得されてきたのでしょうか。この章では、どのように「いま、ここ」の世界を離れ、豊かな心の世界を持つことができるようになったのかを、表象機能の発生と発達に焦点をあてて学びます。

● 予習アクティビティー

1．みなさんは小さいときに、どのような遊びをしていましたか。書き出してみてください。
2．ごっこ遊びをしましたか。どのようなごっこ遊びをしたか、思い出せるかぎり具体的に書き出してみてください（たとえば、役柄、使用した道具など）。

1　二重化した世界に生きる私たち

① 私たちの心の世界

　クリスマスのシーズンになると、街は色とりどりのイルミネーションで飾られ、どの店に入ってもクリスマス・ソングが流れています。キリスト

教信者のあまり多くない日本では、たんに購買意欲をあおるための装置にすぎないといわれるかもしれませんが、それでも何かうきうきするような、温かい気持ちになったりするのではないでしょうか。**資料4－1**の写真を見てください。みなさんはこの写真を見てどのようなことが心に浮かんだでしょうか。子どもの頃、枕元においてあったプレゼントに大喜びしたこと、友だちとひらいたクリスマス・パーティー、恋人と過ごしたレストランでのひとときなど、楽しい思い出がそのときの感情とともに心によみがえったのではないでしょうか。もしくは、クリスマスにはあまり良い思い出がなく、かえって落ち込むという人もいるかもしれません。良くも悪くもクリスマスは、人々に特別な思い出や感慨をもたらす、一年で最もドラマチックなシーズンといえるでしょう。

さて、今、みなさんの心に浮かんでいる様々な情景を、心理学では「表象」と呼んでいます。「表象」とは簡単にいえば、現実の世界を心のはたらきによって心的なイメージとかことばなどに置き換えて、もう一度心の中に再現したもののことです。また、この「表象」をつくりだす心のはた

資料4－1　クリスマスの光景

らきを「表象機能」と呼んでいます。私たちは、この表象機能を持つことで、感覚として受け取っている現実の世界に、これまで学んだ意味（記号的意味）の世界やそれにまつわる思い出（物語的意味）の世界を重ね合わせて、世界を捉えることが可能となりました（松木, 2000）（**資料4-2**、章末**コラム1**参照）。この機能があるおかげで、私たちはいったん、「いま、ここ」の現実から離れて、過去のことを思い返すことができるのです。先ほどの写真をもう一度見てください。もはや何も心に思い浮かべることなく、知覚している写真だけを眺めることはできないでしょう。

　また、この機能のおかげで、私たちはまだ起きていないことについても予測したり、考えたりすることもできます。どんなに苦しい状況に立たされても、明るい未来を思い描いたり、現実には起こりえないことの想像もできます。次に起こることを推測し、失敗しないように何度も心の中でシミュレートしたり、取るべき行動について考えます。また、高度に抽象的な思考を働かせることも可能になりました。それは現実の世界を知覚しながら、いったんはその知覚している世界を意識の外に追い出して、心の中にもうひとつの世界を創造することでもあります。

　このように考えると、私たちは現実の世界にもうひとつ心の世界を重ね合わせた、二重化した世界を生きているといえます。先にも述べたとおり、表象機能がそれを可能にしました。ところでこの機能は、人間だけが持っている特別な能力であると考えられています。いったいどうして、私たちはこのような能力を持つようになったのでしょうか。

② 心の世界の幕開け

　まずは、進化的な観点からみてみましょう。ミッチェル（Michell, 1997）はこの能力について、私たちの祖先が道具を使用するようになることで開花したと述べています。もともとある場面に結びついているものを、他の場面で使用するためには、いったんそれを、結びついている場面から切り離して、どのように利用できるか想像する必要があります。たとえば、果物を取ったときにくっついていた小枝は、とっておけば他の場面でつついたり、測定したり、家を作るのに使えるかもしれません。小枝を見ているとおりの小枝としてしか見ることができなかったら、つまり知覚している「いま、ここ」の現実だけに縛られていたら、他の場面に利用する道具と

Chapter 4 表象機能の発生と発達

資料4－2　記号的意味と物語的意味

物語的意味　「私が欲しがっていたからママが買ってくれたんだ！」

記号的意味　「クマちゃんのぬいぐるみだ！」

（松木, 2000を参考に図作成）

して考えることはできないのです。上手に知覚情報から離れられることが、表象の世界を生み出すことにつながったのかもしれません。そのことを彷彿とさせるような実験が、ボイセン（Boysen, 1993）よって行われています。資料4−3を見てください。これはチンパンジーで行われた実験ですが、実際に目の前に美味しそうな食べ物を置かれると、チンパンジーは冷静に思考することができなくなることを示しています。

このようにして、私たちの祖先は道具の使用によって、頻繁に「いま、ここ」を離れたところで思考を重ねるようになり、過去のことを思い出して、その知識を利用したり、未来のことを予測するようになったと考えられます。

2 模倣、ふり、ごっこ遊び

今度は、発達的にみていきましょう。私たちが小さかったときの心の世界はどのようなものだったのでしょうか。ここでは、表象機能の現れとして考えることのできる、3つの現象——模倣、ふり、ごっこ遊びについて紹介します。

① 模倣

❶ 模倣のはじまり−即時的な模倣から延滞模倣へ

ピアジェは（Piaget, 1945）は、子どもは生まれたときから表象機能を持っているわけではなく、1歳半頃から獲得されるものだと考えていました。そして、この表象機能の発生までの過程を、模倣の発達の側面からも説明しています。模倣とは、他者や自分の動作を、自分の身体で同型的に反復する行動をいいます。資料4−4を見てください。ピアジェの考えによると、まずは音声の模倣からはじまって、しだいに目で見た動きの模倣へと発達していきます。目で見た動きの模倣では、いま見ている動作を、自分の身体の目に見える部分でなぞることからはじまって、目に見えない部分による動作の模倣、そして最終的には、前に見たことのある動作の模倣へと進展していきます。いま、目にしている動作の模倣を即時模倣、前

資料4－3　ボイセン（1993）のチンパンジーの実験

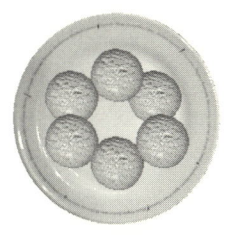

図①　実際に食べ物がのった皿

図②　食べ物の数が数字に置き換えられた皿

ボイセンは2匹の空腹のチンパンジーに競い合うゲームを教えました。そのゲームは、1匹のチンパンジーが量の異なる食べ物ののった2つの皿のうち1つを指し示すと(図①)、その皿の中身は相手のチンパンジーのほうへ与えられるというルールでした。つまり、食べ物をたくさん欲しければ、少ないほうの皿を指し示さなければなりません。ところがチンパンジーは空腹なので、どうしても目の前にある多量の食べ物ののっている皿にひきつけられ、それを指してしまうのでした。

ところで、この実験に参加したチンパンジーは、単純な数の概念を習得していました。そこで、今度は食べ物の代わりに、食べ物の量を数字で表したところ(図②)、驚いたことに、チンパンジーは、上手に少ないほうの数字を指し示すことができ、多いほうの食べ物を得ることができたのでした。数字になったことで、多量の食べ物にひきつけられることから開放され、冷静に思考することができたようです。

(Boysen, 1993を参考に図作成)

資料4－4　ピアジェの模倣6つの発達段階

段階	発達段階	模倣の内容
第1段階	反射による準備	T（生まれた日以来）他の赤ん坊といっせいに泣く。
第2段階	散発的な模倣	反射シェマは「分化した」循環反応の形を取ることになる。散発的ではあるが自分が今発したばかりでない音、自分の出せる音を、かなり正確に模倣できるようになる。
第3段階	単純な第2次循環反応の模倣	自分自身が自発的に行っている手の運動を模倣する。T(0；4, 5)は親指を立ててながめ、揺り動かしている。この動作をピアジェがやってみせたところTは模倣した。Lは（0；7, 5）以降、日頃しばしば循環反応として自分が行っている、クッションをひっかく動作を模倣した。
第4段階	レパートリーにあるが自分から見えない運動の模倣	生後8～9ヵ月に始まる第4段階の知能は、シェマの相互協応によって特徴づけられる。そのような協応によってシェマの可動性が増し、「指標」のシステムが組み立てられる。そこから見えない動きの模倣が可能になる。J(0；8, 7)特殊な唇の音を「指標」にして唇の運動を模倣する。
第5段階	レパートリーになく自分からは見えない新しい運動を組織的に模倣	第3次循環反応が現れる。つまり「実験による新しい手段の発見」が可能になる。新しいモデルの模倣が組織的にしかも正確になされるようになる。J (0；11, 11) は、ピアジェが手を髪の上にのせてみせると、手をあげどこに手をやればよいのか探すそぶりをみせた。(0；11, 30) にはピアジェが髪を引っ張ると、すぐさま模倣した。頭を触ることもただちに模倣。
第6段階	延滞模倣、表象の前兆となるような模倣	実在する人物の模倣。J (1；4, 3) は、訪問していた1歳半の男の子がベビーサークルから出ようとして足を踏みならし激しく泣いたのを仰天して見つめてから、12時間以上たった翌日、自分のベビーサークルを動かそうとして泣き叫び足を踏みならした。J (1；6, 23) は、グラビア雑誌の中の小さな男の子が口を丸く開けている写真をじっと見つめ、我を忘れたようにそれを模倣した。

注：T, L, Jはピアジェの3人の子どものイニシャル、(x；y, z)はx歳yヵ月z日を示す。

(Piaget, 1945; 麻生, 2002より引用)

に見た動作の模倣を延滞模倣と呼んでいます。そして、この延滞模倣こそが、表象発生のはじまりであるとピアジェは考えたのです。

ところで、即時模倣に関しては、ピアジェが考えていたよりもずっと早くに、新生児期から類似の現象が見られることをメルツォフ（Meltzoff & Moore, 1977）が明らかにしました（**資料4－5**）。目で見ることのできない自分の舌を使った模倣ができることから、子どもは生得的に親の顔の動きをまねる機能を備えているようです。

❷模倣の利点

「さるまね」などということばがありますが、実はだれかの模倣をすることは、そんなに簡単なことではありません。とくに、人間の行っている模倣行為は動物の行っているまねとは質的に違うものです。たとえば、オウムは上手に人のことばをまねますが、そのことばがどのような意図を持って発せられたのかを理解しているわけではありません（もちろん、ことば自体の意味も理解していませんが）。ところが人間が模倣をする場合、1歳半の子どもでも大人の行動の意図や目標を理解して模倣を行うことがわかっています（**資料4－6**）。これは人間だけが持つ能力です。

模倣をすることの利点は、①ある目標に到達したいときに試行錯誤する必要がなくなる、②幼い子でも適応的な行動がとれるように、有利なスタートラインに立たせることができる、③その社会が積み上げてきた行動レパートリーを直接自分のものにする、④情動的な関係を形成する、(池上, 2002)、⑤コミュニケーションと役割取得、言語獲得（Kugiumutzakis, 1985）、⑥他者のまねをすることでその他者がだれであるかがわかる（Meltzoff & Moore, 1999）、⑦模倣の生得的能力は文化伝達に貢献する（Donald, 1991, Butterworth, 1999）、ということがあげられています。とくにトマセロは、子どもが文化的な社会、すなわち道具の使用によって発展してきた社会に参入するときに、模倣が重要な役割を果たしていることを強調しています。また、進化的にみても、道具の使い方をただまねるだけではなく、他者がどのような目標の達成のためにその道具を使うのかがわかったうえで模倣することが、道具をさらに改良することにつながり、文化の発展につながったとしています（Tomasello, 1999）。

Chapter 4 表象機能の発生と発達

資料4－5　新生児模倣

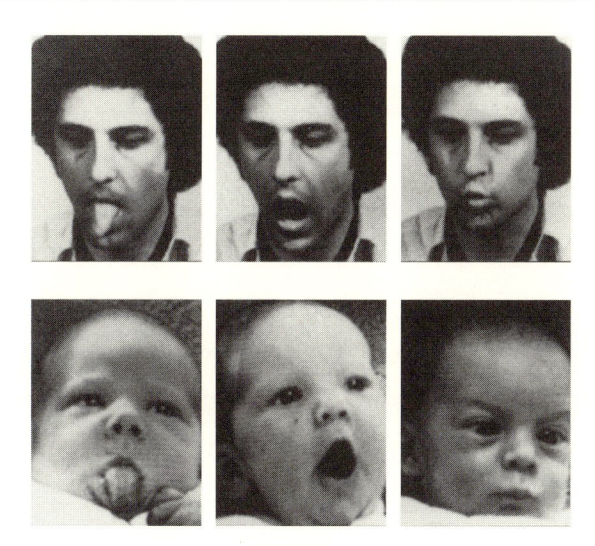

（Meltzoff & Moore, 1977）

資料4－6　メルツォフの乳児の意図理解の実験

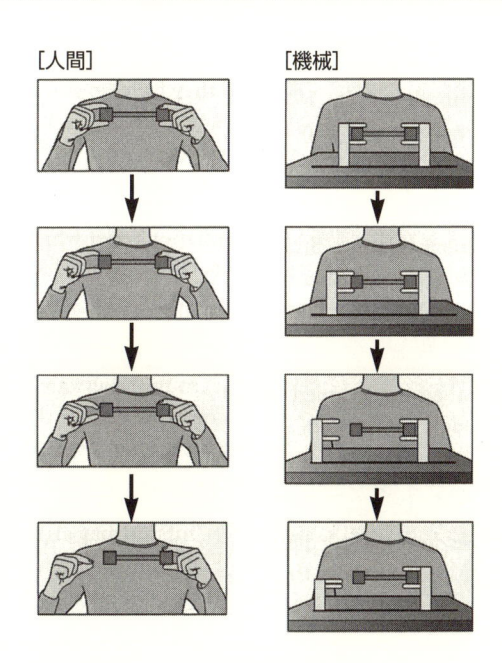

　メルツォフは乳児が他者の意図を理解しているかどうかを調べるために、次のような実験を行いました。まず、大人が、棒の両端に立方体の積み木がついている小さいダンベルの積み木部分を持ち、積み木をはずそうとするのですが、手が滑ってしまって外れない、という場面を18ヵ月児に見せます。すると子どもは、手が滑っているというところを模倣するのではなく、大人の意図を理解して、積み木をはずそうとする行動をしたのです。つまり、18ヵ月児は大人の行為そのものを模倣しているのではなく、大人の意図を模倣しているのだといえます。また、このような乳児の模倣行為は人間に対してのみ働くということも、わかっています。人間ではなくて、機械が上述の大人とまったく同様の動作をするのを見ても、子どもは積み木をはずすことをしませんでした。

[人間]　　　[機械]

（Meltzoff, 1995）

② ふり

　はじめに、空のコップで飲むふりをするとか、絵本のみかんを食べるふりをするなどの「ふり」行為を取り上げましょう。麻生（2002）はこのようなふりを「動作的表象としての『ふり』」と名づけ、1歳過ぎ頃から見られると述べています。麻生によると、このようなふりを行っている子どもは、コップがどのような道具であるのか、また、みかんは何であるのかを、動作を通じて表象し、理解しているということなのです。そして、このような行動は、子どもが目前の対象をカテゴリー的に理解（コップは飲む道具として、みかんは食べるものとして）しはじめたことを示しています。

　また麻生は、次の段階に「記号行為としての『ふり』」が現れ、その始まりが延滞模倣である」と述べています。上述の「動作的表象としての『ふり』」と「記号行為としての『ふり』」の違いは、後者では、ふりとふりの元になっている行為との記号的な関係を理解しているという点です。資料4-7にあるとおり、記号的な関係を成立させるには、ふりの元になっている行為（表されるもの）をはっきり表象し、ふり（表すもの）によって表そうとする意志が必要です。麻生はその例として、1歳半児が庭で花火をした際に大人たちの蚊を取るしぐさを見て、その後、部屋に戻ってきてからそのまねをして大人たちに見せたことをあげています。身振り表現によって、過去の出来事を大人たちに示していると考えられます。

③ ごっこ遊び

　子どもの頃にしていたごっこ遊びを思い出してみましょう。お母さんごっこ、仮面ライダーごっこ、探検ごっこなど、ごっこ遊びは「いま、ここ」の現実を離れ、豊かな想像の世界を心に持つことができるようになった、最初の証であると考えられます。ここでは2つの視点からごっこ遊びをみてみましょう。

❶ 他者になりきる

　みなさんはテレビのキャラクターのふりをして遊んだことがありますか。仮面ライダーごっこやセーラームーンごっこなど、友だちと一緒に遊

Chapter ❹ 表象機能の発生と発達

資料4－7　記号的・象徴的関係

「電話」が目の前にないときに、他者に「電話」を示したいとしたら、皆さんはどうしますか。

1. 身振り：あたかも電話を持っているかのような行動を示す
2. 記号：「でんわ」とことば(記号)で示す
3. 象徴：バナナを耳に当てて示す

このような時、私たちは電話の表象を持ちながら、実際の電話に代わるものとして「別の何か」で電話を表現しています。その際の「別の何か」を「表すもの」、表したい電話を「表されるもの」と呼びます。そして両者の関係を記号的、もしくは象徴的関係と呼んでいます。記号的・象徴的関係は、当の表現する人が表現したいというはっきりとした意志を持っていないかぎり、成立しません。

記号的・象徴的関係

表すもの　　　　　　表されるもの

- 電話する身振り（記号的）
- 「でんわ（ことば）」（記号的）
- バナナを耳にあてる（象徴的）

→ 電話

んだ経験があることでしょう。このような、ある状況を設定し、ある人物になりきって遊ぶことをごっこ遊びと呼んでいます。麻生は、このようなごっこ遊びをする場合、象徴能力が必要であると述べています。たとえば、積み木を電車に見立てる際には、積み木と電車がまったく異なったものであることを明確に認識しながら、積み木で電車を示すわけですが、そのような見立てをする能力を象徴能力と呼んでいます（麻生，2002）。そのときの積み木は、電車の「象徴（シンボル）」となっています（象徴については**資料4－8**を参照）。そして、麻生は象徴能力によって成り立っているふり行為を、「記号行為としての『ふり』」の次に現れる「象徴行為としての『ふり』」と名づけました。

では、両者の違いはどういう点でしょうか。「象徴行為としての『ふり』」では、自分が他者になり代わるわけですが、そのためには、その他

者が何者であるのか、また、そればかりでなく自分自身が何者であるのかを理解している必要があります。他者がだれであるかは、他者は自己の外側でとらえることが可能ですし、また、ことばの獲得によって、他者の名前で呼ぶことで理解が進みますので、それほど困難なことではありません。ところが、困難なのは外側からとらえにくい自分自身を、明確な対象として理解することです。先の2つのふりの違いの最も大きな点は、自分自身を明確にとらえているか、つまり自己認識を持つか否かにあります。鏡による自己認知（5章参照）や、自分の名前や自称詞を使用する、自己の所有物を主張するようになる頃と、象徴能力の出現とが重なり、「象徴行為としての『ふり』」が現れるようになります（麻生, 2002）。すなわち、自分は自分として認識したうえで、自分自身を他者に見立てられるようになったわけです（章末**コラム2**参照）。

❷仲間の子どもと想像の世界で遊ぶ

次に、探検ごっこをする子どもたちを例にとってみましょう。子どもたちは部屋の中にいても、その場にあるいろいろなモノ、たとえば、家具や雑貨などを使って、想像力豊かなごっこ遊びを展開することができます。ソファを大きな山に見立てて登ったり、机やベッドを利用してテントを作ったり、ときには想像によって作り出した恐ろしい怪獣に出会い、それを新聞紙を丸めて作った剣でやっつけたりしています。そのときの子どもたちの様子を観察してみると、たいして皆で相談するでもなく、一人の子どもがいすを指して「これは木」と宣言すれば、他の子どももそれに同調し、木陰に隠れているふりをしたり、そこから「実」を取ったりするふりをしたりしています。異年齢の集団で行われているごっこ遊びの場合、とくに年少の子どもにとっては、年長の子どもたちがどんどん魔法のようにその場にある日常的なものを探検グッズに変えていくのは、わくわくするような出来事でしょう。こうした経験は、あるものを別のあるものに見立てることの面白さを知ることにつながりますし、また、様々な状況で他者がどのように考え、どのように感じるのかを知る機会にもなると考えられます。実際、ごっこ遊びをよくする子どもは、他者の心の理解に長けており（Harris, 2000）、社会性に富み、他の子どもからも人気があることを示す研究もあります（Howes & Matheson, 1992）。

資料4-8　デローチの二重表象課題

　私たちの生活の中には、さまざまな象徴（シンボル）が存在しています。たとえば、絵や写真、テレビ、地図、時計、道路標識、コンピューターのアイコンなどなど、数え上げればきりがないほどです。

　デローチ（DeLoache, 2004）は象徴を、誰かが意図的にあるものを別のあるもので表したもの(例：現実の街を地図で表す)と定義づけています。そして、子どもの象徴理解にとって、1つのものに対して2つの表象を持てる能力が必要であることを、実験によって示しました（DeLoache, 1987）。たとえば、地図のような象徴を理解するためには、まず、紙でできた地図そのものを表象し、かつそれが示しているどこかの街を表象しなければなりません。実験では、地図ではなく本物の部屋とまったく同じつくりで、本物そっくりのミニチュアの家具を置いた模型の部屋を子どもに見せ、家具の1つに小さいスヌーピーを隠しました。そして子どもに、実物の部屋の同じところに大きいスヌーピーが隠されているので見つけるように教示しました。その結果、3歳未満の幼児は、実物の部屋の大きいスヌーピーを見つけることができませんでした。このことからデローチは、3歳未満の幼児は模型の部屋を模型の部屋として表象し、同時に実物の部屋を示しているものとして表象することができない、すなわち、模型の部屋を実物の部屋の象徴として理解できないと結論づけました。

　デローチたち（DeLoache, Miller & Rosengren, 1997）はそのことを証明する実験をもうひとつ行いました。子どもの入れるくらいのテントの部屋を用意し、子どもの目前でそこに人形を隠しました。そして、シュリンキング・マシーンという機械（それは何でも物を小さく縮めることができると事前に子どもに信じさせるのですが）で縮めたと言って、大きいテントは隠し、そのテントにそっくりの小さいテントの部屋を見せ、どこに人形が隠されているか尋ねたのです。すると2歳半の子どもたちでも正しく答えることができました。この課題の場合、大きいテントの部屋と小さいテントの部屋は同じものであると考えれば、どちらかをもう一方の象徴として理解するときの二重表象は必要ないので、二重表象の持てない幼い子どもでも、正しく答えることができたと考えられます。

（Siegler, Deloache & Eisenberg, 2002より引用）

まとめ

　私たちは、表象機能を獲得したことで、「いま、ここ」の現実世界とは異なる心の世界を手に入れました。心の世界は何ものにも拘束されることのない自由な世界です。私たちはそこで、想像の羽を大きく広げ、実在しない世界で遊ぶことができます。また、過去や未来のことを考えることができ、それによって、経験を生かして未来を切り開くことも可能になりました。一方、その能力によって負の効果がもたらされることもあります。必要以上に過去のことで後悔したり、未来のことを心配したりすることです。しかし、実のところ、表象機能によって、私たちはそれを乗り越えることもできるのです。心の世界では、現実世界を自由に意味づけることができるからです。苦しい出来事や悲しい過去の思い出も、起きたこと自体を変えることはできませんが、心の中でよい意味づけに変えることができます。たとえば、失敗の経験は、成功という大きなジャンプのための助走だったと意味づければ、必要な過程であったと結論づけることになるでしょう。ポジティブに生きる方法をひとつあげるとすれば、よい意味づけの経験を増やしていくことではないでしょうか。

●復習アクティビティー

1. 模倣、ふり、ごっこ遊びの具体的な例をあげ、それぞれ違いをまとめてみましょう。
2. みなさんは、日常生活の中でどのような役割を担って（演じて）いるでしょうか。書き出してみましょう。

もっと深く学びたい人のために

麻生武　1996　ファンタジーと現実　金子書房
麻生武　2002　乳幼児の心理　サイエンス社

引用文献

麻生武　2002　乳幼児の心理　サイエンス社.

Boysen, S.T. 1993 Counting in chimpanzees: non-human principles and emergent properties of number. In Boysen, S. T., & Capaldi, E. J. (eds.), *The development of numerical competence: animal and human models*. Hove: Lawrence Erlbaum Associates, 39-59.

Butterworth, G.E. 1999 Neonatal imitation. In Nadel, J. & Butterworth, G.E. (eds.), *Imitation in infancy*. Cambridge: Cambridge University Press, 68-88.

DeLoache, J.S. 1987 Rapid change in the symbolic functioning of very young children. *Science*, 238, 1556-1557.

DeLoache, J.S. 2004 Becoming symbol-minded. *Trends in Cognitive Science*, 8, 66-70.

DeLoache, J.S., Miller, K.F., & Rosengren, K.S. 1997 The credible shrinking room: Very young children's performance with symbolic and non-symbolic relations. *Psychological Science*, 8, 308-313

Donald, M. 1991 *Origins of the modern mind: The stages in the development of culture and cognition*. Cambridge, MA: Harvard University Press.

Harris, P. L. 2000 *The work of the imagination*. Oxford: Blackwell.

Howes, C., & Matheson, C.C. 1992 Sequences in the development of competent play with peers: Social and social pretend play. *Developmental Psychology*, 28, 961-974.

池上貴美子　2002　模倣の発達　梅本尭夫・落合正行・土居道栄（編）認知発達心理学: 表象と知識の起源と発達　培風館　3-23.

Kugiumutzakis, G. 1985 *The origin, development and function of early infant imitation. Ph.D. thesis*. Department of Psychology, University of Uppsala, Sweden.

松木健一　2000　知覚から認識へ　塚野州一（編）　みるよむ生涯発達心理学　北大路書房　14-25.

Meltzoff, A.N. 1995 Understanding the intentions of others: Re-enactment of intended acts by 18-months-old children. *Developmental Psychology*, 31,(5), 838-850.

Meltzoff, A.N., & Moore, M.K. 1977 Imitation of facial and manual gestures by human neonates. *Science*, 198, 75-78

Meltzoff, A.N., & Moore, M.K. 1999 Persons and representation: Why infant imitation is important for theories of human development. In Nadel, J. & Butterworth, G.E. (eds.), *Imitation in infancy*. Cambridge: Cambridge University Press, 9-35.

Mitchell, P. 1997 *Introduction to theory of mind: Children, autism and apes*. London: Edward Arnold Limited. ミッチェル, P.（菊野春雄・橋本祐子　訳）　2000　心の理論への招待　ミネルヴァ書房

無藤隆　1989　発達とは何か　無藤隆・柴崎政行（編）　児童心理学　ミネルヴァ書房

Piaget, J. 1945 *La formation du symbole chez* l'enfant. Delachaux et Niestlé.

Siegler, R.S., Deloache, J.S., & Eisenberg, N. 2002. *How Children Develop*. New York, NY: Worth Publisher.

Tomasello, M. 1999. *The cultural origins of human cognition*. Cambridge, MA: Harvard University Press. トマセロ, M.（大堀壽夫・中澤恒子・西村義樹・本多啓　訳）　2006　心とことばの起源を探る　勁草書房

コラム　1　　　　　　　　　　　　　　　　　　　　　　　　　　　　　*Column*

『星の王子さま』と意味の世界

　皆さんは『星の王子さま』を読んだことがありますか。『星の王子さま』はフランス人のパイロットであり作家でもあるサン・テグジュペリが書いた童話です。童話といっても子ども向けではなく、大人を対象に書かれています。

　あらすじを紹介しますと、パイロットである主人公は、砂漠に飛行機を不時着させて困っているときに、星の王子さまに出会いました。星の王子さまは小さな星に一人で住んでいたのですが、そこに咲いたバラの花とのちょっとしたいさかいがもとで、星から旅立ってきたのです。そして、いろいろな星をまわり、最後に行き着いたのが地球でした。

　この物語を通して語られている最も大きなテーマは、「大切なことは目には見えない」ということです。王子さまは自分のバラを世界にたった1つしかないめずらしい花だと思っていました。ところが、地球に来てみると当たり前のバラの花を1つ持っているにすぎないということを知り、がっかりします。そんな王子さまに地球で出会ったキツネは、そのバラが王子さまにとって特別な花であることを教えました。他の人から見ればただのバラでも、仲良くなりめんどうをみたバラは、たったひとつの特別なバラであり、そのことは"心の目"で見なければわからない、ということを。

　本当に大切なこと、美しいことは心の目でしか見ることができない――。ここでいう"大切なこと"とは、表象機能によって心の中に再現された物語的意味でしょう。そのように考えると、私たちが豊かな人生を送るためには、現実の世界をどのように意味づけるかということが、重要になってきます。

　たとえば、「愛」ということばの意味を辞書で調べても、その意味を知ったことにはなりません。このことばの本当の意味を知るには、誰かを愛し、愛された経験がなければならないのです。たくさんそのような経験があれば、「愛」の意味はますます豊かになるでしょう。ありふれた行為も「愛」の表れと受け止めることができるようになるかもしれません。また無藤（1989）は、発達とは「子どもが諸々の経験をする中で、いかにして子どもがその意味を把握するか、つまり、どのように経験を意味づけるかということになろう」と述べています。子どもたちが豊かな意味の世界を築けるよう、たくさんの経験をさせてあげたいものです。

（サン＝テグジュペリ作／内藤濯訳『愛蔵版 星の王子さま』岩波書店, 2000より）

コラム　2　　　　　　　　　　　　　　　　　　　　　　　　　　　　　　　　　*Column*

大きくなるにつれてごっこ遊びをしなくなるのはなぜ？

　幼い子どもたちの遊びを観察していると、そこにはいろいろなごっこ遊びが繰り広げられています。お母さんごっこ、セーラー・ムーンごっこ、仮面ライダーごっこ、お医者さんごっこ……。子どもの観察力はすばらしく、自分の演ずる役、たとえばお母さんごっこならお母さんの口調、身振りの特徴をうまく捉えて、上手に演じています。そして、じつに楽しそうです。その様子を見ていると、人は元来、演ずることが大好きな生き物であるように思えてきます。これを読んでいる皆さんにもきっと記憶にあることでしょう。しかし、こんなにも子どもたちの間でポピュラーな遊びでありながら、ごっこ遊びは成長とともにだんだんとみられなくなっていきます。それはなぜなのでしょうか。

　さて、ここで考えてみてください。はたして私たちはもう演ずることをやめてしまったのでしょうか。いえ、本当は、私たちは望むと望まざるとにかかわらず、毎日何かの役を演じているともいえます。日常生活を振り返ってみてください。私たちはいくつもの役を演じていることがわかります。たとえば、私たちは相手が誰かによって話し方を変えたり、表情を変えたりしています。母親の前での自分、学校の友人の前での自分、先生の前での自分、バイト先に行けば、店員としての自分、また、彼氏や彼女の前での自分、といったように、いくつもの役を演じ分けているのです。私たちはいろいろな場面で、その状況に合う役を演じることを求められます。そして成長につれて、役はどんどん増えていきます。いったい自分がいくつ役を演じているか、数えてみてください。子ども、兄姉、弟妹、友人、学生、店員、客……などなどかかわる人が増えれば増えるほど、役も増えていることがわかります。そして、その役をうまく演じられることが、大人としての条件の一つでもあるでしょう。

　このように考えると、成長とともにいやが応でも何かの役を演じるわけですから、わざわざごっこ遊びをする必要もなくなっていくのかもしれません。みなさんは、どのように考えますか？

第5章 自己イメージの起源

🌿 本章のねらい

　この章では、自己意識のめばえとされる自己像認知について、様々な実験的証拠を通して、学習することを目的とします。

　私たちは、一度も直接的に自分の目で確認したことのない、自分自身の顔をいつしか自己像として認識してゆきます。それはいったい、いつ、どのようにして、認識されたのでしょうか。自己像認知は、ある日突然の発見のように成立したのでしょうか。いえ、そうではありません。自己像認知の発達について学習することは、いったい「わたし」は、いつ発見されるのかという、これまで多くの人々を魅了しながらも、いまだ結論の出ていない問題に自ら挑む手がかりを与えることとなるでしょう。

●予習アクティビティー

1．鏡に自分の姿を映して観察してみましょう。鏡に映った自分は、他者から見た自分とそっくり同じなのでしょうか、違うのでしょうか。次に、紙に自分の名前を書いて、鏡に映してみましょう。どうなりますか。自分の顔の場合も、同じことが起こっていることに気づきましたか。
2．家にイヌやネコを飼っている場合、鏡を見せたら、どう反応するでしょうか。観察してみましょう。

1 鏡像自己認知研究のはじまり

　自己の鏡像を見て、それが他の誰でもなく、「わたし」であると認識する、いわゆる鏡像自己認知は、何をもって成立したとみなされるのでしょ

うか。鏡の歴史は古く、数千年前にまでさかのぼるとされています。私たちの祖先が、鏡を使用していたであろうことは、紛れもない事実のようですが、鏡を使用すること、つまり鏡の道具的な使用が自己像認知の成立を意味するといってよいのでしょうか。視覚的な鏡像自己認知の研究では、マークテストと呼ばれる技法を指標とした研究が中心に行われてきました。マークテストは、ギャラップ（Gallup, 1970）というアメリカの心理学者が開発した研究技法であって、実験対象となる子どもや動物に気づかれないよう、顔の一部（主に鼻の頭）にルージュをつけたり、頭にステッカーを貼ったりしたあとに、鏡像を見せます。子どもや動物が鏡像を見て、自己志向的な反応（鏡像に手を伸ばすのではなく、自己の顔や頭を拭うこと）を示せば、鏡に映った像が自己像であることに気づいているとされました。ここでは、ギャラップの研究報告をはじめ、マークテストを指標とした実験を中心に鏡像自己認知研究について紹介していきます。

① ヒト以外の鏡像自己認知

　ヒト以外の動物の鏡像に対する反応については、チンパンジーやニホンザルをはじめとする霊長類のほか、イヌやゾウなど多くの種についての研究が報告されています。筆者の知るかぎり、これらの動物のなかで鏡像に対して自己志向的な反応がみられたのは、チンパンジーとオランウータンだけでした。

　ヒト以外の種（主に霊長類）の鏡像自己認知研究の先駆けとなったのは、先に述べたギャラップの研究でした。その実験では、まずチンパンジーの檻の外に等身大の鏡を設置し、鏡に対する行動を観察しました。初め自己鏡像を見たチンパンジーは、あたかもそこに他のチンパンジーがいるかのように、像に対して威嚇をしたり、親愛的な行動を示したりする、社会的な行動が見られました。ところが、この社会的な行動は日を追うごとに減少し、鏡を設置してから3日目になると、鏡像を見ながら毛づくろいをするなど、鏡像を使用した自己志向的な行動が見られ始めたのです。

　このような方法で鏡に慣らしたチンパンジーに、以下のような手続きでマークテストを実施しました。麻酔を施し、眠っているあいだに耳たぶやマユの上などに赤い染料をつけました。これは特殊な染料で、臭いや付着感がなく、鏡像を見ないかぎりはそれに気づくことはできないはずです。

麻酔から醒めたチンパンジーが鏡像を見ずにマークに触れた回数と、鏡像を見せたあとにマークに触る回数を比較した結果、後者のほうが優位に多かったのです。このことから、ギャラップはチンパンジーも自己像認知が可能であり、これはある種の自己概念（self-concept）を持つことを意味すると結論づけたのです。その後も、多くの研究者によって、追試実験が行われていますが、対象となったチンパンジーの全てが自己志向的な反応を示すということではなく，年齢や飼育環境等も関係しているようです。しかし、おおむね，チンパンジーは鏡像自己認知が可能であると考えられています。

② ヒトの子どもの鏡像自己認知

　では、ヒトの子どもが、自己鏡像を見たときには、どのような反応を示すのでしょうか。1歳前後の赤ちゃんを抱いて、鏡の前に立ったことのある人であれば、もうおわかりでしょう。赤ちゃんは鏡が大好きなようで、鏡像に対して様々な反応をみせてくれます。鏡像を見てうれしそうな表情をうかべたり、手を伸ばしたり、あるいはジッと見入る赤ちゃん、中には泣き出す赤ちゃんもいることでしょう。赤ちゃんは、なぜ鏡像に対してかくも様々な反応をするのでしょうか。

　ヒトの子どもが、どのように鏡像自己認知を成立させていくのか，それは、「自己」についてのあらゆる問いに挑んでいくうえでの原点ともなる問題です。実験的な検討がなされる以前にも、鏡像に対する乳幼児の観察データをもとに、自己像認知成立に至るまでの道筋について、いくつかの説が提唱されていました（例；J. ラカンの鏡像段階説）。そして、20世紀後半になってようやく鏡像自己認知の実験的な研究が行われ、その中でこの成立過程が明らかにされてきたのです。

　ヒトの子どもの自己像認知研究において、初めて実験的な技法を用いたのは、アメリカの心理学者アムステルダム（Amsterdam, 1972）でした。彼女は、3ヵ月から24ヵ月児88人を対象に実験を行い、その報告のなかで、子どもの鏡像に対する反応に、発達的変化があることを示しました。時期を同じくして、フランスの心理学者ザゾ（Zazzo, 1999）も、マークテストを用いた鏡像自己認知研究を行いましたが、彼の研究は、双生児とそうではない幼児との比較や、「ガラス－鏡（鏡の場合自己像が映り、ガラス

の場合向こう側の別の子どもが見える）」条件の導入など、非常に興味深いものでした。ザゾもまた、鏡像自己認知に至るまでには、いくつかの発達的過程があると報告しており、それはその後行われた多くの研究においても追認されています（**資料5－1**）。鏡像自己認知の発達的過程のなかで興味深いのは、鏡を見て楽しんでいた子どもたちが、鏡像を忌避したり、自己像を見て恥ずかしそうにしたりする時期があるということです。この点についてザゾの著書『鏡の心理学』の訳者は、以下のように解説していますので少し長いですが引用します。「"忌避反応"やここで見られる"恥じらい"は、見知らぬ他者へのはにかみとも性質が違う。鏡を覗くたびに出会うという意味では、それは見知った姿であるのに、どの他者とも違う、瞬時に『私』の動作をなぞる『奇妙な他者』なのだ。この奇妙さ、気味悪さが子どもを鏡から遠ざけるのである。（中略）同起性が奇妙であると思えるためには、一方で子どもは『他者とは、同起性の動きとは違った動きによって応答してくれる存在』という一般的概念を獲得していなければならない」。そして、この「奇妙な他者」の発見が、他のだれでもないたったひとりの「私」への発見へとつながるのだとしています。

少しわき道にそれますが、ここで報告されているような発達過程とは違った反応を示す子どもたちがいます。自閉症の子どもたちです。この子た

資料5－1　自己鏡像に対する子どもの反応の発達的変化

月齢	子どもの反応
12ヵ月以前	鏡像に対して社会的な反応（鏡像を仲良しの他者としてみているような反応）が現れる。ザゾの実験では、ガラスをはさんで向かい合っている双生児の一方を見ているときと、変わらない反応が見られる。
12ヵ月～	自己と鏡像との随伴性への気づき（自らの身体の動きと鏡像の動きが同起していることに気づく）。
18ヵ月～2歳前 2歳前	鏡像を見て恥ずかしそうにしたり、自己鏡像を忌避したりする反応が見られる。
2歳前後	鏡像マークテストに通過する。

（Zazzo, 1993を参考に作成）

ちには鏡像に対して恥じらいを示すような反応が見られないという報告があります。実際、筆者がこれまで出会った自閉症幼児は、鏡像に対してまったく関心を示さないか（例；視線を向けない）、あるいは鏡像（ガラスなどの自己像が映るもの全て）が大好きで、その世界に没頭しているかのように見えました（例；鏡の前で踊り続ける）。"恥じらい反応"がないままに、マークテストに通過するようになる自閉症児の鏡像自己認知研究もまた、マークテストの通過が何を意味するのかを考える重要な手がかりを与えてくれるといえるのではないでしょうか。

2 鏡像以外の自己認知研究

① さまざまな自己像認知の成立時期の違い

　鏡のほかにも、ビデオ映像などで私たちが自己像を見る機会はあります。そして、当然のことながら、そこに見えているのは"わたし"であると認識できます。では、子どもたちはどうでしょうか？　鏡像のマークテスト通過が自己像認知の成立を意味するのであれば、他の媒体による自己像認知もこれと同じ時期に成立すると考えてよいのでしょうか。ところが、そうはならなかったのです。なぜ鏡像自己認知がそのまま他の媒体での自己認知の成立へとつながらないのか、それを明らかにするためには、いったい、幼児が何を手がかりにこうした自己像認知に成功するようになるのかを明らかにする必要があります。したがって、鏡像を用いた場合と、写真やビデオ映像を用いた場合の比較や、自己像と他者像への反応の違い等がこれまで検討されてきました。初期の研究（Brooks-Gunn & Lewis, 1984）では、鏡像自己認知よりも遅延ビデオ映像（自己映像を録画して、数分後にそれを見せる）の自己像認知のほうが遅れ、写真の自己像認知はさらに遅れて成立すると報告されています。そして、これらの中で、写真の自己認知が最も遅れる理由は、動きや声の手がかりがないからであり、鏡像自己認知が他の2つの場合よりも相対的に早く達成されるのは、自己と鏡像とが同起して動くこと（随伴性）が大きな手がかりになっているからであるとされました。さらに、自己と像の動きがズレている遅延ビデオ映像の

認知が可能となるのは、鏡像自己認知の成立によって知ることになった自己の視覚的特徴を手がかりとできるからであろうと説明されました。いずれにしろ、自己像認知の出発点には、自己と像との随伴性という手がかりが大きな要因となっていると考えられたのでした。しかしながら、この研究では、鏡像と同じように随伴性のあるライブビデオ映像の場合については、取り上げられていません。

② 遅延ビデオ映像の自己認知

2〜3歳の子どもに過去に撮られた自己映像を見せて（例；旅行の記録）、「これだあれ？」と尋ねると、「○○ちゃん」と答え、自分であることがわかっているようです。なかには自分の映像を見て喜び、何度も繰り返し再生を要求する子どももいるほどです。

ポビネリとその共同研究者たち（Povinelli, Landau & Perilloux, 1996）は、遅延ビデオ映像において、初めてマークテストを実施しました。彼らの実験では、子どもに気づかれないように額にステッカーを貼り、そのビデオ映像を撮影します。そして数分のちに、額にステッカーの付いた自己映像を見た子どもが、自分の額に手を伸ばすかどうかが観察されました。その結果、3歳児でさえこの課題に通過することが難しいということがわかりました。

ポビネリらによると、この実験結果は次のように考えることができます。鏡像自己認知の成立によって、子どもは現在という瞬間における自己の全体的イメージ（present self）を持つことができるようになりますが、この自己イメージには時間的な制約があるため、時間的にずれのある遅延ビデオ映像を見せられると、子どもはもう自分とわからなくなってしまいます。つまり、逆に言えば、遅延ビデオ映像のマークテスト通過には、時間的に拡張された自己の感覚、言い換えるなら、過去・現在・未来と時間的に変化はするものの、永続している自己という感覚（proper self）を持つことが必要なのです。

③ ライブビデオ映像の自己認知

ライブビデオ映像は、時間的には、鏡と同じように"いま、ここ"を映

しています。にもかかわらず、鏡像自己認知の成立が、そのままビデオ映像自己認知の成立へとはつながらないということが明らかにされてきました（**資料5－2**）。いったいなぜ、鏡像のマークテストに通過していながら、ライブビデオ映像のマークテストになると失敗してしまうのでしょうか。たとえば、先に述べたポビネリらは、ライブビデオ映像の場合は鏡と左右が逆になることの影響があるのではないかということを示唆しています。ライブビデオ映像については研究がとても少ないので、筆者らはこの点について詳細な検討を行ってみました。

　まず筆者らは、2歳3ヵ月～3歳7ヵ月までの幼児79名を対象に、ライブビデオ映像のマークテストを実施してみました。その結果、鏡像マークテストに通過するといわれる時期よりも、1年ほど遅い35～36ヵ月くらいになって、ようやく大半の幼児がライブビデオ映像のマークテストに通過するということが明らかになりました（**資料5－3**、**資料5－4**）。しかも、非常に興味深いことに、マークテストに通過できない子どもであっても、映像を見て自己同定（自己の映像を自分であると言える）はできていたのです。自分であるとわかっているにもかかわらず、額に貼られたステッカーに手を伸ばさないということをどのように理解したらいいのでしょうか。もし、鏡像が"いまここ"の自分を映したものだと理解しているのであれば、当然ライブビデオ映像のマークテストにも容易に通過できるはずです。みなさんも、自己の鏡像とビデオ映像とを比較してみるとわかると思いますが、もちろん、両者には奥行き感や"生々しさ"というような違いがあることも事実です。最も違和感が生じるのは、ポビネリらも指摘している映像の左右反転ではないでしょうか。しかしながら、筆者らの実験では、左右反転を解消し、できるだけ鏡像に近づけたライブビデオ映像を使用していました。にもかかわらず、上のような結果になるということは、どういうことなのでしょうか。筆者らは、ここに映像の表象性の理解（10章で詳述）が関係しているのではないかと考えています。

資料5-2　媒体別マークテスト・対象リーチングテスト通過時期

（○できる　●できない）

	鏡映像 マークテスト	ライブビデオ映像 マークテスト	遅延ビデオ映像 マークテスト	対象リーチング テスト
2歳	○	●	●	一貫した結果は
3歳	○	○	●	えられていない
4歳	○	○	○	

資料5-3　ライブビデオ映像マークテスト月齢別成績

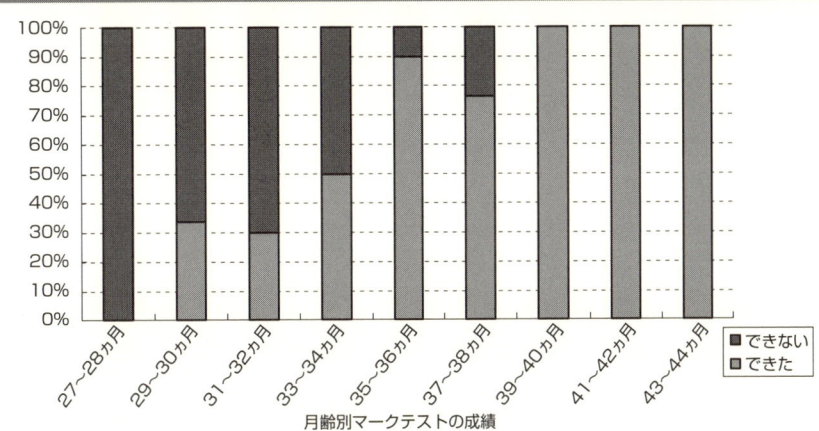

月齢別マークテストの成績

（筆者らの実験より）

資料5-4　ライブビデオ映像マークテストの実験風景

【くまの絵に帽子のステッカーを貼るという設定】

実験者
「あれ？このくまちゃんの帽子ないねぇ」
…子どもと一緒に帽子を探すしぐさをする。
「テレビがついたよ。テレビ見てくれる」
「これ、誰？」

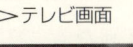

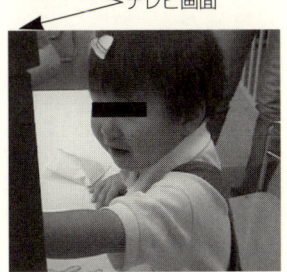

実験者
自発的な反応がなかったので、画面の帽子を指差しながら
「あっ！これなあに？」「くまちゃんの帽子とってくれる？」
と、反応を促す教示を与える。

子ども
嬉しそうに、画面に手を伸ばしてステッカーをはがそうと
している。

（筆者らの実験より：3歳2ヵ月児）

3 自己認知の成立

① 鏡像自己認知課題に通過することの意味(対象像認知研究との比較)

　もし、子どもたちが自己鏡像を自分の映しであると理解して、マークテストに通過しているのであれば、自分と同じ空間に存在する自分以外のモノが映し出されたときにも、その映像を見て容易に実物に手を伸ばすことでしょう。ザゾもまた、他者の鏡像や対象像への子どもの反応を報告しています。そこでは、マークテストの通過時期と、自己以外のヒトやモノに振りかえるようになる時期が同起しないことが示唆されています。ここには、自己像認知研究において、未だ解明されていない、非常に興味深い問題が隠されているように思われます。

　両者の発達的関係については、数多くの研究が行われてきましたが、それぞれの通過時期については、研究者間で必ずしも一致した報告がなされていません（資料 5 − 2）。

　筆者らもライブビデオ映像を用いた一連の研究のなかで、両者の関係について検討を行ってきました。その結果、マークテストに通過した幼児であっても、対象の映像を見て、実際の対象に手を伸ばすのではなく、映像そのものをつかもうとしたり、テレビ画面の後ろに回りこんで対象を探そうとする子どものいることがわかりました（資料 5 − 5）。いったいこれは何を意味しているのでしょうか。筆者らは次のように考えています。映像が実体でなく映しだということを必ずしも理解していなくとも，つまり，"いまここ"の自分を映した像にすぎないということを理解していなくとも，こちら側の自分と映像の側の"自分"が一対一対応している等価な存在だと学習できれば，マークテストの通過は可能ではないかということです。したがって，映像がまぎれもなく"わたし"の映しだという発見は、従来考えられていた2歳前後よりも、ずっと後にやってくるであろうと思われます。

② 「わたし」が「わたし」であると知るとき

ここまで、実験的証拠をあげながら、自己の発見について考えてきましたが、明確に言えることは、「わたし」が「わたし」であると知る、つまりは自己意識のめばえともいえる「わたし」の発見は、発達とともに形成されていくということです。

自己認識の一側面として、もうひとつ、名前の理解を挙げることができます。子どもたちが「○○ちゃんにもちょうだい」などと、自分の名前を使って要求をするようになるのは、ちょうど鏡像自己認知の成立と同じ時期だとされています。さらに4歳に近づくと、ある幅をもった時間軸のなかに「わたし」を位置づけることができるようになり、遅延ビデオ映像のマークテストにも容易に通過できるようになるのですが、子どもたちに「わたし」「ぼく」という代名詞の使用が可能になるのは、ちょうどこの頃

資料5－5　ライブビデオ映像のマークテストと対象リーチングテストの反応例

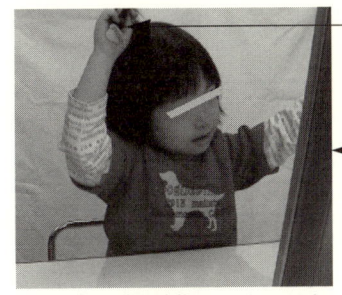

ステッカー

テレビ画面
額にステッカーを付けた自己映像が映しだされている。

ライブビデオ映像マークテスト
自己映像を見て額のステッカーに手をのばす

テレビ画面
自己像と背後に出現した風船が映しだされている。

ライブビデオ映像による対象リーチングテスト
映像を見て、テレビ画面の中の風船に手を伸ばす。

（筆者らの実験より：3歳5ヵ月児）

なのです。

　私たちは、"いまここ"の自分を意識し、昨日の自分や明日の自分を容易に想像することができます。「わたし」があちらこちらに偏在するなどとは思ってもいません。そうした、空間的に唯一の存在で時間的に変わらずに持続する「わたし」の発見をだれもがこれまでに経験してきたのです。にもかかわらず、「あなたは"わたし"というものに、いつ、どのように気づいたのですか？」という質問にはっきりと答えられる人はいないでしょう。自己認知の問題は、まだまだ未解決の問題が多く残されたままになっているのです。

● 復習アクティビティー

1．ビデオカメラが家にあれば、それを使って自己像を見てみましょう。その際ビデオの様々な機能を使って、左右反転した自己像やモザイクを入れた自己像を作ってみて、私たちはいったい何を手がかりに自己像を認知をしているのか、考察してみましょう。
2．子どもたちとの遊びのなかで、鏡（手鏡のような小さな鏡、全身が映る鏡）を取り入れたり、ビデオ映像（例；遠足の記録など）を見てもらったりしながら、自己像認知の発達について考察してみましょう。

もっと深く学びたい人のために

板倉昭二　1999　*自己の起源*　金子書房

板倉昭二　2006　*「私」はいつ生れるか*　ちくま新書

キーナン, J. P.・ギャラプ, G. Jr.・フォーク, D.　2006　*うぬぼれる脳－「鏡のなかの顔」と自己意識*　ＮＨＫブックス

別府哲　2001　*自閉症幼児の他者理解*　ナカニシヤ出版

引用文献

Amsterdam, B. 1972 Mirror self-image reactions before age two. *Developmental Psychobiology*, 5, 297-305.

Brooks-Gunn, J., & Lewis, M. 1984 The development of early visual self-recognition. *Developmental Review*, 4, 215-239.

Gallup, G. G., Jr. 1970 Chimpanzees: Self-recognition. *Science*, 167, 86-87.

Povinelli, D, J., Landau, K, R., & Perilloux, H. K. 1996 Self-recognitoin in young children using delayed versus live feedback: Evidence of developmental asynchrony. *Child Development*, 67, 1540-1554.

Zazzo, R. 1993 *Reflets de mirroir et autres doubles*. Paris: Presses Universitaires de France.　ザゾ, R.（加藤義信　訳）1999　*鏡の心理学*　ミネルヴァ書房

第Ⅱ部

表象世界のひろがり

第6章 心の理解の発達
子どもに心の世界が開けるとき

🌼 本章のねらい

　私たちは、常に意識するか否かを別にして、自分や他者が個別の「心」をもった存在であることを知っています。ここでいう「心」は、人の心的状態（人が心の中で考えている信念、願望、知識など）を指します。心は、それ自体は目に見えません。それなのに、なぜ、私たちは、個々の人間に、固有の「心」が存在することがわかるのでしょうか。

　見えない心を推測するうえで重要となるのが、目に見える行動です。発達心理学では、人の行動の背後に「心（心的状態）」が存在することを理解できる個体は「心の理論」をもつと呼ばれます。「心の理論」は、発達のある時点で獲得されるものです。子どもはいつ頃、どのような過程を経て「心の理論」をもてるようになるのでしょうか。

　本章では、具体的な研究を概観しつつ、「心の理論」の獲得以前、獲得以後の子どもの世界をイメージし、理解していきましょう。「心の理論」の獲得は、私たちに、人の心をより深く理解するという豊かな産物を与えてくれます。

　しかし、実は「心の理論」を獲得したが故に、失ってしまったものもあるのです。"心を理解するとは、どういうことなのだろう。幼い子どもはどんな世界に生きているのだろう"、本章を通じて、そんな素朴な問いについて考えてみましょう。

●予習アクティビティー

　「心の理論」研究では、他者の心を理解できるか否かを測る客観的な方法として、誤信念課題が用いられています。一度、実際にやってみましょう。右ページのマンガを読んで、以下の質問について考えてみてください。

Q1. あなたは、どのように答えますか？
Q2. 子どもはいつ頃この課題を達成するでしょうか？
Q3. どうして誤信念課題が心の理解を測る課題なのか、周りと相談して考えてみましょう。

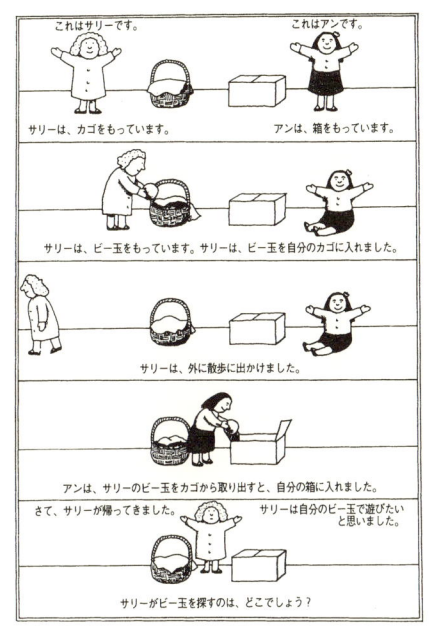

誤信念課題（Frith, 1989/2009）

1 「心の理論」とは

① 「心の理論」研究の始まり

「心の理論」という用語が最初に用いられ、注目されたきっかけは、チンパンジーを対象にした興味深い研究結果が報告されたことです（**資料6-1参照**）。

その後、1983年にワイマーとパーナー（Wimmer & Perner）によって誤信念課題（冒頭の課題と同型の課題）が考案され、人間の子どもを対象にした研究が飛躍的に発展しました。ワイマーらによる健常児を対象にした研究では、3歳児では誤信念課題を達成できないが、4歳頃、達成できるようになると報告されています。冒頭の課題で、サリーの行動をサリー自身の信念（ビー玉はカゴの中にあるという信念）から推測できる4歳児は、他者の心を理解できる、つまり、「心の理論」をもつのです。4歳頃に誤信念課題が達成されるという結果は、先進国に限らず、近代化以前の

社会でもみられる普遍的な事実であることが確かめられています(Avis & Harris, 1991)。

② なぜ理論と呼ぶのか

　なぜ、こうした能力を「心の理論」と呼ぶのでしょうか。この用語を最初に使用したプレマックとウッドラフ（Premack & Woodruff, 1978）は、2つの理由を挙げています。1点目は、心は直接的に目に見えず、行動を通して構築されるという意味で、目に見える物理現象を目に見えない理論で説明する科学理論（たとえば、物体の落下現象を説明するための「重力」）に近い性質をもつという理由です。2点目は、科学において、いったん説明力の強い理論が構築されると、それによって、様々な現象を予測できるようになるのと同様に、いったん、心についての理論（人の行動の背後には、その人自身の心的状態が存在すること）を理解できるようになれば、一つのパターンに限らない様々な行動を予測できると考えられるためです。プレマックらは、目に見える物理現象を理解する科学理論と同じ構造が、心の性質を理解する過程にも含まれると考えたのです(1)。

③ 誤信念課題で測られているもの

　ここで再び冒頭の課題に戻り、なぜ、誤信念課題が「心の理論」の有無を測る課題と呼ばれるのかを詳しくみていきましょう。
　資料6－2、資料6－3は、3歳児と4歳児の心的世界を視覚化したものです。3歳児は、見えなくなっても対象が存在し続けることを既に理解できるので、ビー玉が現在、隠されている場所を覚えておくことができます。「今、ビー玉はどこに入っているかな？」と尋ねると「箱」と正しく答えられます（**資料6－2右**）。3歳児は、過去に起こったことを、現在の状況と区別して覚えておくこともできます。「ビー玉は最初にどこにあったかな？」という記憶質問に対しても、正しく「カゴ」を選択できます（**資料6－2左**）。しかし、「サリーがビー玉を探すのはどこ？」と尋ねると、「箱」と答えてしまいます。3歳児は、現在と過去という2つの状況を思い浮かべることができても、サリーの信念を予測できません。
　同じ質問を4歳児にしてみましょう。4歳児は、「カゴ」と答えます。

(1) 近年では、「心の理論」という用語の使用を避ける風潮も存在します。この表現に含まれる、個々の子どもが個人の内部で心を構築できるようになるというニュアンスが、心を理解できるようになる過程を他者との関係の中で育まれていくと考える人たちに違和感を与えることがあるためです。この問題は、本章の第4節とも関連します。

資料6－1　心の理論研究の始まり

　1978年に、「チンパンジーは心の理論をもつか」というタイトルの論文が科学雑誌に掲載され、注目を浴びました。この論文を発表したプレマックとウッドラフは、大人のチンパンジーのサラに、人間が何らかの問題に直面している場面を撮影したビデオを見せました。たとえば、人間が檻から出ようとしているが、鍵が閉まっていて出られない場面です。ビデオ視聴後、サラには2枚の写真が見せられました。1枚は直接問題解決につながる「鍵の写真」で、もう1枚は当該の問題とは関連のない「棒の写真」です。サラはどちらか一方の写真を選ぶように求められました（特別な訓練を受けている賢いサラは、一連の実験手続きを把握できます）。

　プレマックたちは、この課題で正しい「鍵の写真」を選択するには、檻から出られないで困っている人間の心的状態（意図や願望）を推測することが必要と考えました。もし、サラが正しい写真を選べたなら、それは、サラが人間の心を理解できる、つまり「心の理論」をもつ証拠となると考えたのです。その結果、サラは、偶然よりも高い確率で正しい写真を選びました。プレマックたちはこのような一連の研究結果から、チンパンジーは「心の理論」をもつと結論づけました。

　はたして、サラは人間の心を読むことができたのでしょうか。この点を巡って、様々な論争が起こり、研究はさらに発展していきました。プレマックらの論文を読んだ哲学者のデネット（Dennett）も、研究の発展に貢献した一人です。デネットは、プレマックたちの課題は、人間の心を推測しなくても、問題解決に必要な組合せ（「檻から出る時に必要なもの＝鍵」という対応関係）さえ学習していれば達成できる可能性があると指摘しました（Dennett, 1978）。デネットは、問題点の指摘にとどまらず、心を理解しているかを調べるための重要な方法論的視点も提供しました。ある人物（Aさん）が抱いている信念が現実と食い違っているときに、Aさんが次にとる行動を（Aさんの信念に基づいて）正しく予測できるのであれば、人の行動の背後に心を仮定できる証拠になるというのです。

　このアイデアを生かし、わかりやすい課題として提示することに成功したのがワイマーとパーナーです。Aさんをサリーに置き換えると、誤信念課題がまさにデネットの指摘を生かしたものであることがわかります。

　プレマックは、最初に論文を出してから10年後に、再び「チンパンジーは心の理論をもつか－再考－」というタイトルの論文の中で、チンパンジーの心についての理解には限界があると述べ、最初の学説を否定しています（Premack, 1988）。現在でも、チンパンジーがどこまで人間に近い心を理解する能力をもっているかという問題は、研究者の関心の的となっています。

3歳児とは大違いです。**資料6-3**の吹き出しに、サリーの考えている内容（信念）が描かれている点に注意してください。4歳児は、アンがビー玉を移動させたことを知らないサリーの心の内容（サリーの心の中で現実がどのように解釈されているか）について考えることができるのです（**資料6-3**）。「私はビー玉の隠し場所を知っているけど、サリーは知らない」、そんなちょっとした優越感がうれしくてたまらない様子は、実際に誤信念課題に取り組んでいる4歳児の姿からも感じることができます。

2 心を理解することによって開かれる世界

① 他者に限らない自分の心の理解

　誤信念課題は、他者が現実に関する誤った信念をもつことを理解できるかどうかを調べる課題でした。それでは、自分自身についてはどうなのでしょう。3歳児は、他者だけでなく、自分の信念についても理解することが困難なのでしょうか。それとも、自分の心についての理解は既に可能で、それを土台にして他者の心を理解できるようになるのでしょうか。ここでは、ユニークな研究から、自分の心の理解と他者の心の理解との関係について考えてみましょう（**資料6-4**参照）。

② 「心の理論」の成立と日常生活との関連

　誤信念課題やスマーティー課題の達成は、3～5歳の間に心に関する理解の仕方が劇的に変化することを示す一つの方法です。実験で明らかになった事実は、子どもの普段の日常生活とどのように結びつくのでしょうか。
　まず、自分自身の体験の捉え方の変化に着目しましょう。スマーティー課題で示された、4歳頃に自分の過去の信念を理解できるようになるという知見は、現在との結びつきの中で過去を振り返り、自分自身の体験を意味づけられるようになることを示しています。「さっきは○○だと思っていたけど、今、自分は△△だと思う」、こんなふうに、自分の中で過去の体験を内省する活動が4歳頃に芽生えます(2)。未来という時間軸が、現在

(2) 自分自身の体験として自覚化された記憶をエピソード記憶とよびます。エピソード記憶がもてるようになるのも4歳頃であることがわかっています。

Chapter 6 心の理解の発達

資料6-2　3歳児の心的世界

【過去】　【現在】

資料6-3　4歳児の心的世界

(いずれもWhiten, 1991を改変した上で作成)

資料6-4　スマーティー課題

(Oates, J., & Grayson, A. 2004 *Cognitive and language development in children.* Oxford: Blackwell, p239を元に作成)

　ゴプニックとアスティントン（Gopnik & Astington, 1988）は、他者の誤信念に加えて、自分自身の過去の信念を3～5歳児が正しく理解できるかどうかを、スマーティーというお菓子の箱を用いて検討しました。

①まず、子どもにスマーティー箱の中に何があるかを尋ねました。大部分の子どもは「スマーティー」と正しく答えました。

②実験者が中身を見せると、中には鉛筆が入っていました。当然、子どもはびっくりします。

③続いて、実験者は箱のふたを閉め、再び今、箱の中に何が入っているかと尋ねました。これは、子どもが箱の中身に関する現在の記憶をもてることを確認する手続きです。この質問に対しては、ほぼ全員が「鉛筆」と答えました。

④その後、実験者は、同じ幼稚園に通う別の子ども（実験に参加していない子ども）の名前をあげ、「○○ちゃんが、ふたの閉まった箱を見たとき、○○ちゃんは中に何が入っていると思うかな？」と尋ねました。この質問は、他者の誤信念の理解を調べる質問です。3歳児は「鉛筆」と答えてしまう傾向が強かったのですが、4～5歳児の多くは正しく「スマーティー」と答えました。

⑤彼らの研究で興味深いのは、次の質問を加えた点です。子どもに、「あなたが初めてふたのしまった箱を見たとき、あなたは中に何が入っていると思ったかな？」と尋ねると、3歳児の大部分は「鉛筆」と答えたのです。正しく「スマーティー」と答えられる子どもの割合は、4歳頃から増加しました。つまり、自分の心的状態についても、3歳児は理解が難しいのです。

年齢別にみた各課題の成績
(Gopnik & Astington, 1988のExperiment1を元に作成)

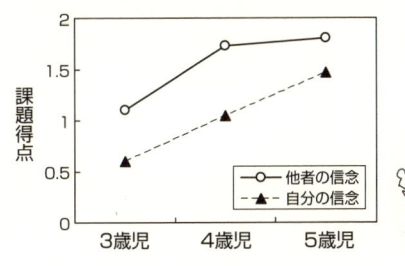

縦軸：課題得点（0～2）
横軸：3歳児、4歳児、5歳児
――○―― 他者の信念
－－▲－－ 自分の信念

～まとめ～
　この結果から、4歳頃、他者の心を理解するのとほぼ同時期に、自分の心についての理解も成立することが示されました。この研究では、自分の信念の理解のほうが他者の信念の理解よりもやや難しいという結果が得られました（左図参照）。その後の研究では、二つの課題達成の時期には、ほとんど差がないことが示されていますが、自分の心のほうが他者の心の理解よりも難しいという結果にも興味深いものがあります。

（※詳細　Gopnik & Astington, 1988）

との関係の中で広がっていくのもこの時期です。

「心の理論」の獲得は、他者とのやりとりの質をも変化させます。この点については、具体例をもとに考えてみましょう（**資料6-5参照**）。

③ 4歳以降のさらなる心の理解の発展 ―二次的信念の理解―

これまで、4歳頃に「心の理論」を獲得するという点を中心に解説してきました。しかしながら、4歳児が完全に大人に近い理解が可能になったとはいえません。ここでは、再び、誤信念課題を参照しながら、より大人に近い理解と4歳児の理解を対比して考えてみましょう。

資料6-6で示したように、「『カゴにビー玉がある』とサリーは信じている」というサリーの信念を4歳児は推測することができます。これを「一次的信念」の理解と呼びます。では、この実験でサリーの信念を予想している4歳児をみているあなた自身は、4歳児の信念をどのように予想するでしょうか。おそらく、〔「『カゴにビー玉がある』とサリーは信じている」と4歳児は信じている〕と考えるでしょう。サリーの信念を推測している4歳児の信念をあなたは推測できるのです（**資料6-7参照**）。これを「二次的信念」の理解と呼びます。社会生活を営むためには、こうした入れ子状の心的状態の構造を理解することが重要です。現実場面だけでなく、テレビや映画、小説で繰り広げられるストーリーを楽しむためにも、自分の視点を離れて、主人公や脇役の視点を相互に関連づけることが必要です。これらを可能にする二次的信念の理解は、9～10歳頃に成立します。皮肉や嫌（いや）み、冗談等の複雑な心的表現の理解も、二次的信念の理解と関連することがわかっています。

3　心の理解の成立以前の世界

① 4歳以前の子どもには、「心」がない？

4歳を境に、心を理解する仕方が大きく変化するというこれまでの内容に対して、何となく納得できない読者もいるのではないでしょうか。誤解

Chapter 6 心の理解の発達

資料6-5　考えてみよう

> 5歳の兄と3歳の弟がお土産に赤と青のミニカーをもらいました。2人はどちらか一方を選ばなければなりません。兄が「ぼくは赤がいいなぁ」というと、弟は「ぼくも！」といいました。「心の理論」を既に獲得している兄は、弟にどんな行動をとるのでしょうか？

（例）
・弟に赤のミニカーを譲る。
　⇒他者（弟）の心を理解し、自分の心と対比できるからこそ、思いやりのある行動がとれるようになる。
・ずる賢さを発揮して、自分が欲しい赤のミニカーを手に入れる。
　⇒弟が、他者の欲しいものを欲しがることを経験上、知っている兄は、弟にわざと「やっぱり僕は青のミニカーが欲しい」と伝えます。弟が案の定「青のミニカーが欲しい」というと、兄は青のミニカーを譲るふりをして、赤のミニカーを手に入れるのです。「心の理論」の獲得は、相手の心を読んだ上で嘘をついたり、秘密や内緒をもつことを可能にします。

～話し合ってみよう～
　上記以外にも例はたくさんあります。自分の経験や身近な子どものエピソードから、4歳前後の他者とのやりとりの変化について話し合ってみましょう。

資料6-6　一次的信念の理解

【4歳児】

資料6-7　二次的信念の理解

【4歳児】
【あなた】

(いずれもWhiten, 1991を改変した上で作成)

してはいけないことは、4歳以前の子どもがまったく「心」をもたず、「心」について何も知らないわけではないことです。では、4歳とそれ以前の子どもでは、何が決定的に違うのでしょうか。

　乳児と対面した経験のある人なら、乳児に「心」がないとは思わないはずです。乳児は、早くから、快、不快、喜び、怒りといった感情を他者に向けて表出します。生後3～4ヵ月頃には、他者と目と目を合わせたやりとりが可能になります。こうした触れ合いから、私たちは乳児に「心」を感じます。

　1歳～1歳半の間には、モノを媒介にして他者と視線を共有する共同注意行動（共同注意、指さし、社会的参照など）が成立します（2章、3章参照）。大人は、道に咲いた花を自分に指さす子どもを見て、「この子は、自分が見つけた花を見せたいのだ」と感じ、その思いを共有しようとするでしょう。この時期の子どもは、あるレベルで自分や他者の意図（心）の存在に気づいているといえます。しかし、重要なのは、子ども自身が、自分や他者が意図をもっていることを<u>どれだけ自覚しているか</u>、という点です。大人は、人の行動の背後には心的状態が存在し、その心的状態には固有の内容が伴うことを知っています。箱の中身を見ている他者の様子を見れば、「その人は箱の中身を知っている状態にある」という他者の心的状態を自然に理解できます。では、幼い子どもは、同様の場面で、何かを見ている人の心的状態についてどれだけのことを理解しているのでしょうか。2歳前後の子どもの「見ること」に関する理解から、この問題について考えてみましょう。

② 目が「情報の窓」であることの理解

　幼い子どもは、"目"という感覚器官が情報を得るために重要であることをどの程度理解しているのでしょうか。この問題を巧妙な方法を用いて検討したポヴィネリとエディ（Povinelli & Eddy, 1996）は、2歳半児が目の重要性を理解していることを明らかにしました（**資料6－8**）。0～1歳代の子どもは、ことばの理解が必要な課題に参加すること自体が難しいため、どの程度、同等の理解が可能かはわかりませんが、他の研究で得られた知見を考慮しても、「見ること」に関する理解は2歳前後で可能になるようです。

資料6-8　「見える—見えない」実験

誰におねだりすれば、ご褒美がもらえる？

1996年に、ポヴィネリとエディは、2歳半～5歳の幼児を対象に、"目"という感覚器官に関する理解を調べる実験を行いました。

【練習段階】
2人の実験者の前には色紙で作られた手形が置かれ、2人はその手形をじっと見つめています。2人の実験者のうちの一方だけが手にご褒美のシールを持っています。子どもは、あらかじめ、ご褒美をくれる実験者の前でおねだりをする仕方（手形に手を合わせること）を教えられています。練習段階で、シールをもった実験者におねだりができれば、次の段階に進みます（練習は、数回にわけて、行われました）。

(A)

(B)

(C)

(Povinelli & Eddy, 1996掲載の写真を元に作成)

【本番】
それぞれの実験者の前に手形が描かれた画用紙を置きます。練習段階と異なるのは、①2人の間にご褒美のシールを置くこと、②一方の実験者は目が見えていますが、もう一方は目が覆われて見ることができない点です。見える実験者－見えない実験者の置かれた状況は、以下の通りです。
　（A）正面を向く人－後ろを向く人
　（B）目を覆う人－耳を覆う人
　（C）ボードを顔の横に持つ人－ボードで顔全体を覆う人
この課題では、子どもが、目の見えている人を選んでおねだりできるかどうかを調べました。

その結果、2歳半～5歳の全ての年齢で、目の見える人を選んでおねだりができたのです。このことから、ポヴィネリたちは、少なくとも2歳半の段階で子どもは、目が情報を得るために重要な器官であることを理解していると考えました。

～チンパンジーは同じことができる？～
同じ実験をチンパンジーに実施したところ、（A）の状況では正面を向く人を選ぶことができましたが、（B）（C）の状況では2人の実験者を区別することができませんでした。この結果は、チンパンジーの「見ること」に関する理解が、人間の2歳半児に劣る可能性があることを示唆しています。

（※詳細　Povinelli & Eddy, 1996）

しかしながら、この研究のみでは、2歳代の子どもが、「見ること」についてどの程度深く理解しているかはわかりません。2歳児は、何かを見ている他者の心の内容をどの程度知っているのでしょうか。言い換えると、「人は見ることによって知識を得ること」を、どれぐらい自覚しているのでしょうか。どうやら、2歳～3歳児が見ている世界は、私たちと同じではないようです。

③「見ること－知ること」の関係理解

　発達心理学では、「人は見ることによって知識を得る」という知覚と知識を結びつける理解を「見ること－知ること」の関係理解と呼びます。目の重要性を理解できる2～3歳児は、「見ること－知ること」の関係を理解しているといえるのでしょうか。

　「見ること－知ること」の関係は、非常にシンプルな方法で調べられています（**資料6－9**）。結果をみると、私たちにとって当たり前な「見ることは知ることにつながる」という理解が、2～3歳児には必ずしも当たり前ではないようです。「見ること」が情報を得るために重要であることに気づいている3歳児でも、「見ること（見ないこと）」によってその人が「知っている（知らない）」という心的状態にある点を理解し、自覚しているわけではないのです。こうした理解の成立には、「心の理論」の獲得が密接に関わっています。

　内緒や秘密が存在せず、自分が「知っていること」を包み隠さず表現している3歳児の生きる世界は、ある意味で非常に豊かで、大人が失ってしまったものを垣間見ることができるようです。

4　心の理解が可能になっていくプロセス

①子ども自身の中で何が変化するのか

　4歳という節目を迎えるにあたって、子ども自身の中で何が変化するのでしょうか。個人の中での変化を探る視点は、発達のメカニズムを解明し、一人ひとりの子どもを理解する上で大切です。ここでは、主な考え方を参照してみましょう。

　誤信念課題を考案した一人のパーナーによれば、4歳頃子どもは、心を「現実そのもの」ではなく、「表象（現実を映し出したもの）」として理解する能力（メタ表象）を獲得するとされます。パーナーは、4歳頃にメタ表象能力が獲得されることによって、自分や他者の心の理解が可能になる

(3) 実行機能とは、自分自身の行動をコントロールする機能を総称したものです。

と考えています。さらに、心の理解には、言語能力や実行機能(3)などといった様々な領域をカバーする「領域一般的な能力」の発達が重要と考える立場もあります。これらの立場では、領域一般的な能力の発達が、心を理解する土台となると考えるのです。その他にも、生まれながらにして子どもには心を理解するしくみが備わっていると考える生得論もあります。このように、現状では研究者の立場によって一致した見解が得られていません。近年注目されている脳科学の発展によって、さらに新しい発展がみられる可能性もあります。「4歳代の変化をどう説明するか」という問題は、数十年にも渡って多くの研究者を魅了し続け、今後の展開が期待され

資料6-9 「見ること—知ること」課題

【1】隠す場面
3つの紙コップのうちの1つに小さな人形を隠します。この場面を子どもは見ますが、他者役のアシスタントは見ません。

【2】質問する場面
実験者が子どもに、自分と他者（アシスタント）のそれぞれが「隠し場所を知っているかどうか」と尋ねます。

～結果～
　自分は「知ってる」、他者は「知らない」と正しく答えられた3歳児は、約30％しかいませんでした。その代わり、3歳児の半数近くが、自分について尋ねられた場合と他者について尋ねられた場合の両方で、今、対象が隠されている場所を指さす行動がみられました（図右参照）。
　この課題では、4歳頃から正答が増え、5歳を過ぎるとほぼ全員が「知ってる」、「知らない」と正しく答えることができました。

> 実験終了後、隠し場所を指してしまった3歳児のSちゃんに、あらかじめ「教えちゃだめだよ」と伝え、再度課題を行ってみました。すると、「教えちゃだめだよ」と言ったすぐ後ですら、Sちゃんは隠し場所を指したのです。何度も何度も隠し場所を指す3歳児の姿は、見ていて非常に可愛らしいものがあります。

（瀬野・加藤, 2007の実験をもとに作成）

る魅力的なテーマの一つといえるでしょう。

② 他者との関係の中で育まれるもの

　もし、生まれたばかりの子どもが、無人島に置き去りにされたら、その子どもは、自分や他者が心をもっていることに気づくでしょうか。おそらく、それは困難でしょう。子ども自身の中で何が変化するのか、という視点に加え、他者との関係の中で何が育まれていくのかも、4歳代の変化を考える重要な視点です。

　生まれて間もない時期から、親をはじめとする大人は子どもに積極的に話しかけ、子どもと関わりをもとうとします。子どもが理解しているか否かにかかわらず、大人は自分や子どもの心的状態について語り、言語を介して子どもは早くからコミュニケーションの輪に参入するのです。もし、コミュニケーションにうまく参入できなかった場合、発達にどのような影響がもたらされるでしょうか(4)。たとえば、耳の聞こえない聾の子どもは、音声言語を媒介にしたやりとりに参加することができません。一般的に、聾の子どもは、健常児よりも誤信念課題の達成が2〜5年遅れることがわかっています。重要なことは、時間がかかっても（他の障害を併存していない限り）、課題を達成できるようになる点です。なぜ、聾児は「心の理論」の獲得が遅れるのでしょう。この問題は、「心の理論」の獲得にとって大切な社会的環境とはどのようなものかについて、考えるきっかけを与えてくれます（**資料6-10**）。

(4) 心を理解することに困難がある自閉症については、13章と14章で取り上げています。

③ 「心の理論」の獲得によって得たもの、失ったもの

　まわりに社会的な環境が整えられており健常な発達を遂げる子どもは、4歳頃に「心の理論」を獲得します。生物学的な理由から、4歳になっても心の理解が困難な子どもには、特別な支援が必要ですが、そうでなければ、4歳頃に、遅かれ早かれ心の存在に気づくことになるのです。

　「心の理論」の獲得は、私たちに豊かな産物を与えてくれます。思いやりや慈しみ、深いレベルで他者と共感しあうこと、映画やドラマのストーリーに入り込んで、そこでの世界を楽しむこと、数え上げたらきりがありません。しかしながら、一方で、妬みや嫉妬、憎しみといった複雑な思い

が人間関係の中で生じるのも、心を理解できるが故です。「他人の心なんてわからなければいいのに」、そんな風に考えた経験がある人も、おそらくいるのではないでしょうか。私たちは、心を理解できるが故に得たものと失ったものがあるのです。そんなことを考えながら子どもと接すると、それぞれの時期を生きる子どもの世界の豊かさが、前よりいっそうと感じられるような気がしませんか。

最後に、写真家の星野道夫さんが写真集の中で述べられていることばを紹介します。彼は、アラスカで野生の動物を撮影し続けた方です。彼のことばには、失ってしまった子ども時代への郷愁がこめられています。

資料6－10　聾児の「心の理論」の発達

ウォルフとワントとシーガル（Woolfe, Want, & Siegal, 2002）は、聾児の「心の理論」の獲得が遅れる理由を子どもの置かれるコミュニケーション状況に着目して検討しました。

【聾児を二つのグループに分けます】
〔元来手話環境児群（native signers）〕…親も聾。親と子どもの相互作用が、初めから手話言語によって行われることが当然な環境で育つ。
〔後年手話環境児群（late signers）〕…親は健聴者。親は音声言語を用いたやりとりを主とするため、子どもは早期に親と自然な状況で手話を通じたコミュニケーションを行えない。手話は後年に家庭外で主に教えられる。

【二つのグループの重要な違いは？】
一番身近にいる他者（親）と、互いに自然な状況で早くからコミュニケーションがとれる環境にいるかどうかの違い。

【二つのグループの聾児の「心の理論」の発達】
聾児用に改良された誤信念課題を実施したところ、元来手話環境児群のほうが、後年手話環境児群よりも成績がよいという結果が得られました。この結果は、必ずしも音声言語でなくても、他者と自然にコミュニケーションを行える状況に早くから置かれることが、心の理解の発達にとって重要であることを示しています。

（※詳細　Woolfe, Want, & Siegal, 2002）

『大人になって、私たちは子ども時代をとても懐かしく思い出す。それは、あの頃夢中になったさまざまな遊び、今は、もう消えてしまった原っぱ、幼なじみ……なのだろうか。きっとそれもあるかもしれない。が、おそらく一番懐かしいものは、あの頃無意識にもっていた時間の感覚ではないだろうか。過去も未来もないただその一瞬一瞬を生きていた、もう取り戻すことのできない時間への郷愁である。過去とか未来とかは、私たちが勝手に作り上げた幻想で、本当はそんな時間など存在しないのかもしれない。そして人間という生きものは、その幻想から悲しいくらい離れることができない。それはきっと、ある種の素晴らしさと、それと同じくらいのつまらなさをも内包しているのだろう。まだ幼い子どもを見ている時、そしてあらゆる生き物たちを見ている時、どうしようもなく魅きつけられるのは、今、この瞬間を生きているというその不思議さだ』

（星野道夫『ラブストーリー』より）

● 復習アクティビティー

1．心を理解できるからこそ、人間が豊かになれる側面、逆に心を理解できるが故に生き苦しくなる側面の両者を、例をあげて考えてみましょう。
2．「心の理論」について学んだことを通して、自分が子どもに接するとき、どんなことを大切にしたいか、各自で考えて発表し合ってみましょう。

もっと深く学びたい人のために

子安増生　2000　心の理論　岩波書店
ミッチェル, P.（菊野春雄・橋本祐子　訳）　2000　心の理論への招待　ミネルヴァ書房
アスティントン, J.W.（松村暢隆　訳）　1995　子どもはどのように心を発見するか　新曜社

引用文献

Avis, J., & Harris, P. L. 1991 Belief-desire reasoning among Baka children: Evidence for a universal conception of mind. *Child Development*, 62, 460-467.

Dennett, D. C. 1978 Beliefs about beliefs. *The Behavioral and Brain Sciences*, 1, 564-570.

Frith, U. 1989 *Autism: Explaining the enigma.* Oxford: Blackwell. フリス, U.（冨田真紀・清水康夫・鈴木玲子　訳）　2009　新訂　自閉症の謎を解き明かす　東京書籍

Gopnik, A., & Astington, J. W. 1988 Children's understanding of representational change and its relation to the understanding of false belief and the appearance reality distinction. *Child Development,* 59, 26-37.

星野道夫　2001　ラブ・ストーリー　ＰＨＰ

Oates, J., & Grayson, A. 2004 *Cognitive and language development in children.* Oxford: Blackwell.

Povinelli, D. J., & Eddy, T. J. 1996 What young chimpanzees know about seeing. *Monographs of the Society for Research in Child Development*, 61 （Serial No.247）.

Premack, D. 1988　'Does the chimpanzee have a theory of mind?' revisited. In R. W. Byrne, & A. Whiten,（Eds.）, *Machiavellian intelligence: Social expertise and the evolution of intellect in monkeys, apes and humans.* Oxford: Clarendon Press, 60-179.

Premack, D., & Woodruff, G. 1978 Does the chimpanzee have a theory of mind? *The Behavioral and Brain Sciences*, 1, 515-526.

瀬野由衣・加藤義信　2007　幼児は「知る」という心的状態をどのように理解するようになるか？：「見ること－知ること」課題で現れる行為反応に着目して. *発達心理学研究*, 18, 1-12.

Whiten, A. 1991 *Natural theories of mind: Evolution, development and simulation of everyday mindreading.* Oxford: Blackwell.

Wimmer, H., & Perner, J. 1983 Beliefs about beliefs: Representation and constraining function of wrong beliefs in young children's understanding of deception. *Cognition*, 13, 103-128.

Woolfe, T., Want, S. C., & Siegal, M. 2002 Signposts to development: Theory of mind in deaf children. *Child Development*, 73, 768-778.

第7章 子どもの素朴理論の発達

本章のねらい

　かつて考えられていたよりも、子どもはもっと早くから自分の周りの世界について理解していることが明らかになっています。幼い子どもでも、日々の経験から驚くほどたくさんの知識を身につけたり、物事の原理について直観的に理解したりしています。子どもは子どもなりに、豊かな認識世界を持っているのです。

　発達の早い時期から、子どもは、バラバラの知識ではなく、数や生物学などの領域ごとに「理論」と呼べるようなまとまりのある知識集合を持っています。そのような知識集合は、科学的には間違っていることも多いため、科学的理論との対比から「素朴理論」と呼ばれています。素朴理論の存在は、子どもが世界に対して大人とは違った独自のものの見方を持っていることを、私たちに教えてくれます。素朴理論の発達をたどることによって、子どもの世界観の変化をみることができると考えられます。本章では、子どもが持つ素朴理論の特徴と、素朴理論が発達によってどのように変化するのかを追いかけていきます。

　さらに、素朴理論に対する評価の問題も取り上げたいと思います。幼児期の子どもを対象とした素朴理論の研究では、子どもの有能性を示す証拠として肯定的に扱われています。しかし、児童期以降になると、素朴理論は科学理論の学習を阻害するもの、正しく修正しなければならない誤ったものとして、否定的に捉えられるようになることが多くなります。なぜ、このように扱われ方が変わるのでしょうか。この問題については、発達と教育の関わりという視点から考えることができるでしょう。

　本章では、子どもの素朴理論の発達をとおして、子どもの世界観の変化とそのおもしろさを知ってほしいと思います。さらに、教育と発達の関係についても考えてみてください。

Chapter 7 子どもの素朴理論の発達

● 予習アクティビティー

次のお話を読んで、質問の答えを考えてみてください。2人の男の子の絵は資料7-1に示しています。

まず、大人である皆さんならどのように答えますか？ また、4歳ぐらいの子どもなら、どう答えると思いますか？ さらに、5歳になったら、どのように答えるでしょうか？ なぜ、そのように考えたのか、理由を説明してみてください。

＜お話＞

「いつもお友だちの背中をたたいたり、つねったりするけれど、毎日たくさんご飯を食べている男の子と、お友だちと仲良くするんだけど、いつもあんまりご飯を食べない男の子がいます。」

＜質問＞

① 「風邪をひいてせきをたくさんしているお友だちと遊んだら、どっちの子のほうが風邪をひきやすいかな？ あるいは、どっちも同じくらいかな？」
② 「2人のうちどっちがクラスのお友だちの誕生パーティーに招待されるかな？ あるいは、どっちも同じくらいかな？」

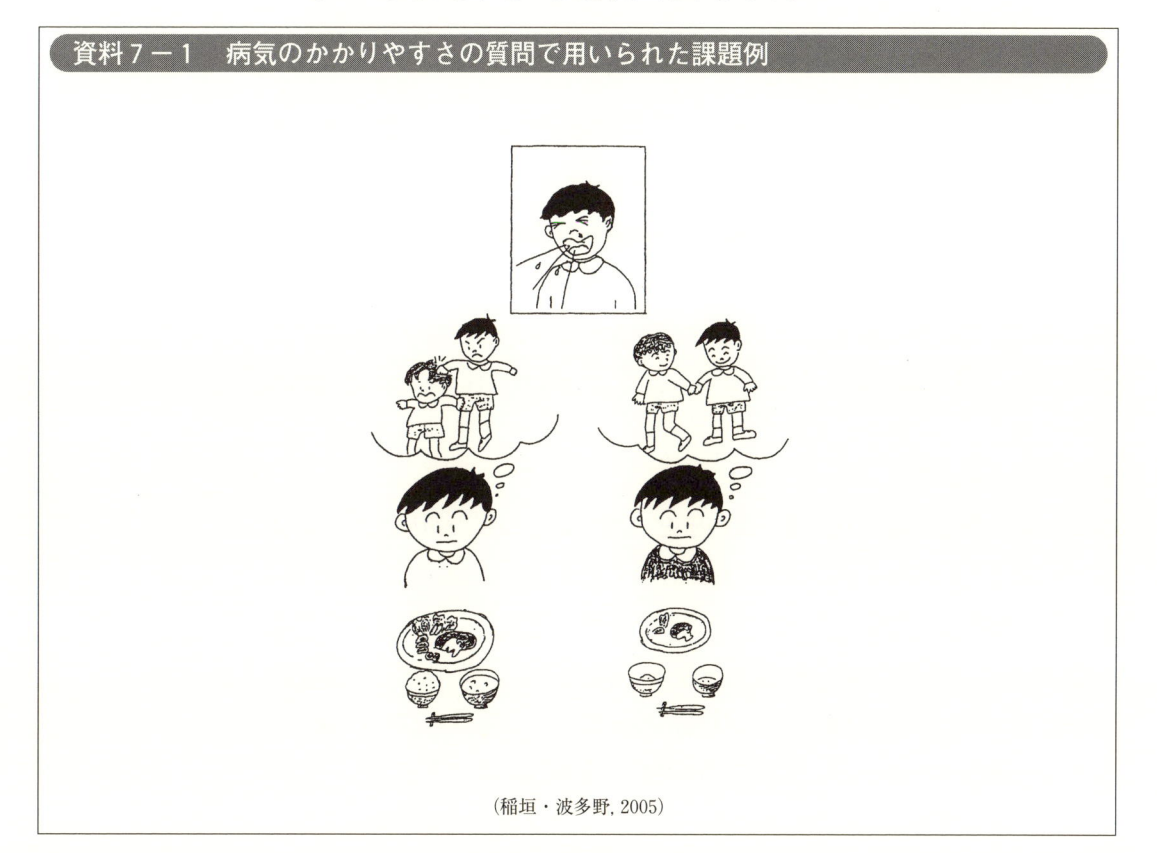

資料7-1　病気のかかりやすさの質問で用いられた課題例

(稲垣・波多野, 2005)

1 素朴理論とは

　子どもは生まれてから様々な経験や学習を通して、多数の知識や概念を獲得していきます。しかも、それらの知識や概念は、決してバラバラの状態で獲得されるわけではありません。個々の知識や概念は他の知識や概念とともに、因果的な首尾一貫性をもった説明的な枠組みである「理論」によってまとめられているという考え方（Carey & Spelke, 1994; 稲垣・波多野, 2005; Perner, 1991; Wellman & Gelman, 1992）が、概念発達を説明する近年の有力な立場であり、「理論説」と呼ばれています。それでは、知識や概念の背後にある「理論」とはどのようなものでしょうか。

　「理論」を持つということは、たんにバラバラの知識、概念を持っているのではなく、生物学や物理学、数の領域など、領域ごとの原理によって関連づけられたまとまりのある知識を構築していることを意味します。これが、「理論」を持つための1つの条件です。また、物事の原因と結果の関係（因果関係）について考えるときに、それぞれの領域の原理に基づいて考えられることも必要とされます。たとえば、「なぜお腹が痛くなったのか？」という問題に対して、「食べ過ぎたから」と答えられることです。このように、生物学の領域の問題には、生物学的な因果を使って考えられることが、「理論」を持つための2つ目の条件とされています。さらに、たとえば「生きているもの」と「生きていないもの」を区別することができるように、存在論的な区別ができることが3つ目の条件となっています。素朴理論を持っていると判断するためには、この3つの条件を満たすことが必要となります。

　このような「理論」を、幼児期の子どもでもいくつかの領域について持っていることがわかっています。ただし、子どもが持っている「理論」は、科学的には間違っていることも多々あり、素朴な考え方であるという特徴があります。そのため、科学的理論との対比から「素朴理論（naive theory）」と呼ばれています。この20～30年間、どの領域の素朴理論を何歳頃から獲得するのかという素朴理論研究が多数行われてきました。

　素朴理論研究が盛んになったのは、ピアジェの認知発達段階理論を中心

とした これまでの研究で考えられていたよりも、子どもがもっと有能であり、自分を取り巻く世界について多くのことを理解していると考えられるようになったという背景があります。つまり、素朴理論の存在は、子どもが世界に対して独自のものの見方を持っていることを示すものでもあります。また、素朴理論の発達をたどることによって、子どもの世界観の変化を捉えることができると考えられます。

素朴理論の数は、学問領域の数に相当するといわれています（Carey, 1985）。その中でもとくに、乳幼児期を対象とした素朴理論研究では、物理学についての素朴理論である「素朴物理学」（たとえば、Baillargeon, Spelke & Wasserman, 1985; Baillargeon, 1986）、自己や他者の心的状態の理解に関する素朴理論である「心の理論」（たとえば、Baron-Cohen, Leslie & Frith, 1985; Perner, 1991）（第6章参照）、生物についての素朴理論である「素朴生物学」（たとえば、Carey, 1985; 稲垣・波多野, 2005）は、素朴理論の中核領域をなすものと考えられ、多数の研究が行われてきました。

ここで、一つ代表的な素朴物理学の課題（Kaiser, McCloskey & Profit, 1986）を紹介します。資料7－2を見てください。「"C"の字に曲がったチューブから、ある速度で飛び出したボールはどのような軌跡を描くでしょうか？」という問題です。図に示されているとおり、正解は3のように「接面に沿って直進する」です。しかし、子どもでも大人でも正解を選ぶ

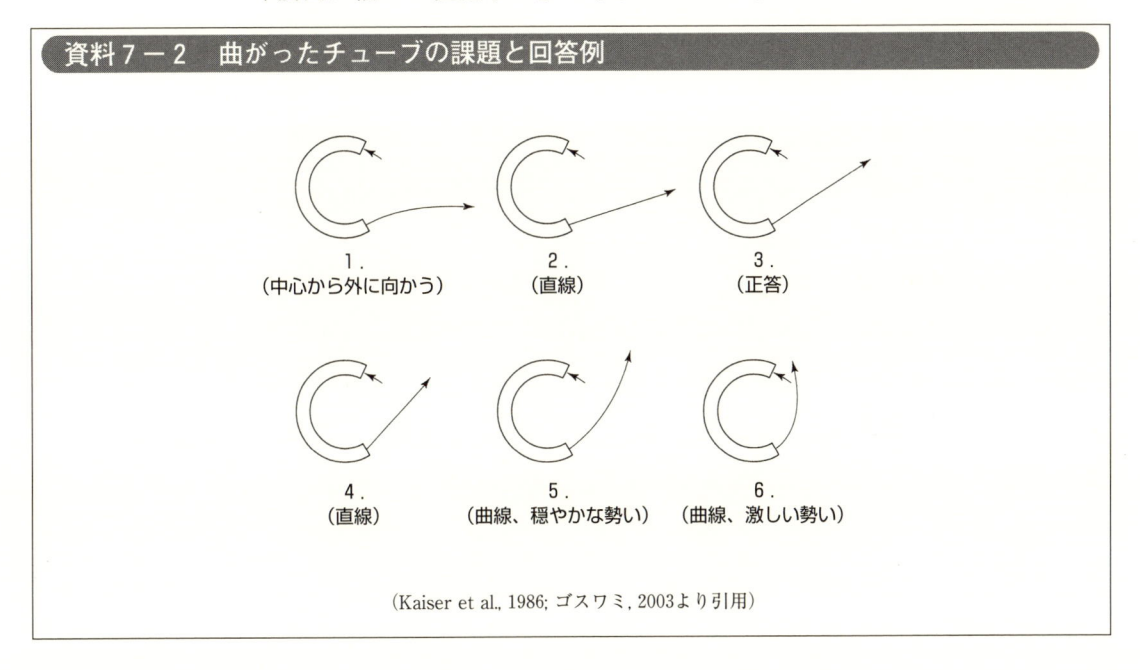

資料7－2　曲がったチューブの課題と回答例

1. （中心から外に向かう）
2. （直線）
3. （正答）
4. （直線）
5. （曲線、穏やかな勢い）
6. （曲線、激しい勢い）

（Kaiser et al., 1986; ゴスワミ, 2003より引用）

割合は低く、5や6のように「曲線状の弧を描いて運動し続ける」という選択肢が最も多く選ばれます。素朴理論の中でも、素朴物理学は理科教育などを通して科学的に正しい理論を学んだ大人であっても、なかなか脱却することが難しいようです。素朴理論の特徴として、直観的には正しく感じられたり、理解されやすいものであるだけに、誤ったまま保持されやすく、科学的に正しいとされる理論に変わりにくいという一面もあります。

次節では、素朴理論の中心的な領域の一つである「素朴生物学」を取り上げます。

2 素朴生物学

① 素朴生物学とは

素朴生物学の研究は、ピアジェ（Piaget, 1926）が子どもの未熟な認識として捉えた「アニミズム」の捉え直しから始まりました。ピアジェは、子どもたちに対して「○○は生きている？　どうして？」などの質問を行い、子どもの生命認識を調べました。その結果、幼い子どもは、山や自転車のような無生物までも「生きている」と判断してしまうことが明らかになりました。ピアジェは、このような無生物に対してまで生命を付与してしまう子どもの誤った生命認識に対して、「アニミズム」と名づけました。つまり、ピアジェは、幼児は生物と無生物の区別ができず、思考が未熟であると考え、その証拠としてのアニミズムという現象を否定的に捉えていました。それに対して、素朴生物学研究は異なる見方を提案しています。

素朴生物学研究では、アニミズムのように誤った認識であったとしても、子ども自身が持つ生物についての一貫した理論に基づいて生物−無生物の区別をしようとしていることを評価しています。つまり、アニミズムをピアジェのように幼児期の未熟な思考の表れと解釈するのではなく、理論による判断の証拠として肯定的に捉えています（Carey, 1985）。

② 素朴生物学の獲得

　素朴生物学の代表的な研究として、稲垣・波多野（2005）の一連の研究があります。多数の研究結果から、5歳頃、素朴生物学が獲得されるとしており、他の研究の結果からも大方の合意を得ています。

　第1節で取り上げた素朴理論の獲得の3つの条件を思い出してください。1つ目の条件は、その領域についてのまとまった知識を持つことという「知識の凝集性」でした。この条件を素朴生物学に照らしてみると、たとえば、イヌやネコ、キリンなどの個々の動物の事例を「動物」というカテゴリーの中にまとめることができる、ということが当てはまります。

　次に、2つ目の条件について考えてみましょう。「予習アクティビティ」の問題を思い出してください。この課題も稲垣・波多野（2005）が行った実験の一部です。子どもが病気になることに対する心理的要因の影響と生物学的要因の影響を同じように考えているのかどうかを調べるために、4歳と5歳の子どもを対象に実験が行われました。その結果が**資料7－3**です。4歳児では、誕生パーティーに招待されるかという質問にも、風邪をひくかという質問にも、友だちと仲良くするかどうかという社会的な手がかりが強く影響するようです。つまり、社会的な質問だけでなく、生物学的な問題に対しても、生物学的要因（風邪をひきやすいかどうか）と同じ

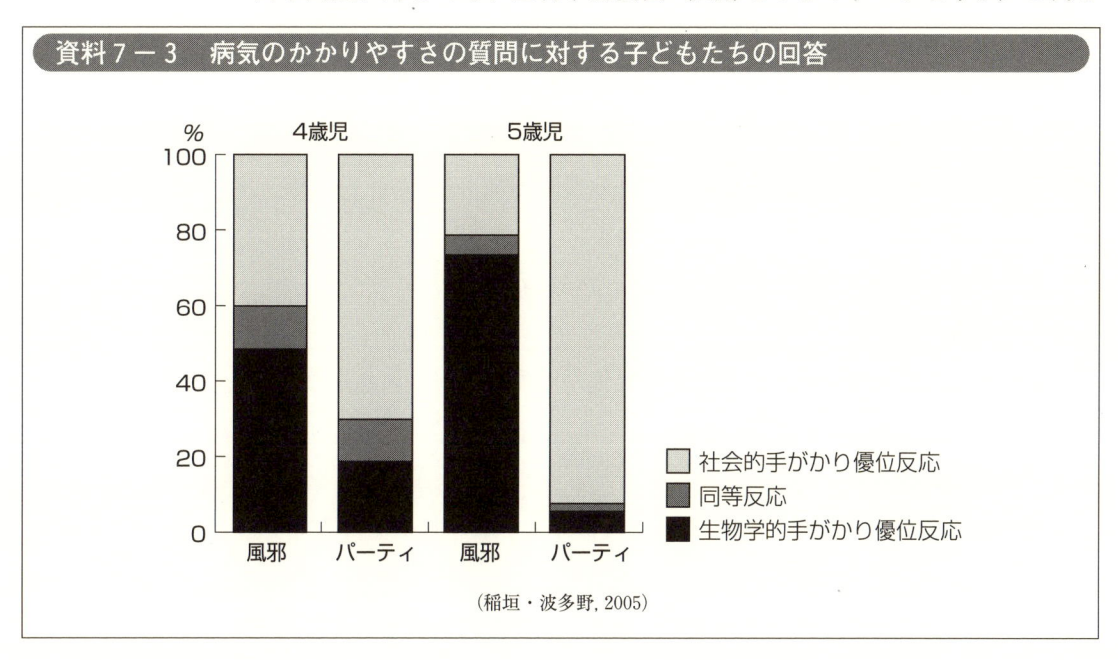

資料7－3　病気のかかりやすさの質問に対する子どもたちの回答

（稲垣・波多野, 2005）

くらい心理的要因（友だちと仲良くするかどうか）を考慮しているといえます。それに対して、5歳になると、風邪の質問には風邪をひきやすいかどうかという生物学的手がかりによって判断し、誕生パーティーの質問には友だちと仲良くしているかどうかという社会的手がかりによって判断するようになることが、**資料7－3**から読み取れます。5歳になると、生物学的な問題には生物学的要因を考慮して、心理的な問題には心理的要因を考慮して答えることができるようになり、それぞれの領域の因果を区別することができるようになるといえます。このことが、第1節で取り上げた素朴理論を持つための2つ目の条件である「領域固有の因果関係の理解」にあたります。

　稲垣・波多野（2005）は、幼児の素朴生物学に特有の因果的説明として、「生気論的因果」を提案しています。この生気論的因果とは、「体内の臓器の働きを擬人化によって理解しようとするもの」です。具体的な問題で考えてみましょう。下の例は、稲垣・波多野（2005）が、5歳から6歳、8歳の子どもと大学生を対象に行った質問と、その選択肢として与えられた回答です。この中の2の選択肢が生気論的因果です。この問題では、「肺」に行為主体（agency）的性格を割り当てています。つまり、「吸い込んだ空気から元気がでる力を取り入れる」という活動のために、「空気を吸い込む」という現象が引き起こされると考えられていることになります。このように、人間のような自立的に活動をするという特徴を臓器などに割り当てた因果的説明をすることを、「生気論的因果」といいます。

問い：「息をして空気を吸い込むのはどうしてですか？」
　1：意図的因果
　　私たちが、さっぱりした気持ちになりたいためです。
　2：生気論的因果
　　胸のところが、吸い込んだ空気から元気がでる力を取り入れるためです。
　3：機械論的因果
　　肺で酸素を取り入れ、いらなくなった炭酸ガスと取り替えるためです。

　素朴生物学を獲得する前の子どもは、1のような意図的因果による説明

を好むことが明らかにされています。それに対して、素朴生物学を獲得した5歳、6歳児は、70%以上の子どもが、意図的因果と機械論的因果の中間にある生気論的因果による説明を好むことが示されました。また、より年長の子どもや大学生のような大人は、3のような機械論的因果を好むこともわかっています。生気論的因果は、素朴生物学を獲得することによって、子どもなりに生物学的な因果関係を理解することができることを示しているといえます。

最後に、素朴理論を持つための3つ目の条件である「存在論的区別」について考えてみましょう。生物と無生物の区別ができるということは、素朴生物学を持っていると考えるための重要な条件となっています。

資料7-4は、子どもが生物の成長を理解しているかどうかを調べるための実験で用いられた刺激例です（Hatano & Inagaki, 1999）。図のように、動物、植物、人工物について、大きさの変化と大きさと形態の変化を伴う絵を見せ、見本の絵の数時間後、もしくは数ヵ月後の姿を選ばせるという実験が、4歳と5歳の子どもを対象に行われました。その結果、4歳児も5歳児も、人工物は時間が経っても大きさや形態は変わらないが、動

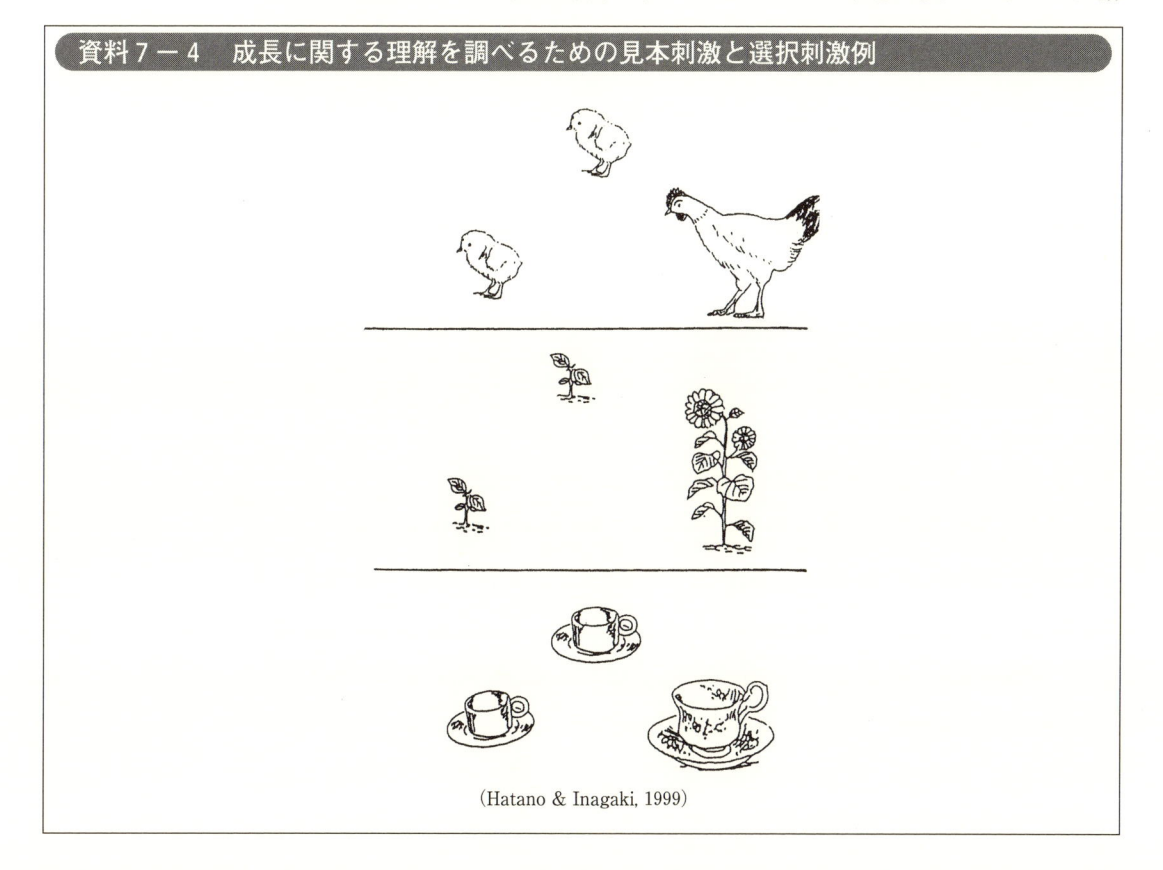

資料7-4　成長に関する理解を調べるための見本刺激と選択刺激例

(Hatano & Inagaki, 1999)

物や植物は時間の経過によって大きくなったり、姿が変わったりすることを理解していることが示されました。つまり、子どもは成長という観点から、動物と植物を含めた生物と無生物（人工物）とを区別しているといえます。

　また、別の課題によって生物と無生物の区別を調べた研究もあります。**資料7－5**のように、変形を加えることによって見かけは他のものに見えるように変えられた動物と人工物を子どもに見せ、変形の前後の同一性が理解できるかどうかを調べた実験です（Keil, 1989）。子どもは、スカンクに見えるように医者に見かけを変形されたアライグマを見せられ、それが何であるかと尋ねられました。また、人工物についても同じように質問されました。たとえば、鳥カゴに見えるように変えられたコーヒーポットを見せられ、何であるかと尋ねられました。5歳児は、医者によって見かけを変えられたスカンクはスカンクであると答えました。つまり、動物の内部ではなく見かけによって判断したと考えられます。それに対して、7歳児や9歳児は、見かけは変わってもアライグマのままであると答えました。年長の子どもでは、動物の見かけは変わっても内部は変わらないという同一性を理解しているといえます。一方、人工物については、5歳児も7歳児も9歳児も、コーヒーポットの見かけを変えたら、鳥カゴになると判断しました。このように、人工物は変形を加えると物の内部（正体）も変わると考えているようです。これらの結果から、年長の子どもは動物の同一性を理解しており、人工物のような無生物とは区別しているといえます。このことは、種の同一性という観点から、子どもが生物と無生物を区別していることを示す証拠と考えることができます。ただし、5歳の子どもであっても、ヤマアラシをサボテンに変えることは不可能だと考えているように、生物の同一性の理解はある程度できているといえそうですが、より年長の子どもに比べるとその理解はゆらぎやすいものであるようです。

　生物と無生物の区別については、素朴生物学を獲得する前のかなり早い時期からできているという知見もあります。たとえば、5ヵ月児でも生物と無生物の動きの違いを区別できるという実験結果があります（Bertenthal, Proffitt, Spetner & Thomas, 1985）。このように、どのような課題を使うかによっても結果は異なりますが、生物と無生物の区別という条件だけを取り上げれば、発達初期から理解されているといえそうです。

資料7-5　見かけの変形課題の例

自然物

アライグマ／スカンク

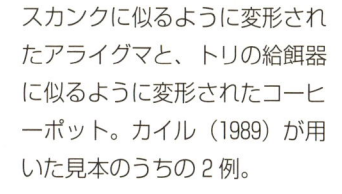

人工物

コーヒーポット／鳥カゴ

スカンクに似るように変形されたアライグマと、トリの給餌器に似るように変形されたコーヒーポット。カイル（1989）が用いた見本のうちの2例。

（ゴスワミ, 2003より引用）

③ 素朴生物学の発達的変化

　前項では、素朴理論の獲得の3つの条件に照らして、素朴生物学の獲得とその基準について整理しました。おおよそ5歳ごろ獲得された素朴生物学は、その後加齢に伴ってどのように変化するのでしょうか。ここではとくに、児童期の発達的変化を中心に取り上げたいと思います。

　日常生活の中で動物や植物に触れる経験や、自分で動植物を育てるという飼育栽培経験によっても、生物に関する知識が増えたり、より理解が深まっていきます。また、小学校に入ると、生活科や理科などの授業を通して、生物について学習する機会が子どもたちに与えられます。このように、日常生活での経験や学校教育を通して、子どもの素朴生物学は変化していきます。いくつか児童期の子どもを対象にした研究を紹介しましょう。

　波多野たち（Hatano, Siegler, Richards, Inagaki, Stavy & Wax, 1993）は、日本、アメリカ、イスラエルの幼児（5～6歳児）、小学校2年生（7～8歳児）、小学校4年生（9～10歳児）に対し、人間、人間以外の動物、植物、無生物について、生命などの特性を付与するかどうかを尋ねる課題を行いました。その結果、学年が上がるにつれて、生物の属性付与の

基準として「人間＋動物＋植物ルール」（人間も動物も植物も生命があるとするルール）を用いる割合が高くなること、小学校4年生では50％以上がそのルールを用いていることがわかりました。このことから、9、10歳になると植物を含めた生物というカテゴリーができ、無生物とはより区別されるようになると考えられています。ただし、この国際比較では、共通点だけでなく文化による差も認められました。国の文化だけでなく、宗教の違いも影響するようです。人間と他の動物との距離を大きなものとするキリスト教文化と、動物と植物の区別を大きなものと考えるイスラム教文化、それに対してあらゆるものに生命や神が宿っていると考える仏教文化では、同じ生物に対しても捉え方に違いが見られることが示されました。このように、素朴生物学には文化に普遍的な側面と文化によって異なる側面があるということは、興味深いと思われます。

　また、ジョンソンたち (Johnson, Mervis & Boster, 1992) は、動物の中でも哺乳類に限定し、3つ組み課題を用いて分類システムの検討を行いました。3つ組み課題とは、3つの対象を提示し、そのうちより近いもの、同じ仲間だと思うものを2つ選ばせるという課題です。7歳児、10歳児、大人を対象とした実験の結果、10歳児と大人は類似の結果を示し、10歳になると人間を他の霊長類と同じカテゴリーに分類するようになることが示されています。つまり、10歳頃の霊長類カテゴリーの出現によって、これまで生物の中で特別視されていた人間の特権的地位が失われるとともに、他の哺乳類との共通性が理解されるようになると考えられています。筆者もジョンソンらと類似の課題によって、児童期後期（小学6年生）の生物に対するカテゴリー化を調べました（布施, 2006）。ジョンソンらは哺乳類に限定していましたが、哺乳類だけでなく、動物、植物、無生物を用いて3つ組み課題を構成するとともに、合わせて生物、動物、人間の判断基準を尋ねました。同じ課題を、すでに学校での理科教育による学習を終えた大学生にも行い、小学6年生の結果と比較しました。まず、生物、動物、人間の判断基準の結果から、大学生のほうが科学的な生物概念を持っていることがわかりました。また、3つ組み課題の結果からは、小学6年生と大学生では霊長類に対する捉え方が異なり、小学6年生のほうがより霊長類と人間を近いものと分類するのに対し、大学生は霊長類と他の哺乳類を近いものとして分類することが示されました。ジョンソンらの結果に合わせて考えると、10歳頃できる「霊長類カテゴリー」は、その後さらに変化

し、それに合わせて人間の位置づけも変化するようです。

このように、児童期を通しても素朴生物学の変化は生じていき、中学校以降の科学的生物学の学習の基礎になると考えられます。

3 素朴理論と科学理論を教育の中でどう扱うか

乳幼児期を対象とした素朴理論研究は、いつどのような素朴理論が獲得されるのかという問題が中心的なテーマとして取り上げられます。また、乳幼児期を中心とした研究では、多くの場合、これまでの研究で考えられていたよりも、子どもが認知的に有能であることを示す証拠として、肯定的に素朴理論を評価しています。

しかし、一方で、素朴理論は科学的には誤っている素朴なものであるという特徴があります。そのため、児童期以降を対象とした素朴理論研究や教授学習の文脈では、多くの場合、科学教育による学習を阻害するものであり、正しく修正しなければならない誤った知識として、否定的に捉えられるようになることが多くなります。実際に、児童期の子どもが持っている素朴生物学には、誤っている知識が含まれていることも事実です。たとえば、児童期の子どもの動物概念では、人間が他の動物と区別され特別視されていること（布施, 2002）や、児童期の動物概念は、大型の哺乳類に限定されやすい（荒井・宇野・工藤・白井, 2001; Bell, 1981）ことなどが報告されています。

このように、科学的とはいえない素朴理論について、一方では有能さの証拠として肯定的に評価されているのに対し、他方では、科学的概念、理論の学習を阻害するものとして、否定的な評価を受けています。このような評価の分岐点は、学校教育の中で科学的な教授学習が始められる児童期にあるのではないでしょうか。児童期になると学校教育が始まります。小学校での理科教育は、子どもの日常経験などを通した自発的な素朴理論の変化の過程では起こりえない、教授に基づく理論変化を引き起こす機会を与える場であると考えられます。幼児期に獲得した素朴理論は児童期を通して変化し、中学校以降に学習される科学的概念の基礎となるといえるでしょう。

これまで主に取り上げてきた素朴生物学の獲得に関して、中心的な基準の一つである生物－無生物の区別について考えてみましょう。現在の学習指導要領（文部省, 1998a, 1998b）では、小学校3年生から身近な植物や動物を取り上げた生物の学習が取り入れられています。しかし、動物の分類は中学校理科の第2分野に位置づけられており、小学校では動植物の分類は扱われていません。このことから、科学的な生物学の獲得は、中学生以降になることが推測できます。科学的生物学を獲得すると、たとえば動植物の分類についても科学的知識に基づいた分類が可能になるでしょう。このような「素朴生物学から科学的生物学の獲得へ」という道筋は、一見望ましい理論変化のプロセスであるように思われます。科学的教育の観点から考えると、確かに、児童期の子どもが持っている素朴理論の中には、学校での科学的教育に対して阻害要因となりうるものもあります。しかし、子どもなりに理論化された知識を持ち、世界を理解していることは事実です。たとえ科学的には誤っていたとしても、子どもなりの理論によって一貫性のある説明をすることもできます。子どもの持っている概念、理論に照らした教授方法を考えたほうが、より効果的な教育ができるという可能性もあります。

　また、日常経験などを通して自発的に生じる素朴理論の発達的変化を踏まえ、学校での理科教育などの教授学習の中に取り込むという教授法のあり方も考えられるのではないでしょうか。たとえば、上で紹介したような子どもの生物や動物に対する捉え方は、小学校3年生から理科教育の中で植物や動物の成長や体のつくりについて学習する際に、子どもたちが予め生物についてどのような概念を持っているのかという情報を提供することになるでしょう。

●復習アクティビティー

本章では、主に素朴生物学の発達を中心として、子どもの素朴理論の発達を紹介してきました。最後に、復習アクティビティとして、素朴理論の発達を調べるためのユニークな課題と回答を考えてみてください。そして、以下の3点について考えてみてください。

1．何歳ごろ、正しい回答をすることができるようになるでしょうか？
2．正しい回答ができるようになる前の子どもは、どのような答えをするでしょうか？
3．大人はどのような回答をするでしょうか？

もっと深く学びたい人のために

ケアリー, S.（小島康次・小林好和　訳）　1994　子どもは小さな科学者か－J. Piaget理論の再考－　ミネルヴァ書房

稲垣佳世子　1995　生物概念の獲得と変化－幼児の「素朴生物学」をめぐって－　風間書房

稲垣佳世子・波多野誼余夫（著・監訳）　2005　子どもの概念発達と変化－素朴生物学をめぐって－　共立出版

引用文献

荒井龍弥・宇野忍・工藤与志文・白井秀明　2001　小学生の動物学習における縮小過剰型誤概念の修正に及ぼす境界的事例群の効果　*教育心理学研究*, 49, 230-239.

Baillargeon, R. 1986 Representing the existence and location of hidden objects: Object permanence in 6-and 8 month-old infants. *Cognition*, 23, 21-41.

Baillargeon, R., Spelke, E. S., & Wasserman, S. 1985 Object permanence in 5-month-old infants. *Cognition*, 20, 191-208.

Baron-Cohen, S., Leslie, A. M., & Frith, U. 1985 Dose the autistic child have a "theory of mind"? *Cognition*, 21, 37-46.

Bell, B. F. 1981 When is an animal, not an animal? *Journal of Biological Education*, 15, 213-218.

Bertenthal, B. I., Proffitt, D. R., Spetner, N. B., & Thomas, M. A. 1985 The development of infant sensitivity to biomechanical motions. *Child Development*, 56, 531-543.

Carey, S. 1985 *Conceptual change in childhood*. Cambridge, MA: MIT Press. ケアリー, S.（小島康次・小林好和　訳）　1994　子どもは小さな科学者か－J. Piaget理論の再考－　ミネルヴァ書房

Carey, S., & Spelke, E. 1994 Domain-specific knowledge and conceptual change. In L. A. Hirschfeld, & S. A. Gelman (Eds.), *Mapping the mind: Domain specificity in cognition and culture*. New York: Cambridge University Press, 169-200.

布施光代　2002　児童期における動物概念の発達　*科学教育研究*, 26, 271-279.

布施光代　2006　児童期後期における生物に関する素朴概念の検討　*東海心理学研究*, 2, 49-57.

Goswami, U. 1998 *Cognition in Children*. London: Psychology Press.　ゴスワミ, U.（岩男卓実・上淵寿・小池若葉・富山尚子・中島伸子　訳）　2003　子どもの認知発達　新曜社

Hatano, G., & Inagaki, K. 1999 A developmental perspective on informal biology. In D. L. Medin, & S. Atran（Eds.）, *Folkbiology*. Cambridge, MA: MIT Press, 321-354.

Hatano, G., Siegler, R. S., Richards, D. D., Inagaki, K., Stavy, R., & Wax, N. 1993 The development of biological knowledge: A multi-national study. *Cognitive Development*, 8, 47-62.

稲垣佳世子・波多野誼余夫（著・監訳）　2005　子どもの概念発達と変化－素朴生物学をめぐって－　共立出版

Johnson, K. E., Mervis, C. B,. & Boster, J. S. 1992 Developmental changes within the structure of the mammal domain. *Developmental Psychology*, 28, 74-83.

Kaiser, M. K., McCloskey, M., & Profit, D. R. 1986 Development of intuitive theories of motion: Curvilinear motion in the absence of external forces. *Developmental Psychology*, 22, 67-71.

Keil, F. C. 1989 *Concepts, kinds and cognitive development*. Cambridge, MA: MIT Press.

文部省　1998a　小学校学習指導要領　財務省印刷局

文部省　1998b　中学校学習指導要領　財務省印刷局

Perner, J. 1991 *Understanding the representational mind*. Cambridge, MA: MIT Press.

Piaget, J. 1926 *La représentation du monde chez l'enfant*. Paris: Alcan.

Wellman, H. M., & Gelman, S. A. 1992 Cognitive development: Foundational theories of core domains. *Annual Review of Psycology*, 43, 337-375.

Chapter 7 子どもの素朴理論の発達

第8章 時間概念の発達

🍀 本章のねらい

　私たちが社会に適応した生活を送るために必要な能力の1つに「時間管理能力」があります。「時間管理能力」とは、時間を有効に活用する能力です。情報化社会が進むにともない、時間を有効に活用する必要性が高まっています。実際、多くの雑誌（多くはビジネス雑誌）では、「時間管理能力」を高める秘けつや、時間管理の方法が特集されています。また、書籍も多く出版されています。

　私たちは、時間を管理するためにカレンダーや手帳を利用しています。これらは、時間がなんらかの形で構造化されたものです。つまり、時間管理のために、私たちは時間を構造化しているということができます。

　本章は、時間の構造化がどのように発達していくのか、時間についての認知的活動において時間構造がどのように利用されるようになるのか、の2つについて概観することにします。

●予習アクティビティー

1　あなたが日ごろ使っている手帳はどのように時間を構造化していますか？　1週間タイプですか？　1ヵ月タイプですか？　そして、それを選んだ理由について思い出してください。

2　課題1で思い出した理由をもとにして、自分自身は時間をどのように構造化しているのか考えてみましょう。

3　あなたは、時間管理が得意ですか、不得意ですか？　その理由を考えてみましょう。

1 時間概念とは？

　私たちが日常生活を営むためには、時間について考えることが必要不可欠です。たとえば、家から学校まで1時間30分かかり、9時までに学校に着かなければならない場合、家を遅くとも何時何分に出発しなければならないか考えたり、学期末テストの勉強をするためにテスト前の何日から試験勉強を始めるかといったことを考えることです。このようなことは、毎日当たり前のように行っているので、特別意識することはまれですが、私たちがスムースに生活するためには、なくてはならない認知的活動です。このような認知的活動は発達的に獲得されていきます。

　また、子どもの認知発達には領域一般説と領域固有説という相反する説明理論があります。しかし、認知発達の研究者であるゴスワミ（Goswami,1998）は、領域一般説と領域固有説は相互に排他的ではないことを、次のように説明しています。つまり、ある認知能力は領域一般的な発達であるかもしれませんが、その認知能力をある対象に対し行うためには、その対象についての十分な知識が必要です。そのことが領域固有的であるということです。

　ゴスワミの指摘のように考えると、時間についての認知的活動の発達的変化を明らかにするためには、時間についての知識の発達についても検討する必要があります。

　本章では、時間に関する認知的活動にとって重要な役割を持つ時間についての知識である時間概念の特徴とその発達について取り上げます。

① 時間構造

　私たちが認知的活動を行うとき、自分が持っている知識を利用します。あることを考えるためには、そのことについての知識がなければ考えることができません。この知識は、何らかの形で構造化されて頭の中に貯蔵されています。これを、概念といいます。鳥についての知識（鳥には羽があり飛ぶことができる・スズメは鳥である・カナリアも鳥であるなど）が構

造化されているものを鳥概念といいます。同じように、時間についての知識が構造化されているものを時間概念とします（以下で用いる「時間構造」という語は、すべて時間概念のことを指します）。また、時間構造は、時系列に沿って生起する出来事についての知識構造であると考えることにします。日常生活において私たちが、時間について考える場合、出来事の順番が重要になるからです。

② 時間構造の特徴

　知識の構造には大きく2種類があります。1つは、クラス包含関係の階層構造によって全体が構造化されているものです（Rosch, 1978）。もう1つは、部分－全体関係を持つ構造です（Miller & Johnson-Laird, 1976）。

　クラス包含関係を持つ構造としてもっとも知られているのは、論理的関係を持つ分類学的なものです。たとえば、「カナリアは鳥である。鳥は動物である」といった論理的関係がこれに当たります。

　しかし、私たちの知識すべてが論理的関係によって構造化されるわけではありません。多くの知識は部分－全体関係によって構造化されていると考えられています。部分－全体関係を持つ知識として、出来事スキーマとシーン・スキーマがあります（Mandler, 1984）。出来事スキーマとは時間に関する知識構造であり、シーン・スキーマは空間についての知識構造です。本章では、出来事スキーマに焦点を当てます。

　マンドラー（Mandler, 1984）によると、出来事スキーマとは「階層的に構造化された、系列についての知識を記述するユニット」と説明されています。つまり、出来事スキーマの構造化の特徴は、出来事内に含まれる個々の活動の意味関係に基づいているのではなく、個々の活動の順序的つながりに基づいているということです。たとえば、私たちは、1日の時間構造を、朝・昼・夜と構造化しており、1日に行う活動の意味的関係によって構造化しているわけではありません。

　さらに、**資料8－1**に示したように、個々の活動は2次元で構造化されます。水平方向の次元は活動の順序であり、垂直方向の次元は部分－全体関係です。垂直方向の次元が知識構造の階層性を表します。たとえば、1日の活動は、「起床、朝食、登校、朝の会、昼食、昼食後の放課、帰りの会、帰宅、入浴、夕食、就寝」という順序で、「起床、朝食、登校」は

「朝」、「昼食、昼食後の放課、帰りの会、帰宅」は「昼」、「入浴、夕食、就寝」は「夜」であると構造化できます。これは、朝、昼、夜という部分が、1日という全体を構成しているという部分－全体関係を持つ階層的構造であるということができます。

時間構造の特徴は、構造に含まれる活動の生起順序に強く規定されていることと、部分－全体関係を持つ階層構造であることです。

③ スクリプト研究における時間構造

階層的時間構造については、スクリプト研究で得られた知見が非常に役に立ちます。スクリプトとは、時系列に沿った出来事についての知識のことです。

シャンクとエイベルソン（Schank & Abelson, 1977）は、スクリプトはスクリプト・ヘッダー、シーン・ヘッダー、アクション・ヘッダーという階層構造を持つことを指摘しています。たとえば、「レストランへ行く」というスクリプトを取り上げて考えます。この場合のスクリプト・ヘッダーは、「レストランへ行く」ことで、レストランへ行くというスクリプト全体を指します。シーン・ヘッダーには、「店に入る」「注文する」「食べる」「店を出る」などの活動が相当します。さらに、シーン・ヘッダーがそれぞれ分割されて、「店に入る」は「客が店へ入る」「空いている席を探

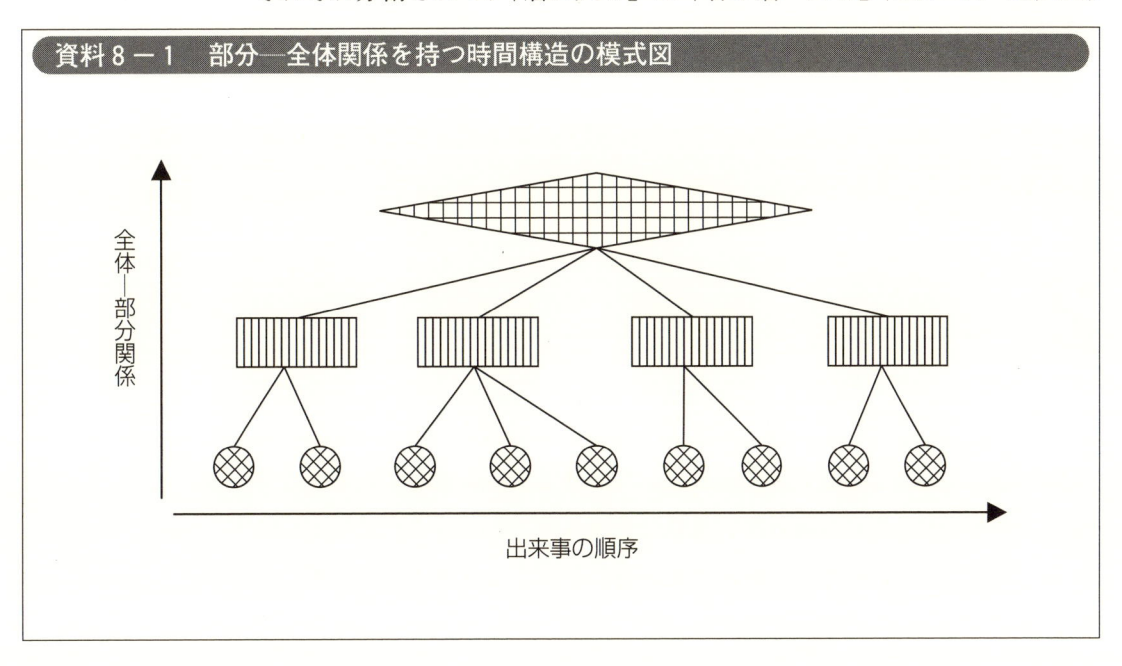

資料8－1　部分―全体関係を持つ時間構造の模式図

す」などの行為がアクション・ヘッダーになります（**資料8－2**）。このように、スクリプトの階層構造は、部分－全体関係を持っています。

また、スクリプト研究において、被験者がスクリプトについて述べるときに、シーン・ヘッダーに相当する活動が自発的に報告されることが明らかにされています（Abbott, Black & Smith, 1985）。

④ 時間に関する認知的活動への時間構造の影響

どのように時間構造が構造化されているかということが、時間に関する認知的活動に影響を与えることが明らかになっています。

ハッテンロッチャーたち（Huttenlocher, Hedges & Prohaska, 1988）の研究によると、過去に起きた出来事の日付を思い出すように被験者に求めたところ、報告された日付は実際のものよりも、その出来事が生じた部分の中心へとバイアスのかかったものでした。たとえば、多くの小学生は、1年間を1学期、夏休み、2学期、冬休み、3学期、春休みという部分に分けて構造化していると考えられます。1学期に行われた春の遠足が何月何日だったかという質問に対して、実際の日付よりも、1学期間の中心にバイアスがかかった日付を答えてしまうということです。

さらに、渡辺・川口（2000）は、未来の出来事についての記憶である展望記憶においても、時間構造が影響することを明らかにしています。彼らの研究では、1日の早い時間帯と遅い時間帯にある予定のほうが、1日の中間の時間帯にある予定よりもよく覚えられていることが示されました。彼らは、1日が朝、昼、夜といった3つの部分に構造化されていることがその理由であろうと示唆しています。

2　時間構造の発達

私たち大人は、とくに意識することなく、時間を構造化しています。そして、時間を構造化する能力は発達的に獲得されていくものだと考えられます。本節では、時間構造の階層性の発達についてこれまでに明らかにされていることについて取り上げます。

資料8-2　「レストラン・スクリプト」の階層構造

- スクリプト・ヘッダー：レストランへ行く
- シーン・ヘッダー：店へ入る／注文する／食べる／店を出る
- アクション・ヘッダー：客が店へ入る／空いているテーブルを探す／座る

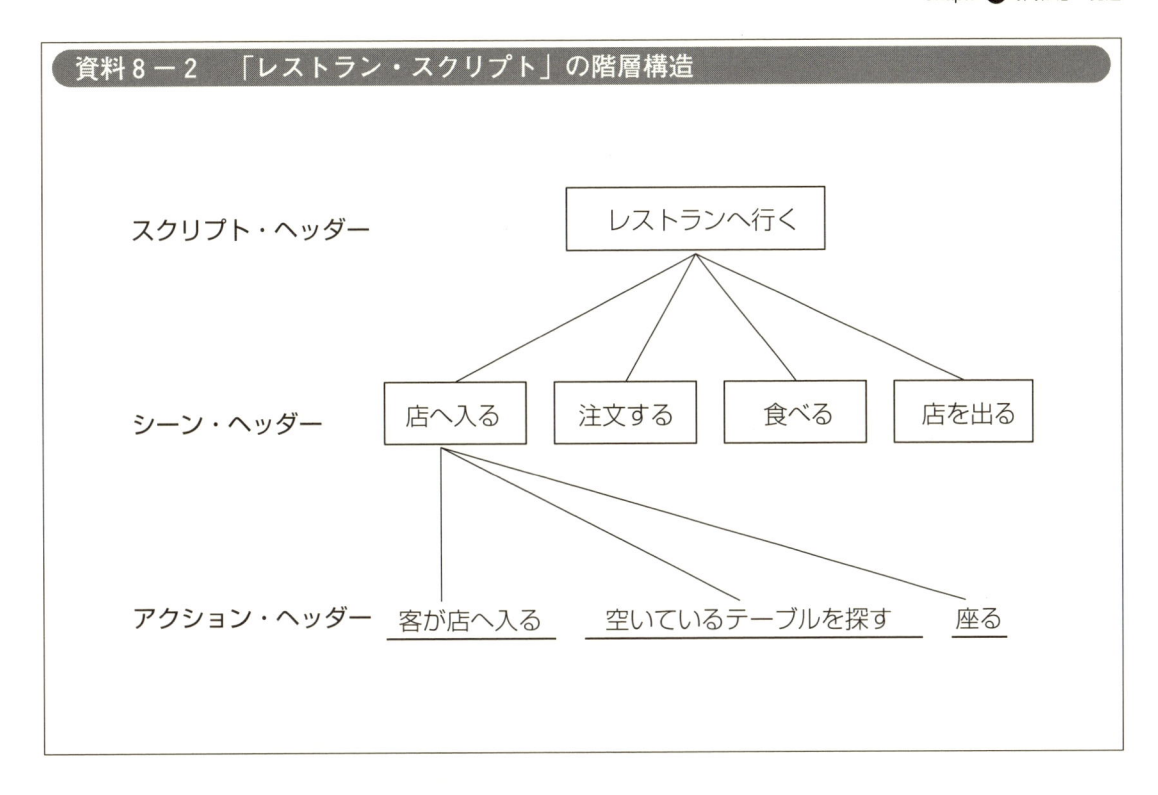

① 階層的時間構造の発達

　時間構造の発達については、スクリプト研究における知見が非常に役に立ちます。スクリプトの発達研究は、幼児期を対象としたものが多いことが特徴です。

　我が国におけるスクリプト研究で、階層的構造に注目したものとして、藤崎（1995）が行った研究があります。彼女は、幼稚園に通う幼児を対象にして、幼稚園生活スクリプトの発達について検討しています。この研究では、幼児は登園してから降園するまでの間に園ですることを順番に報告するよう求められます。報告されたスクリプトのことを園生活スクリプトといいます。藤崎は、報告された行為数を園生活スクリプトの発達の指標としています。その結果、年長児になると報告される行為数が減少することが明らかになりました。これは、年少や年中のときは個々の行為を詳細に報告していたのが、年長になると、個々の行為を包含する1つの活動として報告されるようになるためだと考えられています。たとえば、「玄関で靴を脱いで、かばんからタオル出して、かばんをロッカーにしまって、タオルをタオル掛けにかけて……」と詳細に報告されていた行為を、「朝

の準備」という活動に包含した報告へと発達的に変化するということです。つまり、幼児期から階層的時間構造が獲得され始めるということができます。

　幼児期以降の児童期においても階層的時間構造の発達は進むものと考えられます。丸山（2004）は、幼児期から児童期にかけての時間構造の階層化の発達について検討しています。

　丸山（2004）で行われた研究では、保育園の年中児から小学3年生までの子どもたちを対象としています。この研究では、朝起きてから夜寝るまでの生活時間スクリプトを得るために、「生活時間記述課題」を行いました。「生活時間記述課題」の質問は、「あなたが朝起きてから夜寝るまでの間に、いつもしていることを順番にお話してください」でした。

　報告された生活時間スクリプトの分析を、藤崎（1995）と同様の方法で行ったところ、報告された行為数が年中児より小学2年生のほうが多いという結果になりました。しかし、報告された生活時間構造の内容を詳細に検討すると、幼児では細かな行為の羅列を述べるものが多いのに対し、児童ではいくつかの行為を包含した活動を述べるものが多くなることが認められました。このことから、生活時間の階層化が始まる幼児期と階層化が洗練されていく児童期とでは、報告される時間構造の内容が異なることが考えられます。このため、生活時間スクリプトの内容の階層性を分析の指標とすることにしました。

　個々の行為を羅列するものを「低階層化」、行為が活動に包括されているものを「中階層化」、活動が出来事に包括されているものを「高階層化」として分類しました（**資料8-3**）。低階層化では、個々の行為が羅列されており、中階層化では「給食たべる」「掃除する」というように活動が報告されています。さらに、高階層化では、給食、掃除といった活動が学校（で過ごす）という出来事に包括されています。

　以上のような指標を用いて生活時間構造の階層化の発達的変化を検討したところ、幼児期に低階層化レベルのものが多く、児童期になると中階層化レベルのものが多くなり、年齢が上がるにしたがって高階層化のものが多くなることが明らかになりました（**資料8-4**）。児童期には、生活時間構造の階層化がさらに洗練されるということができます。

　しかしながら、子どもの生活時間構造を調べるにあたって、子どもの言語報告を用いるだけでは、部分－全体関係に基づく階層構造の発達を詳し

資料8−3　各階層化レベルの例

低階層化
朝起きて、トイレ行って、で、着替える。それから、ごはん食べる。それでお母さんが用意するまで、一人で遊んでて、それで、お母さんがやることすんだら、一緒にお母さんと一緒にねぇ、保育園にくる。保育園に来て、早かったら、えーっとだいこん（年中組のクラス名）でいろいろ遊んで、それから先生が来たら、かぶら（年長組のクラス名）行って、遊んで、どっか行く日だったら、お散歩とかに、そん時は行って、で、帰って来たら、お昼ごはん。お昼ごはん食べてすんだら、最初は、ぱっちんごちそうさまして、口ふきタオルで口ふいて、それで、その口ふきタオルとイスを片づける。かたづけしたら、食器を片づける。それから、歯ブラシして、パジャマに着替える。お昼寝の時間が来るまで遊んでて、布団敷けたら、寝る。それで寝て、2時半に起きて、起きたら自分で布団をしまう。押入れに。それで終わったら、今度はパジャマを着替える。そうしたら、着替えたら、遊ぶ。遊んで、おやつの時間まで待つ。それで、当番がおやつを配り終わったら、おやつが始まって、おやつ食べて、で、なんかやることあったら遊んで、そんで、お母さんがお迎え来るまで待って、それで、お迎え来たら帰る。それで、帰ったら、お母さんがごはん作ってくれて、早いときお迎え来るときは遊べるんだけど、夜とかにお迎え来るときは、帰ったらすぐ食べて、食べたら、ちょっと遊んで、お風呂入る。それで、寝る。

中階層化
歯みがきして、お菓子食べて、テレビ見て、学校の準備して、朝ごはん食べて、学校行って、勉強して、給食食べて、掃除して、帰る。帰って、ゲームして、ご飯食べて、お風呂入って、歯みがきして、寝る。

高階層化
朝ごはん食べて、歯みがきして、学校行って、その間はお勉強、それから、学童保育に来て、遊んで、家に帰って、少しテレビ見て、ごはん食べて、お風呂入って、テレビ見て、学校の用意して、寝る。

資料8−4　各年齢群における各階層化レベルの割合

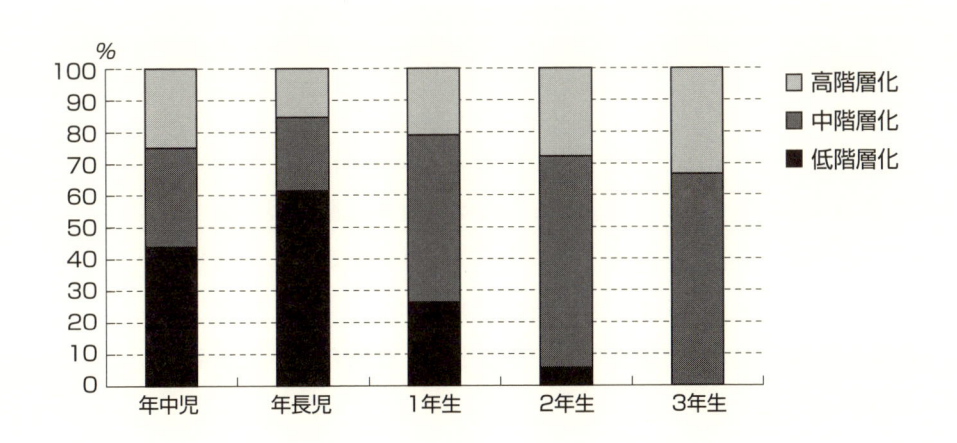

く明らかにするができませんでした。そのため、部分－全体関係に基づく階層構造の発達をさらに検討するために、丸山（2005）は「カード分類課題」を作成しました。この研究では、階層化が洗練されていく児童期前半の子どもたちを対象としています。

「カード分類課題」は、1日の生活における16個の活動をそれぞれ描いたカードを、いくつかのまとまりに分類するものです。「起床」「朝食」「歯磨き」「登校」「朝の会」「午前中の授業」「給食」「掃除」「午後の授業」「帰りの会」「学童保育での遊び」「おやつ」「帰宅」「入浴」「夕食」「就寝」の16個の活動を取り上げました。

質問は、「これらのカードを、あなたが思うようにいくつかのまとまりに分けてください」で、子どもの反応に影響しないように配慮して、調査者がランダムに何枚かのカードを2、3個のまとまりに作って見せました。さらに思いつくかぎり何通りもの分類をしてもよいとし、子どもが一つ目の分類を行ったあとに「他の分け方はあるかな？」と尋ね、子どもが思いつかないと言ったところで課題を終えました。

これら16個の活動は、「起床、朝食、歯磨き」が朝の出来事、「登校、朝の会、午前中の授業、給食、掃除、午後の授業、帰りの会」が学校での出来事、「学童保育での遊び、おやつ」が学童保育での出来事、「帰宅、入浴、夕食、就寝」が夜の出来事という階層構造を持つと考えられました。

子どもたちの反応は、「非構造化」、「部分的構造化」、「全体的構造化」、「階層的構造化」の4つのレベルに分類されました。

「非構造化」は、まったくまとまりに分けることができなかったものです。つまり、このレベルは、生活時間は個々の活動の連鎖からなっており、まだ明確な構造を持たないといえます。「部分的構造化」は、となり合う2つの活動をまとまりに分けたものを分類しました。したがって、全部で8つのまとまりに分けたことになります。このような分類は1日の生活を全体として構造化しているというよりは、活動の生起順に強く規定されていると考えられます。「全体的構造化」には、1通りの分類もしくは複数の分類を行ったが、それらの分類に階層性が認められないものを分類しました。「階層的構造化」は、2通り以上の分類をし、それらに階層構造が認められたものを分類しました。

その結果、2年生になると階層的構造化が多くなることが示されました（**資料8－5**）。このことから、生活時間構造の階層化は児童期前半に洗練

されていくということができます。

3 認知的処理における時間構造の利用

丸山（2005）は、認知的活動において時間構造がどのように利用されるのかについて、認知方略の観点から検討しています。時間に関する認知的活動の方略を時間処理方略と呼びます。

本節では、時間処理方略と時間構造の階層性の関係について述べます。

① 時間処理方略

時間処理方略については、①時間の長さの感覚を利用した方略、②出来事の順序を利用した方略、③出来事があった時間的位置を利用した方略のあることが示されており（Friedman, Gardner & Naomi 1995; Friedman, 1997）、①、②、③の順に発達的に獲得されていくことが明らかになっています。

丸山（2005）では、「間隔時間比較課題」を行うときの時間処理方略について検討しています。「間隔時間比較課題」は、2つの間隔の時間の長

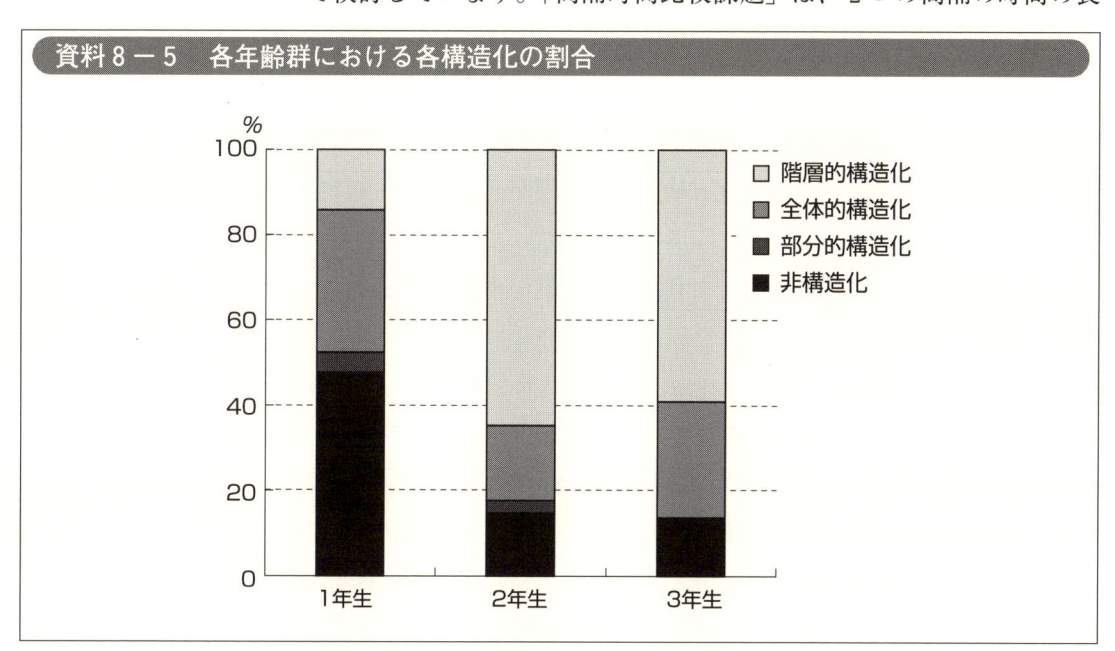

資料8－5　各年齢群における各構造化の割合

さを比較するもので、丸山（2004）によって開発されました。

「間隔時間比較課題」は、①比較する間隔時間の起点となる活動が同じ、②終点となる活動が同じ、③起点も終点も異なるという3つのパターンの試行から構成されています（資料8－6）。

質問は、「朝の会から掃除をするまでの時間と、朝の会から帰りの会をするまでの時間とではどちらが長いですか？」でした。

時間処理方略は、活動のある時間的位置について言及したり、長いほうの間隔に短いものが含まれると述べたり、何時間とか何分といった時間の長さについて言及する「イメージ処理方略」、出来事の前後関係について言及したり比較する、間隔時間の中の活動数を比較したものや、両方の間隔時間に含まれる活動を順番に並べ替えたりする「言語処理方略」、2つのどちらにも分類することができない「その他」の3種類に分類されました（資料8－7）。

この間隔時間比較課題のそれぞれの試行は、イメージ処理方略でも言語処理方略のどちらを用いても正しく判断することができます。しかし、試行の時間構造によって、より適切な方略が異なります。たとえば、起点となる活動が同じものの場合は、終点の活動の前後関係を比較すればよいので言語処理方略が適しているといえます。一方、起点の活動も終点の活動も異なるものの比較の場合、2つの間隔時間を同時に思い浮かべるイメージ処理方略が効率的で、階層的時間構造が利用されると考えられます。すなわち、イメージ処理方略は時間構造を利用した方略だということができます。

まず、年齢による差については、1年生は2、3年生よりも正答率が低いことと、2年生では「言語処理方略」の使用率が高く、3年生では「イメージ処理方略」の使用率が高くなることが示されました。つまり、年齢が上がるにともなって、時間構造を利用する方略が用いられるようになります。

次に、生活時間構造の構造化レベルによる違いについては、「全体的階層化」「階層的構造化」の時間構造を持つ子どもは、イメージ処理方略を使用する傾向があり、さらに、「階層的構造化」を行っている子どもは、試行の時間構造のパターンに応じて適切に言語処理方略とイメージ処理方略を使い分けていることが示されました。つまり、階層的時間構造が洗練されるほど、柔軟に方略を使い分けることができるようになるということ

資料8-6　「間隔時間比較課題」の試行と時間構造

試行	時間構造
比較する間隔時間の起点となる活動が同じ	
試行①「朝の会から掃除」と「朝の会から帰りの会」	朝の会⟵⟶掃除 朝の会⟵―――⟶帰りの会
試行②「朝の歯磨きから掃除」と「朝の歯磨きからおやつ」	歯磨き⟵⟶掃除 歯磨き⟵―――⟶おやつ
比較する間隔時間の終点となる活動が同じ	
試行③「午前中の授業から帰りの会」と「掃除から帰りの会」	午前中の授業⟵―――⟶帰りの会 掃除⟵―⟶帰りの会
試行④「給食から帰宅」と「朝食から帰宅」	給食⟵―――⟶帰宅 朝食⟵――――――⟶帰宅
起点の活動も終点の活動も異なる	
試行⑤「朝の会から掃除」と「午前中の授業から給食」	朝の会⟵――――⟶掃除 午前中の授業⟵―⟶給食
試行⑥「登校から夕食」と「給食から学童保育所での遊び」	登校⟵――――――⟶夕食 給食⟵――⟶遊び

(丸山, 2005より作成)

資料8-7　「間隔時間比較課題」における各方略の例

イメージ処理方略
- 活動のある時間的位置について言及するもの　例）朝から夜と昼から夜だから
- 長いほうの間隔時間に短いほうの間隔時間が含まれことに言及するもの
   例）午前の授業から給食までの間は、朝の会から掃除までの間に入る

言語処理方略
- 間隔時間のなかの活動の前後関係について言及するもの
   例）掃除、帰りの会の順番だから（「朝の会から掃除」と「朝の会から帰りの会」の比較の場合）
- 間隔時間のなかにある活動数を比較するもの　例）8個と5個だから

その他
- 1つの活動の長さについて言及し、間隔時間の長さを比較しないもの
   例）給食は、たくさんあると食べるのに時間がかかるから
- 方略について何も報告されないもの

(丸山, 2005より作成)

ができます。
　以上から、時間構造は幼児期から獲得され始め、児童期前半を通じてより洗練されたものへと発達し、より洗練された時間構造を形成するとそれを利用して柔軟な認知的活動が可能になる、とまとめることができるでしょう。

● 復習アクティビティー

1．自分自身の時間構造がどのような部分一全体構造を持っているのか考えてみましょう。
2．1で考えた時間構造から、現在使用している手帳を選んだ理由を改めて考えてください。もし、現在の手帳の使い勝手が良くない場合には、その理由も考えてみましょう。
3．時間管理のために時間を構造化することは有効だと考えられていますが、その理由について本章で学んだ時間構造と時間処理能力についての知見に基づいて考えてみましょう。

もっと深く学びたい人のために

松田文子・甲村和三・山崎勝之・調枝孝治・神宮英夫・平伸二（編）1996　心理的時間：その広くて深いなぞ　北大路書房

松田文子（編）2004　時間を創る，時間を生きる：心理的時間入門　北大路書房

引用文献

Abbott, V., Black, J. B., & Smith, E. E. 1985 The representation of scripts in memory. *Journal of Memory and Language*, 24, 179-199.

Friedman, W. J. 1997 Memory for the time of "60 minutes" stories and news events. *Journal of Experimental Psychology: Learning, Memory, and Cognition*, 23, 560-569.

Friedman, W. J., Gartner, A. G., & Naomi, R. E. Z. 1995 Children's comparisons of the recency of two events from the past year. *Child Development*, 66, 970-983.

藤崎春代　1995　幼児は園生活をどのように理解しているのか：一般的出来事表象の形成と発達的変化，発達心理学研究, 6, 99-111.

Goswami, U. 1998 *Cognition in children*. London: Psychology Press.　ゴスワミ，U.（岩男卓実・上淵寿・古池若葉・富山尚子・中島信子　訳）　2003　子どもの認知発達　新曜社

Huttenlocher, J., Hedges, L. V., & Prohaska, V. 1988 Hierarchical organization in ordered domains: Estimating the dates of events. *Psychological Review*, 95, 471-484.

Mandler, J. M. 1984 *Stories, scripts, and scenes: Aspect of schma theory*. Hillsdale, NJ: Lawrence Erlbaum Associates.

丸山真名美　2004　幼児期から児童期にかけての時間処理能力の発達：生活時間構造の階層性の発達との関連　認知心理学研究, 1, 35‐43.

丸山真名美　2005　児童期前半における生活時間構造の階層化と時間処理方略の発達　発達心理学研究, 16, 175‐184.

Miller, G. A., & Johnson-Laird, P. N. 1976 *Language and perception*. Cambridge, MA: Harvard University Press.

Rosch, E. 1978 Principles of categorization. In E. Rosch, & B. B. Lloyd (Eds.), *Cognition and categorization*, Hillsdale, N J: Lawlence Erlbaum Associates.

Schank, R. C., & Abelson, R. 1977 *Scripts, plans, goals and understanding*. Hillsdale, NJ: Lawrence Erlbaum Associates.

渡辺はま・川口潤　2000　予定の記憶における時間的特性　心理学研究, 12, 323-335.

第9章 数概念の発達

❀本章のねらい

みなさんは"算数"好きでしたか。「算数は好きだったけど数学は嫌い」、という人もいるかもしれないですね。ではいつ頃からモノを数えたり、カレンダーを見て日にちがわかったりしたのか、覚えていますか。そもそもこのような"数の理解"って何でしょうか。

本章では幼児期の子どもたちの数量の感覚や、数量概念の発達について紹介します。具体的で文脈がある場合の数の理解と、抽象的な数としての理解の違いについて、発達的な視点から述べていきます。とくに幼児期の子どもたち特有の数量の感覚とはどのようなものなのか、そして、遊びの経験の中での数量の感覚を育むことが、児童期以降の算数教育とどのようにつながっていくのか、考えていきたいと思います。

●予習アクティビティー

1. 「私のおにぎりのほうが大きい」「高いお山に登ったんだよ」「いっぱいお菓子が欲しい」「ゆっくり歩こう」「もっと遊びたい」ということばの中で、数量の理解に関係することばは、どれでしょう。
2. ある年中さんの男の子（5歳）が、オレンジジュースを作ったと言って、色水が入ったコップを持ってきてくれました。私が「おいしいね」といって飲むふりをしたあと、彼は「甘いでしょ。だって、砂糖77個、入っているもん」と教えてくれました（もちろん、砂糖は入っていません）。この発話から読みとれる数量の感覚とはどのようなものでしょうか。考えてみましょう。

1 数概念って何？：数概念の理論

① 数概念とは

　みなさん、目をつぶって「3」をイメージしてください。何が思い浮かびましたか。数字の「3」、人差し指、中指、薬指を立てた様子、「三」という文字、あるいは「みっつ」のリンゴなど、いろいろなものが浮かぶと思います。ここにあげたものは、もちろんすべて「3」です。しかし、このような数の理解はとても抽象的な理解なのです。たとえば、みっつのリンゴは「3」と把握できても、おはじきの「3」はよくわからない、ということは、幼い子どもではよくみられることなのです。リンゴでも、机でも、指でも対象が変わっても「3は3」という理解は、実はとても難しいことなのです。このような理解を多くの子どもは自然に身につけていくのかもしれません。しかし数が苦手な子どもにとっては、そのハードルは高いもののようです。

　畑村（2007）は、数とは物事の数量的な属性を記述するもので、「種類」「狭い意味での数」「単位」を構成要素として、「数を作る」という動作を含む概念である、と定義しています。つまり**資料9－1**に示すように、そのものの種類としての、たとえば"りんご"、狭い意味での数として"3"、単位として"個"というように、「りんご、3、個」と全部がそろって初めて数であると定義しています。その場合、ただの「3」や、種類がわからない「3個」、「りんご3」という意味がないものは、数ではないとしています。さらに、「りんご、3、個」という数を作り出すことも重要であると述べています。

　カミィ（Kamii, 1985/2000）は、シンボルとサインによる数の表象について**資料9－2**のように説明しています。図では、"はち"という観念を表象できるようになるということは、子どもなりのシンボルを創り出したり受け入れたりすることができるようになり、話しことばとしての"ハチ"や書きことばとしての数詞の"8"も理解できるようになることを示しています。

算数教育では一般的に具体的なものの操作から半具体的なもの（たとえばタイルやおはじき、あるいは絵によって描かれたもの）、そして抽象的な数詞へと理解していくとされています。しかしカミィはそうではなく、いったん"はち"という観念が一度構成されると、何を教えられなくても、シンボルを創り出したり受け入れたりすることができるようになることを示しています。

　ということは、**資料9-3**のような（小学1年生の教科書によくみられる）絵が描いてあって、それがいくつあるかを問うような問題は、子どもの発達にそぐわない、と批判しています（Kamii, 1985/2000）。

② 数概念の獲得

　このような数は、どのように獲得されていくのでしょうか。

　幼児期から児童期の数概念の発達に関して、ピアジェとシェミンスカ（Piaget & Szeminska, 1941/1962）は「保存（conservation）」という概念によって説明しています（**資料9-4**）。保存とは、見かけの長さや密度にかかわらず、加えたり引いたりしていない対象物は同じ数であることを理解することです。たとえば、6つのオハジキを上下2列に並べるとしましょう。このとき、それぞれのオハジキは1対1に対応づけられています。子どもに2列のオハジキの数が同じかどうか確認した後、一方の列のオハジキの間隔を広げます（あるいは縮めます）。再度、子どもに2列のオハジキの数が同じかどうかを問います。このような一連の手続きを保存課題といいますが、列の長さが同じであれば数も同じという段階から、一方の列のオハジキが縮められたり広げられたりしても、数は他方の列と同じだけあるということを子どもたちはだんだん理解していくとピアジェたちは述べています。

　その後、このような数の保存に関しては様々な追試が行われています。たとえばマックガリグルとドナルドソン（McGarrigle & Donaldson, 1975）は、上記のような数の保存実験の場面で、実験者ではなく「いたずら好きな熊」が列の幅を変えると、ピアジェが想定していたよりも、より年少の子どもでも保存について正しく理解できることを明らかにしました。

　またゲルマン（Gelman, 1972）は、「多い」「少ない」ということばを用いるかわりに、「勝ち」「負け」ということばを使用する「手品（magic）

Chapter 9 数概念の発達

資料9-1 数とはどのようなものか

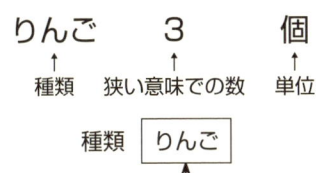

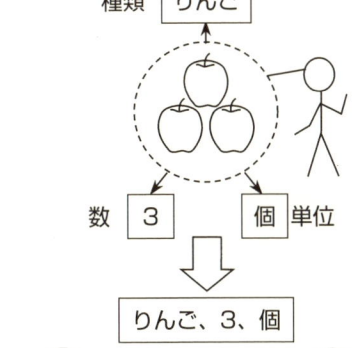

りんご　3　個
↓　↓　↓
種類　狭い意味での数　単位

種類 → りんご
数 → 3　個 ← 単位

→ りんご、3、個

数で表出するから伝わる、共有できる

(畑村, 2007)

資料9-2 ピアジェ理論における"はち"の表象

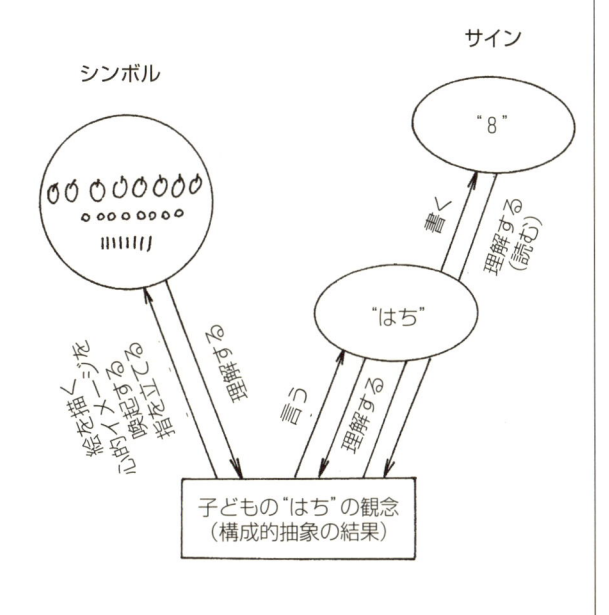

シンボル / サイン "8"

"はち"

子どもの"はち"の観念
(構成的抽象の結果)

（絵を描く／心的イメージを喚起する／言う／理解する／書く／理解する（読む））

(Kamii, 2000)

資料9-3 算数の問題集に使用されている典型的な絵（問題）

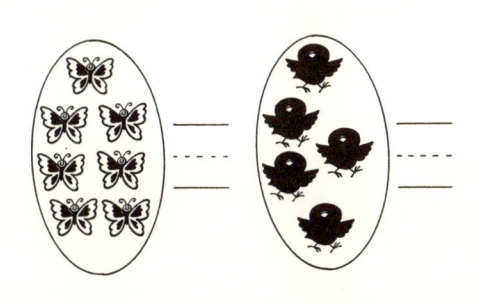

(Kamii, 1985)

資料9-4 数の保存課題

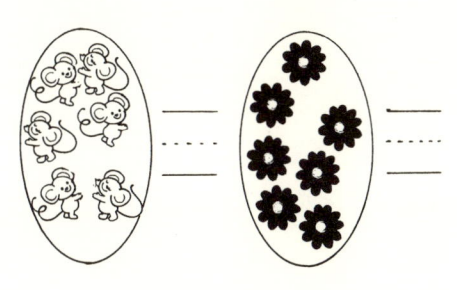

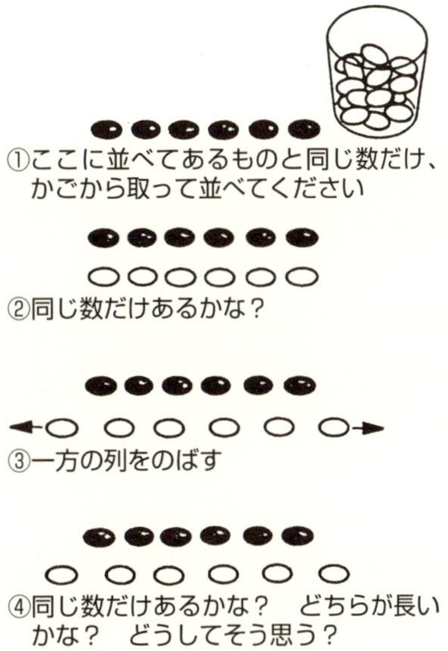

① ここに並べてあるものと同じ数だけ、かごから取って並べてください

② 同じ数だけあるかな？

③ 一方の列をのばす

④ 同じ数だけあるかな？　どちらが長いかな？　どうしてそう思う？

(Bjorklund, 2000; 山名, 2004より引用)

137

実験」において幼児期の数概念を検討しています。彼女は、一連の実験の結果、「勝ち」「負け」というようなことばを使用すると、2歳ぐらいの年少の子どもでも数の保存が成立することを明らかにしました。またピアジェがあまり重視していなかった「数えること（計数：counting）」も重要であることを示し、計数には以下のような5つの原理、①1対1の原理（対象物一つに対して一つの数を割り当てること）、②安定順序の原理（並んでいる対象物に対応させて使う標識が安定した（繰り返した）順序で配列されること）、③基数の原理（ある対象を数えたとき、最後の数がその集合の大きさを示すこと）、④抽象化の原理（数える対象がなんであろうと、たとえば机でもみかんでも、①から③の原理が適用できること）、⑤順序無関連の原理（数える順序は関係ない、たとえば右から数えても左から数えても同じであるということ）があることも明らかにしました（Gelman & Galistel, 1978/1988）。

　ただし、このゲルマンの実験に関しては、日下（1993）が以下のような指摘をしています。保存とは、知覚的変形（数の保存の場合には、要素の位置移動）によって生じた認知的な攪乱を乗り越えて、そこに量が不変なままであることを認識する能力であるにもかかわらず、子どもの目の前で変形の操作をしていないことから、認知的攪乱を生じさせていないので、ピアジェのいう保存とは異なる、数に関する別の側面を議論しているのではないだろうかと述べています。この点については、たしかに検討が必要かもしれません。

　ところで最近では、従来は指摘されていなかった乳幼児期の子どもの有能さについての研究が、様々な認知発達の中で論じられています。たとえば数概念については、ウィン（Wynn, 1992）が、簡単なたし算やひき算に関しても馴化法（1章参照）を用いた実験によって、生後5ヵ月の乳児でも小さい数の簡単なたし算やひき算の結果が正しいかどうかを区別することができることを示唆しています（資料9-5）。

　また天岩（1997）は、幼児を対象に、自由遊び場面における数表現について調べ、3歳児であっても、自分の考えや意志を適切な数表現を用いて相手に伝え、受け手の幼児もそれを充分に理解していることを明らかにしました。

　しかし、ウィンのような生得説に依拠した実験や、3歳であっても適切な数表現を用いることができるということは、数概念の発達においてどの

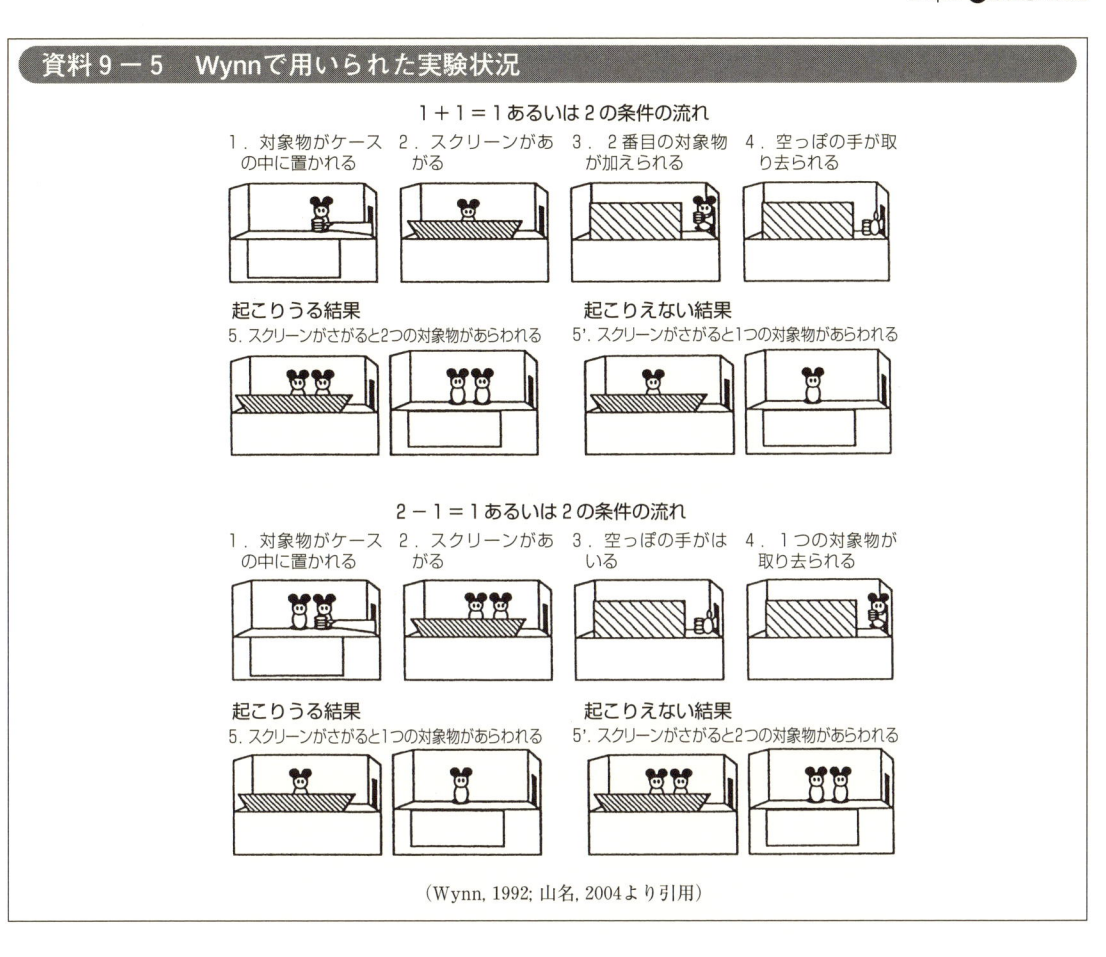

資料9-5　Wynnで用いられた実験状況

1＋1＝1あるいは2の条件の流れ

1. 対象物がケースの中に置かれる
2. スクリーンがあがる
3. 2番目の対象物が加えられる
4. 空っぽの手が取り去られる

起こりうる結果
5. スクリーンがさがると2つの対象物があらわれる

起こりえない結果
5'. スクリーンがさがると1つの対象物があらわれる

2－1＝1あるいは2の条件の流れ

1. 対象物がケースの中に置かれる
2. スクリーンがあがる
3. 空っぽの手がはいる
4. 1つの対象物が取り去られる

起こりうる結果
5. スクリーンがさがると1つの対象物があらわれる

起こりえない結果
5'. スクリーンがさがると2つの対象物があらわれる

(Wynn, 1992; 山名, 2004より引用)

ようなことを示しているのでしょうか。乳幼児期特有の、数に関する活動や経験が、どのようにそれ以降の数概念の発達と結びついていくのでしょうか。数概念の発達は、様々な面から検討していく必要があるのではないでしょうか。

2　数概念の発達と乳幼児教育

① 遊びの中ではぐくまれる数量の感覚

　子どもたちは、日常の遊びの中で、様々な数量の体験を重ねています。たとえば積み木の数を数えたり、長さや大きさを比べたりするなかで、数量の感覚を身につけていきます。

このような活動や体験を通して獲得する数量に関する知識のことを、インフォーマル算数（informal mathematics）の知識といいます。この知識は小学校で習うような、数記号を使う正式で公式的な算数の知識のことをフォーマル算数の知識というのに対して区別されます（丸山・無藤,1997）。

子どもたちは就学前にも（そして就学後にも）、学校外での日々の活動を通して教科内容に関連する知識を獲得していきます（藤村,1997）が、そのような非公式的・非形式的に獲得したインフォーマルな知識は、しばしば断片的・非体系的であり、フォーマルな知識と矛盾することも少なくありません（Bruer, 1993/1997）。

それでは、インフォーマルな知識は必要ないもの、あるいは、その後の学習において邪魔になるようなものでしょうか。

幼稚園教育要領解説（文部省,1999）の「環境」の中でも、数量に対する感覚を豊かにするためのねらいとして、以下のように述べられています。

> 幼児を取り巻く生活には、物については当然だが、数量や文字についても、幼児がそれらに触れ、理解する手がかりが豊富に存在する。それについてたんに正確な知識を獲得することのみを目的とするのではなく、環境の中でそれぞれがある働きをしていることについて実感できるようにすることが大切である（p.93）。

また同様に上記のねらいに対する内容として、

> 数量や図形についての知識だけをたんに教えるのではなく、生活の中で幼児が必要感を感じて数えたり、量を比べたり、様々な形を組み合わせて遊んだり、積木やボールなどの様々な立体に触れたりするなど、多様な体験を積み重ねながら数量や図形等に関心をもつようにすることが大切である（p.100）。

と、述べられています。つまり、幼児期における具体的な生活の中、遊びの中での体験や活動は、その後の学習において必要なものなのです。むしろインフォーマル算数の知識の土台として、とくに数量の豊かな体験や活動は望ましいのです。

では、具体的に子どもたちはどのようなことを生活の中で学んでいるのでしょうか。著者が観察に行ったときに見られた事例から、少しお話をしたいと思います。

❶ 高さの感覚

事例1（**資料9-6**）は、同じクラスの年長組の女の子3人が、お店屋さんごっこをしようとしていたときの会話です。お店屋さんごっこをしよう、と集まった3人ですが、なみが「4階でする」と言いだしたところから、それぞれのお店を何階でするのかということに話が移っていきました。著者のイメージもそうですが、実際に様々な幼稚園や保育所で大人が主導しながら行われているお店屋さんは、1階建ての平屋（もしくは屋台）という設定が多いです。しかし、はるなが「そうね、何階でするか決めなきゃ」というように、子どもたちの中では、比較的容易にイメージがつながる感じでした。少し考えてみると、たしかにデパートやショッピングモールなどは、1階建てではない場合のほうが多いかもしれません。

しかし、さすがに「40階」ともなると、はるなが「そんな高いのはないよ」と反論したくなる気持ちもわかりますよね。そのときは、お店屋さんとしてではなく、「マンション」や「公団」という住居としての高さになっています。でもやはり「30階まで」という制約のもと、お店屋さんの準備を彼女たちは続けています。

フューソン（Fuson, 1992）は数唱を用いたたし算の段階モデルを提案

資料9-6　【事例1　何階のお店？】

年長児のお部屋でのこと。女の子3人がお店屋さんごっこをしようと、準備をしている。

はるな「お店ごっこしようよ。私、おだんごやさん」
なみ「私○○（聞き取り不能）やさん」
ゆな「私も、一緒にしよう」
なみ「私4階でする」
はるな「そうね、何階でするか決めなきゃ」
ゆな「私40階」
はるな「そんな高いのはないよ」
ゆな「あるもん、マンションじゃないの？」とゆなも不満そうに反論。
はるな「違うよ、公団」
そのとき、なみが
なみ「何階までか決めたら？」
はるな「そうね、じゃあ30階までにしよう」
ゆな「32階にする」
なみ「30階までだよ」
はるな「そうだよ」
なみ「（32階は）30階より上だよ」
はるな「そうだよ」
ゆな「じゃあ、29階にするよ」
はるな「いいよ」
（はるな、うん？というような顔をしている）

（山名, 2007）

しています。たとえば、第１段階から第２段階への移行を、「１、２、３……」と数えることしかできない段階から、「４の次は何？」という質問に答えられるようになる段階として示しています（**資料９－７**）。このような数唱の分割ができるようになると、簡単なたし算ができるようになります。そして数詞を記憶に保持できるようになり、数を理解する段階になるとしています。事例１では、はるなが「30階までにしよう」と提案したにもかかわらず、ゆなは「32階にする」と応えています。それを聞いてはるなもなみも「32階は30階より上である」から、何階にするのかもう少し考えて、ということをゆなに問いかけます。するとゆなは「29階」という「30階」より１階低いところを言います。それではるなは納得するのです。

この事例にでてくる子どもたちは、数唱ができる段階は過ぎているように思われます。しかし幼児期の子どもには大きな数である「30」というものを比べたり、あるいは、「30より１つ前の数は？」という問いを、頭の中で行うことは大変な思考の過程なのかもしれません。

このような友だちとの会話を通して、子どもたちは様々なイメージを共有していきます。そしてその共有するひとつとして、数量の感覚というものが位置づけられているのかもしれません。またその過程はおそらく直線的ではなく、必ずしも最初から共有できている場合だけではありません。大人はその過程がわからないと、ともすれば間違った教育的な介入を行って、子どもに正しい答えを教えてしまうかもしれません。しかし、このような会話を追っていくと、それが子どもにとっては大きなお世話になる可能性も出てくることがおわかりだと思います。子どもたちは子どもたちなりに折り合いをつけながら、そして楽しみながら場やイメージを共有しているものなのです。

❷距離の感覚

ある幼稚園に見学にいったときのことです。年中児（４歳）の女の子、まきが遊戯室に一人でいました（事例２、**資料９－８**）。

まきは「ハワイに行きたい人」と遊びに筆者を誘ってくれました。そのとき、幼稚園とハワイとの距離を自分の身体を使って表してくれたのです。自分の左手の甲の真ん中が幼稚園だとすると、そこから数メートル離れた柱がハワイというように、日本とハワイの距離を、自分の手の甲の一点と柱までの距離というような縮尺で示しています。また今度は幼稚園から自

資料9-7　数唱の段階モデル

レベルⅠ
（第1段階）

$4 + 3 \rightarrow 7$

レベルⅡ
（第2段階）

$4 + 3 \rightarrow 7$

①②③④ ⑤⑥⑦→7
(3)
$4 + 3 \rightarrow 7$

レベルⅢ
（第3段階）

$8 + 6 \rightarrow 14$

レベルⅣ
（第4段階）

⑦+⑥=⑫•①=⑬
⑥+⑥
$7 + 6 = 13$

⑧+⑤=③•②•③•⑩•③
⑩
$8 + 5 = 13$

(Fuson, 1992; 栗山, 1995より引用)

資料9-8　【事例2　ハワイまで】

ある幼稚園に見学にいったときのことです。年中児（4歳）の女の子、まきが遊戯室に一人でいました。

まき「ハワイ行く人この指とまれ」
著者「（思わず）ハワイ、連れて行ってくれるの？　本当に？」
まき「ここが幼稚園だとするとね」と言いながら、自分の左手の甲の真ん中を指さし「ハワイはもーと、もーと、もーと遠いの」と言って、幼稚園の遊戯室の柱のほうに少し走って行き、柱の表面を触る。
まき「まきのおうちは、こういって、こういって、こう」（柱の表面を指でジグザグに動かしながら）「近くに、オレンジのヒャッキン（百円均一の店）があるよ。でもちょっと遠いの」
著者「ハワイより遠い？」
まき「うん」
著者「お家よりは？」
まき「ちょっと遠い」と言いながら「（右の小指だけをたてて）これぐらい」と小指分を指す。

分の家までの距離を示したり、間接的に幼稚園、自分の家、ハワイの距離関係を表したりしています。

　もちろん、この縮尺が正しいものではありません。しかし自分の場所を起点として、どれだけ遠いのか、どれだけ近いのかという感覚を、生活の中で身につけておくことは必要なことかもしれません。

　幼児期での数量感覚というものは、絶対的な尺度があるわけではありません。自分の身体や自分の周りのものを基準にして、自分なりに感覚をつかんでいくことのほうが、むしろ多いかもしれません。この時期に大切なのは、豊かな数量の感覚を遊びの中で身につけていくことであって、そしてそれは具体的な文脈の中で、いろいろな経験や遊びの活動、会話などを通して、感じとっていくものかもしれません。ましてや大人の基準から考えるような、答えが正解、間違いというような二分法でくくられるようなものではないのかもしれません。

❸ 曜日の感覚

　私たち大人が考える以上に、子どもが獲得することが難しい数概念のひとつに、曜日の感覚があります。「今日」「〇月△日」ということばや「昨日」「明日」「あさって」ということばも非常に抽象的です。この曜日の理解には、序数（cardinal number）の理解が必要になってきます。この序数とは、そのユニットの中の数を順序で表す数のことで、それに対して、基数（ordinal number）とは最後の数がそのユニットを表す数というものです。日本語ではあまり意識して区別しながら使われていない概念ですが、英語では「1」を「one」、「1番目の、第1の」を「first」というように基数と序数を明確に区別して使用します。

　事例3（**資料9－9**）は、幼稚園に朝、登園したときに、出席帳にシールを貼る年中児のももえの様子を示したものです。登園したその日にシールを貼るという活動ですが、その際、「今日はどこ？」という会話がよく聞かれます。単純に考えれば、「昨日」も幼稚園に来ていればシールを貼っているわけですから、その次にシールを貼ればいいわけです。しかし、多くの子どもたちは、「今日はどこか」を確認しながら貼っています。また、ももえのように幼稚園が大好きな子どもは、幼稚園に来る日と来ない日も確認しながらシールを貼っていることもしばしばです。

　以上のように3つの事例をみてきましたが、幼児期の子どもたち特有の

Chapter ❾ 数概念の発達

数概念の感覚というものが、少しはおわかりいただけたのではないでしょうか。ところで榊原（2002, 2006）は、保育活動を観察し、幼児の数的な活動をまとめています。さらに幼児の数的な活動を支援する保育者たちのかかわりは、数的な学習を目的とはしない、かつ意識していないものであることを示唆しています。つまり保育者たちの、いわゆる「埋め込み型」の支援が日本では効果的に機能していることを明らかにしています。つまり、幼児期には、ワークブックでの学習や、小学校でみられるような算数の授業、という形をとらなくても、日常の遊びの中で十分に子どもたちは数的な活動を行っており、保育者もまたそれを援助していることが、日本での幼児教育の特徴であることを論じています。

② 社会や文化の中での数

さて話は変わりますが、海外に行って不自由に思うことは何でしょうか。もちろん、言語や生活様式は違うのですが、予想外に難しく感じることが「数の聞き取り」です。たとえば英語圏の多くの国では、「25セント」硬貨があります。「1ドルの1/4」という概念はあるのですが、日本にはそのようなお金がないので、とっさに出すことができません。さらに「a quarter」と言われると何セントかわからなくなるときも、少なくありま

資料9－9　【事例3　今日はどこ？】

朝、幼稚園にくると、お着替えをしたあと、出席帳にシールを貼る。シールが置いてある台の前には、出席帳を大きくしたものが壁に貼られていて、"今日"のシールを貼る場所がわかりやすいように、マグネットになっている（その他のところは、シールが貼られている）。

ももえ「ねえ、どこに貼るの？」
著者「ここだよ（と、今日貼るところを指す）」
ももえ「ここは？ここ？ここ？」（と、その横の空欄のところを順々に指さしていく）
著者「うん、ここだけ来るの？」
ももえ「うん、後はおやすみだって。全部、おやすみがいい？」
ももえ「うん？」
著者「ずっとずっと、おやすみがいい？」
ももえ「おやすみのときだけ、おやすみがいい」

せん。「quarter」や「half」など「1/4」や「1/2」のような分数の概念が、日常生活で用いる数詞に反映されています。このような文化を、分数文化（銀林, 1988；内林, 1999）といいます。日本では分数の概念より、「3割9分」など小数が反映されている場合が多いので、小数文化（銀林, 1988；内林, 1999）と呼ばれています。

　自分の文化では、お金や時間など「空気のようになっている数（銀林, 1988）」でも、一歩外に出ると、何気なく使っていた数詞が聞きとれなかったり、わからないことに戸惑ったりします。しかし同一の文化の中でも、「学校」という特殊な空間では、一種の異なる文化が存在します。また、ある状況や文脈に依存する数の認知（Lave & Wenger, 1991）においても、普段とは、異なる認知がはたらく可能性があります。

　計算に関係するアルゴリズムの理解などは、学校での学習によるところが多いですが、計算を習っていない就学前の子どもでもその基となる知識があることがわかっています（藤村, 1997）。たとえば就学前に獲得される計数は初歩のたし算やひき算の基礎となっています（Gelman & Gallistel, 1978; Fuson, 1990; 吉田, 1991）。またブラジルなどの「ストリートチルドレン」に代表されるような、学校に通っていない子どもたちでも、自分の生活に近い文脈では正確な計算を行っていることがわかっています（Lave & Wenger, 1991）。

　学校で習う算数が特殊なのは、「必ずその方法で」「正確な答えをだす」ことにあります。さらに、算数の特徴として、「書くこと」があげられます。計算をするときは、学校ではふつう、紙と鉛筆を使いますが、日常での計算では、それらを常に持ち歩いているわけではないので、簡便で、かつ、できるだけ正確な計算方法を身につけていると思います。これは私たちが異文化に触れたときに理解できなくなるように、「話しことば」と「書きことば」としての理解の違いにあります（Nunes & Bryant, 1996）。

　しかし日常で使う計算を、学校で学習すればうまくいくのかというとそうでもありません。おそらく必要性や利便性を子ども自身が感じ取らなければ、そのような計算方法に意味がなくなってくるのだと思います。

③ 具体的な文脈と抽象的な世界

　それではそのような具体的な文脈における認知と、抽象的な世界での認

Chapter 9 数概念の発達

知はどのような違いがあるのでしょうか。

著者が家庭教師をしていた頃、ある4年生の女の子（みか）が、次のような文章題を行うときに悩んでいました。「りんご4個を買って、800円払いました。りんご1個分の値段はいくらでしょう。」みなさんは解けますか。みかは長い間、考えています。このような比較的簡単な問題はできる子なので、「どうしたの？」と思わず聞いてしまいました。そうするとみかは、おもむろに「先生、りんご1個200円って高くない？」と聞いてきたのです。式も答えも頭の中でわかっているにもかかわらず、「1個200円

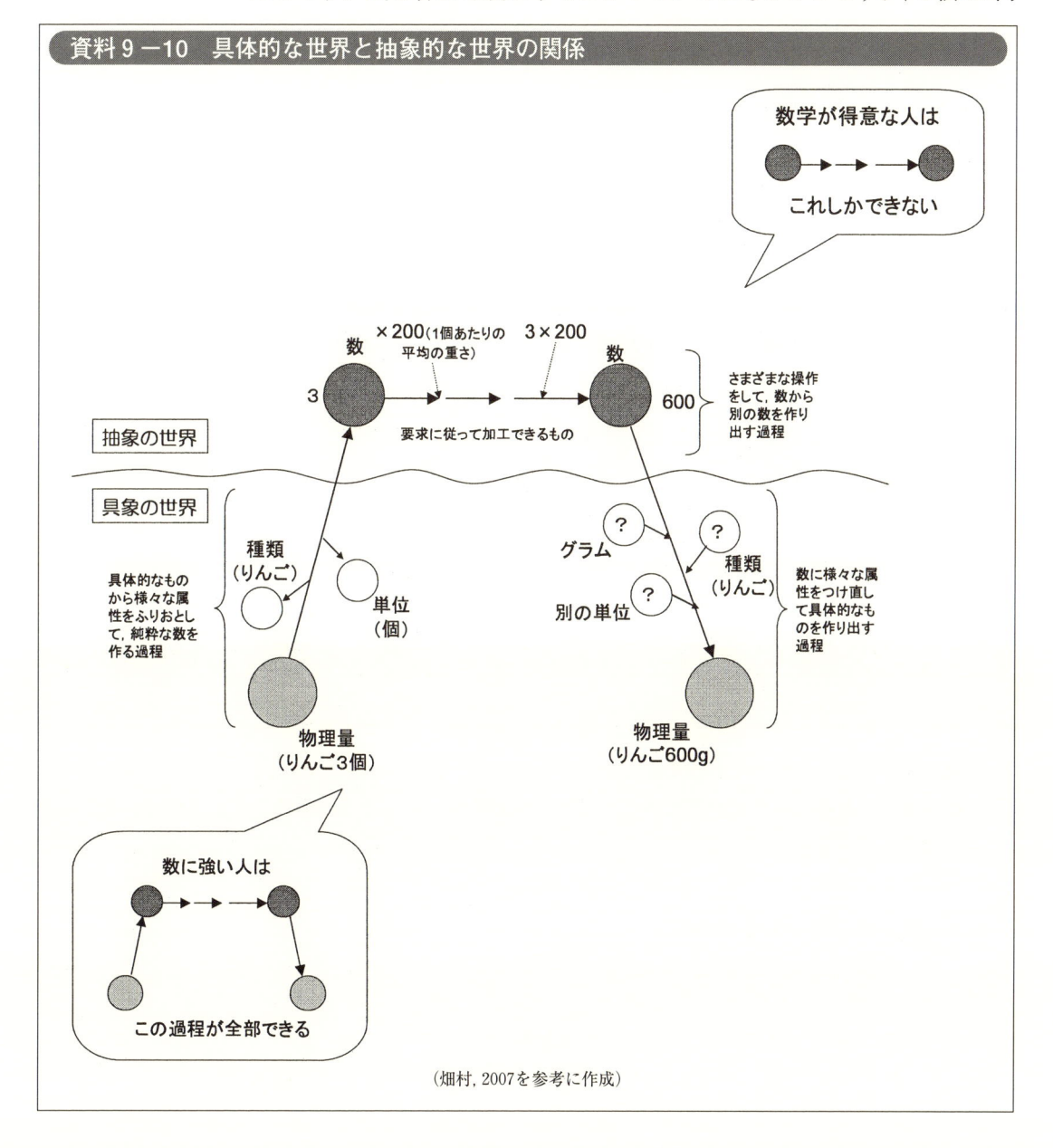

資料9-10　具体的な世界と抽象的な世界の関係

数学が得意な人は
●▶▶▶●
これしかできない

抽象の世界

数 3 ×200（1個あたりの平均の重さ） 3×200 数 600
要求に従って加工できるもの
さまざまな操作をして、数から別の数を作り出す過程

具象の世界

具体的なものから様々な属性をふりおとして、純粋な数を作る過程

種類（りんご）　単位（個）

物理量（りんご3個）

グラム　？　？　種類（りんご）
？　別の単位

数に様々な属性をつけ直して具体的なものを作り出す過程

物理量（りんご600g）

数に強い人は
●▶▶▶●
↑　　↓
●　　●
この過程が全部できる

（畑村, 2007を参考に作成）

のりんごの値段の高さ」を考えたがために、答えを書けずにいたのです。

このように一見、算数の問題を解くことに時間がかかる子どもの中には、自分の生活している世界、つまり具体的で文脈が豊富にある世界の中でものごとを考えようとすると、解けない場合があります。かといって、抽象的な理解ができないままでは、おそらく今の学校社会の中では、いろいろな難しい問題がでてくるかもしれません。

畑村（2007）は**資料9-10**のように、具体的な世界と抽象的な世界の関係を描いています。「数に強い人」は、具体的な世界から抽象的な世界へいき、そしてまた具体的な世界に戻ってものごとを考えられる人であると述べています。「数学に強い人」は具体的な世界でものごとをあまり考えずに、抽象的な数の操作ができる人であると述べています。

本章では、幼児期の子どもの様子を中心に述べてきましたが、そこでの子どもたちは、日常の中での、つまり具体的な文脈での子どもの様子です。このような具体的な活動や経験がどのように抽象的な世界とつながっていくのかは、まだまだ研究の余地が残っています。しかし少なくとも、抽象的な世界、つまり数の操作だけを幼児期に行うだけでは、不十分であると考えられています。大人からするとよくわからない子どものことばや活動の背景にも、子どもなりに獲得している数量の感覚が豊かにはぐくまれているのではないでしょうか。

●復習アクティビティー

1. 年少児、年中児、年長児の子どもたち特有の数量感覚にはどのようなものがあるでしょうか。幼稚園や保育園で子どもたちを観察してみましょう。
2. 観察された数量感覚にかかわる遊びが、その後の学習にどのように影響してくるのか、友だち同士で話し合ってみましょう。

もっと深く学びたい人のために

安野光雅　1982　はじめてであう すうがくの絵本　福音館書店

畑村洋太郎　2007　数につよくなる　岩波新書

吉田甫・多鹿秀継（編）　1995　認知心理学からみた数の理解　北大路書房

引用文献

天岩靜子　1997　自由遊びの中で幼児が用いる数表現　信州大学教育学部紀要，92，77-85．

Bruner, J. T. 1993 *School for thought: A science of learning in the classroom.* Cambridge, MA: MIT Press. ブルーナー，J. T.（松田文子・森敏昭　監訳）1997　授業が変わる－認知心理学と教育実践が手を結ぶとき－　北大路書房

藤村宣之　1997　児童の数学的概念の理解に関する発達的研究　風間書房

Fuson, K. C. 1992 Research on learning and teaching addition and subtraction of whole numbers. In G. Leinhardt, R. Patnam, & R. A. Hattrup (Eds.), *Analysis of arithmetic for mathematics teaching.* Hillsdale, NJ: Lawrence Erlbaum Associates, 53-187.

Gelman, R. 1972 Logical capacity of very young children: Number invarience rules. *Child Development*, 43, 75-90.

Gelman, R., & Gallistel, C. R.　1978　*The Child's Uuderstanding of Number.* Cambridge, MA: Harvard University. Press.　ゲルマン，R & ガリステル，C. R.（小林芳郎・中島実　訳）　1988　数の発達心理学　田研出版

銀林浩　1988　文化としての算数・数学教育　明治図書

畑村洋太郎　2007　数につよくなる　岩波新書

日下正一　1993　認知心理学的発達観に組み込まれたR. Gelman（1972）の実験の批判的検討　心理科学，15，22-45．

Lave, J., & Wenger, E. 1991 *Situated learning : Legitimate peripheral participation.* New York: Cambridge University Press.　レイヴ，J.・ウェンガー，E.（佐伯胖　訳）　1993　状況に埋め込まれた学習－正統的周辺参加－　産業図書

Kamii, C. 1985 *Young children reinvent arithmetic.* Teachers College, Columbia University.

Kamii, C. 2000 *Young children reinvent arithmetic-second edition-.* Teachers College, Columbia University.

栗山和広　1995　数概念　吉田甫・多鹿秀継（編）　認知心理学からみた数の理解　北大路書房

丸山良平・無藤隆　1997　幼児のインフォーマル算数について　発達心理学研究，8，98-110．

McGarrigle, J., & Donaldson, M.　1975 Conservation accidents. *Cognition*, 3, 341-350.

文部省　1999　幼稚園教育要領解説　フレーベル館

Nunes, T., & Bryant, P.　1996　*Children doing mathematics.* Oxford: Blackwell.

Piaget, J., & Szeminska, A.　1941　*La genèse du nomber chez l'enfant.* Delachaux et Niestlé　ピアジェ，J.・シェミンスカ，A.（遠山啓・銀林浩・滝沢武久　訳）1962　数の発達心理学　国土社

榊原知美　2002　保育活動における幼児の数量学習－幼稚園教師からの支援を通じて－　保育学研究，40，39-48．

榊原知美　2006　幼児の数的発達に対する幼稚園教師の支援と役割：保育活動の自然観察にもとづく検討　発達心理学研究，17，50-61．

内林政夫　1999　数の民族史　八坂書房

Wynn, K. 1992 Addition and subtraction by human infants. *Nature*, 358, 749-750.

山名裕子　2004　数概念　杉村伸一郎・坂田陽子（編）　実験で学ぶ発達心理学　ナカニシヤ出版　126-135．

山名裕子　2007　遊びの中における幼児の数量表現－観察事例からの検討－　発達・療育研究（京都国際社会福祉センター紀要），23，31-38．

吉田甫　1991　子どもは数をどのように理解しているのか　新曜社

第Ⅲ部

外的表象の理解
と
その使用

第10章 子どもとテレビ

🌸 本章のねらい

　テレビが私たちの生活の一部となって久しいですが（**資料10－1参照**）、今では携帯電話との一体化も進み、どこへでもテレビを持ち歩く時代となりました。私たちを惹きつけてはなさないテレビの魅力とは、いったい何なのでしょうか。一方で、乳児にテレビを見せると有意味言語の発現が遅くなるとか、社会性が乏しくなるなど、映像にさらされ続けることで起きる問題についても注目されています。はたしてテレビは子どもにとって良いのでしょうか悪いのでしょうか。この章では、まず、私たちにとってテレビとはどんな存在なのか、その魅力について考えます。次に、子どもたちのテレビ視聴に目を向け、その実態とテレビの影響についてのこれまでの研究を概観します。そして、実際に子どもが目の前にしているテレビ映像をどのように見ているのかを、最近の研究結果をもとに認知発達の視点からみます。最後に、子どもたちにどのようにテレビを見せればよいのか、また、私たち自身もどのようにテレビとつき合えばよいのかを考えます。

●予習アクティビティー

1．みなさんは一日に何時間テレビを見ていますか。また、どのような番組を見ていますか。みなさんにとってテレビとはどんな存在でしょうか。一言で言い表してみてください（例：友だち、情報源、空気……）。また、テレビの良い点、悪い点についても考えてみましょう。

2．子どもの頃は、テレビをどのように見ていたのでしょうか。テレビに映し出される世界をどのように考えていましたか。思い出して書き出してみましょう。

Chapter 10 子どもとテレビ

1　私たちにとってのテレビ

一人暮らしの人からよくこんなことを聞きます。まず、学校や仕事から帰ってくるとテレビをつける。そうすると寂しくないから、と。そこに本当に人がいるわけでもないのに、なんとなくがらんとした空間が埋まる感じがするのでしょうか。実際、テレビをつけると、そこには様々な視覚的

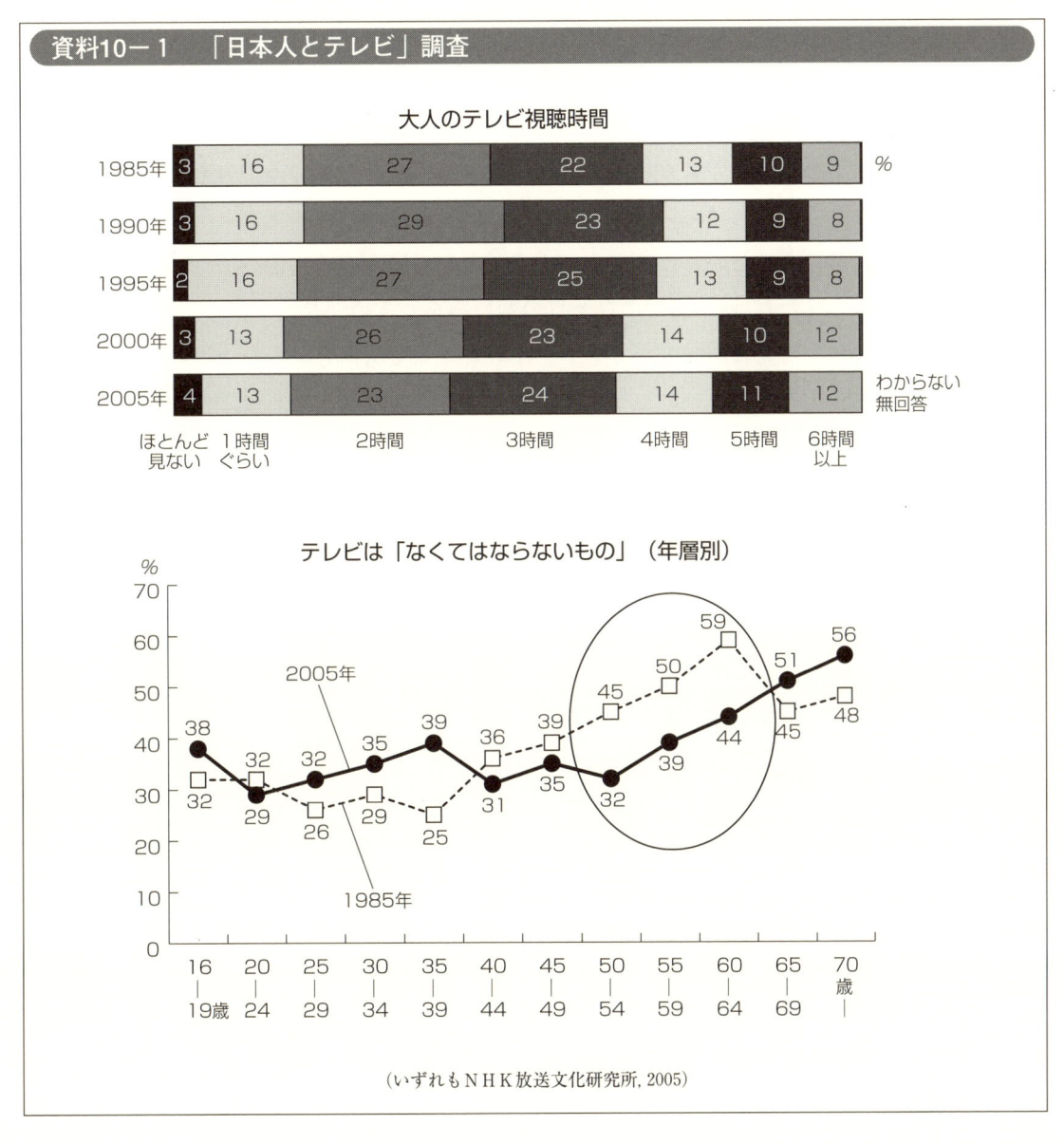

資料10-1　「日本人とテレビ」調査

大人のテレビ視聴時間

年	ほとんど見ない	1時間ぐらい	2時間	3時間	4時間	5時間	6時間以上	わからない無回答
1985年	3	16	27	22	13	10	9	
1990年	3	16	29	23	12	9	8	
1995年	2	16	27	25	13	9	8	
2000年	3	13	26	23	14	10	12	
2005年	4	13	23	24	14	11	12	

テレビは「なくてはならないもの」（年層別）

2005年／1985年

年齢	16-19歳	20-24	25-29	30-34	35-39	40-44	45-49	50-54	55-59	60-64	65-69	70歳-
2005年	38	29	32	35	39	31	35	32	39	44	51	56
1985年	32	29	26	29	25	36	39	45	50	59	45	48

（いずれもNHK放送文化研究所，2005）

153

世界が生まれ、聴覚的世界が部屋に広がります。どんなに自分が落ち込んでいるときだって、テレビの人物はそれにおかまいなく、面白い話をし、今日の出来事を伝え、いろいろな場所に案内してくれます。私たちの部屋は世界に繋がります。最高級のホテルのスィートルーム、アフリカのサバンナ、そしてチャンネルを変えると、今度は悲惨な戦場へと私たちを連れていきます。私たちはテレビの前に座って、それを眺め、笑ったり、感心したり、ときには泣いたりしています。世界の出来事は瞬時に私たちの元に届けられ、好むと好まざるとにかかわらず、私たちは知らず知らずのうちに様々な情報にさらされ続けているのです。

　また一方で、テレビは現実の世界だけを映しているわけではありません。ドラマやアニメなどは、私たちの心の世界で作り上げられたことが、映像に表現されています。私たちは誰かの想像の世界を、まるであたかも本当に起きている出来事を見るかのように眺め、泣いたり笑ったりしているのです。そのようなとき私たちは、いったんは自分という存在を離れ、主人公と一体化した状態になっているようです。主人公とともに、魔法の国への冒険の旅に心躍らせたり、南の島でのひと夏の恋に胸をときめかせたり、宇宙開発基地での危機に恐怖を感じたり……。小説を読んでも同じような経験はできますが、美しい色合いの風景や物語を盛り上げる音楽、それによってもたらされる臨場感や感動はテレビや映画独特のものでしょう。テレビは現実には絶対に体験できないことを、私たちに「体験」させてくれます。ただし、どんなにドラマにのめりこみ、現実に近い体験をしたとしても、私たちはその虚構の世界を現実と間違えることはありません。映像世界と現実世界を自由に行き来することができるのです。

　さて、このように私たちにとって、非常に身近で魅力的なテレビですが、子どもの頃はどのようにテレビを見ていたのでしょうか。次に、子どもとテレビにまつわる研究を概観してみましょう。

2　子どもの生活とテレビ

　まず初めに、子どもたちの生活にテレビがどれほどかかわっているのかをみてみましょう。

Chapter 10 子どもとテレビ

① 生活に溶け込むテレビ－子どものテレビ視聴の実態

　2002年にNHKが行った幼児（2歳から6歳まで）のテレビ視聴率調査によると、幼児のテレビ視聴時間は週平均1日あたりで2時間34分でした。テレビをよく見る時間帯は朝7時、8時台と夕方4時から夜8時30分頃までで、子ども番組がたくさん放送されている時間です。この時間帯は母親も食事の支度など、家事が忙しいので、テレビが子守の役割を果たしているようです。また、最近ではビデオの視聴時間も伸びていて、1日平均40分の視聴となっています。次に4歳から6歳の子どもに焦点を当てると、この年齢層の子どもたちは1日に2時間40分ほどテレビと接しているという結果でした。1990年の調査では2時間10分程度でしたから、比較すると視聴時間がかなり延びていることがわかります（白石, 2003）。しかし、この数字は注意してみなければいけない点もあります。それは、視聴時間とはいっても、子どもは必ずしもこの時間ずっとテレビだけに釘づけになっているわけではなく、ながら見をしていたり、同じ部屋でただテレビがついていただけ、という時間も含まれます。NHK放送文化研究所の2007年の調査報告によると、3歳児では、テレビだけに専念できる時間はせい

ぜい30分くらいです（資料10－2）。

② 子どもの心の発達にテレビの影響はあるか？

　このように長い時間テレビに接している子どもたちですが、テレビの視聴は子どもの心の発達にどのように影響しているのでしょうか。これまでのテレビと発達をめぐる話題に目を向けますと、大きく2つの問題が浮かび上がってきます。1つは、乳児期からのテレビ視聴がことばの遅れや社会性の欠如につながるという主張、もう1つはテレビの内容の問題ですが、暴力的な描写を見ることが、子どもの攻撃性を促進するという主張です。

＜乳児期からのテレビ視聴はことばの発達に影響するか？＞

　2004年日本小児科学会は、乳幼児のテレビ・ビデオの視聴は言語の発達に悪影響を及ぼすとして、とくに2歳前の子どもにはテレビ視聴を制限する提言を行いました（日本小児科学会, 2004）。根拠となっているのは生後17ヵ月から19ヵ月の子ども1,900人を対象にした調査結果で、テレビ視聴が4時間以上の子どもは4時間未満の子どもに比べて、意味のあることばの出現の遅れが約2倍であったというものです（片岡, 2002）。しかし、このような調査結果で注意しなければならないのは、因果関係の方向性です。この調査の結果からは長時間視聴とことばの発達に何らかの関連があることは認められますが、必ずしも長時間視聴が原因でことばの遅れが結果であるとは言い切れないのです。つまり、逆の方向性、長時間視聴はことばの遅れの結果、もしくはことばの遅れをもたらすほかの発達障害の結果であるとも考えられます。この問題は大きな論争を呼びました。その後、この結果を受けて行われた調査では、テレビの視聴時間と言語の発達には明確な関連は見出されませんでした（NHK放送文化研究所, 2007）。

＜テレビの暴力描写は子どもの攻撃性を促進するか？＞

　この問題については、テレビが私たちの生活に普及した頃から世界中で盛んに研究が行われてきました。どの国のテレビ番組の中でも暴力シーンが非常に多く使われていて、それを見た子どもの攻撃性が促進されるのではないか、という懸念を生んだのです。日本でも、ドラマの中で人気タレントがバタフライナイフを巧みに操るのを見た少年が、自分もバタフライ

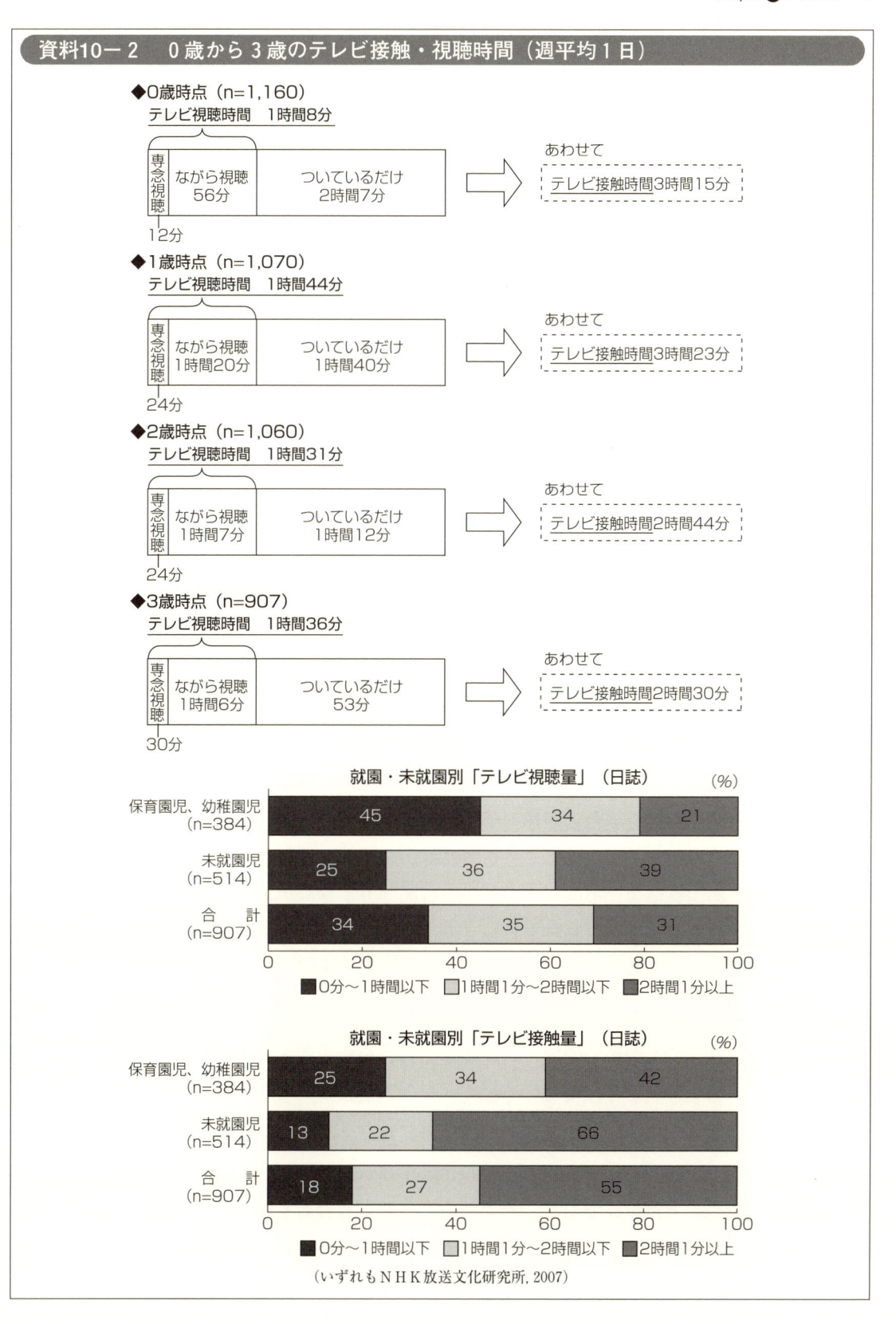

Chapter ⑩ 子どもとテレビ

資料10－2　０歳から３歳のテレビ接触・視聴時間（週平均１日）

◆０歳時点（n=1,160）
テレビ視聴時間　１時間８分

| 専念視聴 | ながら視聴 56分 | ついているだけ ２時間７分 |

12分

→ あわせて テレビ接触時間３時間15分

◆１歳時点（n=1,070）
テレビ視聴時間　１時間44分

| 専念視聴 | ながら視聴 １時間20分 | ついているだけ １時間40分 |

24分

→ あわせて テレビ接触時間３時間23分

◆２歳時点（n=1,060）
テレビ視聴時間　１時間31分

| 専念視聴 | ながら視聴 １時間７分 | ついているだけ １時間12分 |

24分

→ あわせて テレビ接触時間２時間44分

◆３歳時点（n=907）
テレビ視聴時間　１時間36分

| 専念視聴 | ながら視聴 １時間６分 | ついているだけ 53分 |

30分

→ あわせて テレビ接触時間２時間30分

就園・未就園別「テレビ視聴量」（日誌）　（％）

	0分～1時間以下	1時間1分～2時間以下	2時間1分以上
保育園児、幼稚園児（n=384）	45	34	21
未就園児（n=514）	25	36	39
合計（n=907）	34	35	31

就園・未就園別「テレビ接触量」（日誌）　（％）

	0分～1時間以下	1時間1分～2時間以下	2時間1分以上
保育園児、幼稚園児（n=384）	25	34	42
未就園児（n=514）	13	22	66
合計（n=907）	18	27	55

（いずれもＮＨＫ放送文化研究所, 2007）

ナイフを持ち歩き、結果的に殺人を犯してしまった、という事件が世間の注目を集めました。暴力描写を見ることと攻撃性の間には、何らかの関連があるのでしょうか。

　まず、実験室で行われてきた研究を紹介しましょう。代表的なものとしてバンデューラ（Bandura & Walters, 1963）の実験があります。**資料10－3**を見てください。同様の実験は数多く行われ、短期的には、暴力的な描写をテレビで見ると、それをまねた暴力的な行為が引き出されることが明らかになりました。しかし、このタイプの実験には以下のような問題点があります。①実験室という特殊な状況で見られる現象であること、②実験室で見られた攻撃性が持続する傾向であるのかどうかがわからないということ、③パンチング・ドールをたたいたり蹴ったりすることを、子どもの攻撃性の現われとみてよいのかということです。パンチング・ドール自体はそのような遊びをするためのおもちゃなのですから。

　この問題を解決すべく、実験室ではなく、自然状況での縦断的研究も数多く行われました。結論から言いますと、それらの研究からは一貫した結果は得られませんでした。多くの研究は、暴力的な描写を数多く見ることと攻撃性には何らかの関連があることを示唆していますが、どちらが原因でどちらが結果であるかは、やはり明らかにはされていないのです。たとえば、そもそも攻撃性の高い子どもは暴力的な番組を好んで見るということが考えられます。また、子どもだけの問題ではなく、親が暴力に対して肯定的で、暴力描写を好む場合、当然、子どもは暴力で解決することを学び、そのような描写を含む番組に多くさらされていることになります。米国心理学会はこの因果関係について、以下の主旨のことを述べています。

　「暴力描写の接触と攻撃的行動はプロセスが循環的である。暴力的な子どもは、仲間から受け入れられないために、長時間テレビを見ることになり、結果的に暴力描写に多くさらされる。そのような番組は、問題解決手段として暴力を描くことが多いので、自分の暴力行為を正当化することになり、さらに暴力を学ぶことになる。そして、そのことによりますます子どもは暴力的になり、仲間から疎まれ、その結果、再びテレビを見ることが多くなる」（American Psychological Association, 2003）。同心理学会は、この悪循環を断つことが重要であり、そのためには親も教育者も番組を作る側も暴力描写に対して敏感になって、対策を講じる必要性を説いています。

資料10−3　テレビは子どもたちを攻撃的にするか？

　まず、バンデューラら(Bandura & Walters,1963)の実験を紹介しましょう。彼らは直接的にテレビの効果を調べたわけではありませんが、人は、他の人が行っている行為を見るだけで、学習(観察学習)が成立することを示した研究で、行為のモデルとなったのはテレビに映し出された人でした。パンチング・ドールに攻撃的な行動をとっている大人の映像を見た子どもが、その後、おもちゃのたくさん置いてある部屋に連れて行かれ、どのような行動を取るかを観察したのです。すると、子どもは、先ほどテレビで見たパンチング・ドールを選び，映像の人物がそれに対して行っていた攻撃的行為をまねました。

(Bandura & Walters, 1963; Shaffer & Kipp, 2007より引用)

　実験室ではなく自然状況において、テレビの暴力描写の影響を調べた研究もあります。アメリカの子どもたちに非常に人気のある戦隊ヒーロー番組(Mighty Morphin Power Rangers)を教室で見せた後、教室内で攻撃的行動がどれほど現れるかを、時間当たりに換算して調べています。この番組を見た子ども(といっても男の子だけですが)は、見ていなかった子どもより、明らかに攻撃行動が多く見られました(Boyatzis, Matillo, & Nesbitt, 1995)。

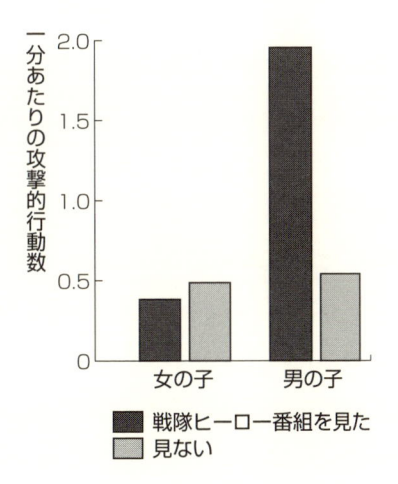

3 子どもはどのようにテレビを見ているのだろうか

　さてここで、根本的な問題に立ち返りたいと思います。私たち大人だけでなく、子どもも長時間テレビに接していることは上でも述べました。そして、長時間の視聴が子どもの心の発達に、何らかの影響があるのではないか、という問題意識にたった研究を紹介してきました。しかし、これらの研究に欠けているのは、実際にテレビを前にした子どもが、そこに展開される映像世界をどのように理解しているのか、どれほどのリアリティ感を感じているのか、といった視点です。テレビの影響を考えるならば、当然、そのことに目を向ける必要があるでしょう。

① 子どもは映像と現実を区別しているか？

　みなさんの子どもの頃のことを思い出してください。テレビに映る人や物をどのように理解していたでしょうか。
　テレビにまつわる逸話は数多くあります。たとえば、ある大学生は子どもの頃、テレビの中には実際に小さい人が入っていて、テレビの後ろから自分も入ることができると考えていました。みなさんにも覚えがないですか。また、2歳児が、テレビ映像でミルクの入ったコップが倒れるのを見て、慌ててタオルを取りに行った、という話もあります。村野井（1986）は、3歳では60％以上の子どもが映像の人物は現実の世界のことを見たり、聞いたりできると考えていることを報告しています。子どもは映像世界と現実世界を区別していないのでしょうか。
　このことを実験的に調べたのがフラベルたち（Flavell, et al, 1990）です。フラベルたちは、風船が映し出されたテレビ映像を3、4歳児に見せ、テレビのふた（テレビの上の部分を指して）を開けたら、中から風船が出てくるかどうかを尋ねました。すると、3歳児は「出てくる」と答えましたが、4歳児はちゃんと「出てこない」と答えることができました。このことから、フラベルたちは、4歳になれば現実世界と映像世界をだいたい区別できるようになると結論づけました。

ところが、これとは反する結果となった実験もあります。木村・加藤（2006）は、正面を向いて座っているお姉さんの上半身の映像を子どもに見せ、そのお姉さんが、フーっと息を吹いたら、テレビの前に置かれた紙人形が倒れると思うかどうかをたずねたところ、6歳でも倒れると答える子どもが多数いることを発見しました。また、逆の場合、テレビの中に紙人形の映像が映し出されていて、実験者がテレビに向かってフーっと息を吹いたら、テレビの中の紙人形はどうなるかをたずねたところ、やはり、多くの子どもたちが「倒れる」と答えたのです（資料10－4参照）。この

資料10－4　子どもは映像をどのように理解しているのだろうか？

木村・加藤（2006）は、幼児が映像世界と現実世界のつながりをどのように理解しているかを調べるために、テレビを使った実験を行いました。子どもには次のような質問をしています。

①「映像から現実へ」条件

お姉さんの上半身が映し出されたテレビの前に、クマの紙人形を置いて、「もし、このテレビの中のお姉さんがフーっと息を吹いたら、テレビの前のクマちゃんの紙人形はどうなるかな？」と尋ねました。

②「現実から映像へ」条件

テレビにクマの紙人形の映像を映し、「もし私（実験者）がテレビに向かってフーっと息を吹いたら、テレビの中のクマちゃんの紙人形はどうなるかな？」と尋ねました。

テレビ映像との相互作用を調べた実験

その結果、4、5歳児の半数以上が紙人形は「倒れる」と答えました。また、6歳児でも、「映像から現実へ」条件は難しく、「倒れる」と答える子どもが半数ほどいました。条件によって子どもの反応に違いがあるはなぜでしょうか。みなさんで考えてみてください。

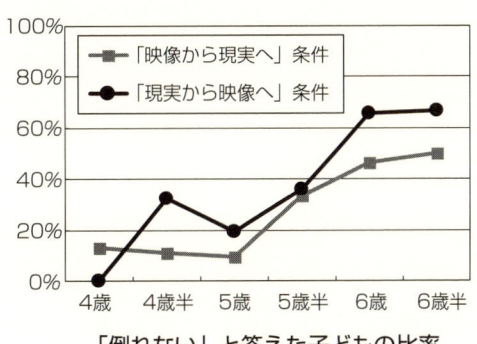

「倒れない」と答えた子どもの比率

結果をみると、どうやら映像と現実を区別できることは、必ずしも映像が何であるかを理解していることにはならないようです。

② 子どもの映像理解のプロセス

　このような子どもたちはいったいどのように映像を捉えているのでしょうか。考えられるのは、子どもにとって、映像世界と現実世界は大人のようにはっきりとした境界線で区切られているわけではない、ということでしょう。毎日、何時間もテレビに接している子どもたちのことですから、映像世界と現実世界はどうやら違うようだ、という理解は、経験から得られると考えられます。しかし、どこがどう違うのかということは、テレビを見ているだけでは理解できるようにはならないのです。したがって、子どもたちは映像世界を"虚構（作り物）の世界"とは捉えていないので、普段は映像世界と現実世界を区別していても、いったん映像世界に意識を集中すると、二つの世界は連続して感じられてしまうのでしょう。作り物の映像に対して、本物そっくりのリアリティを感じているのかもしれません。

　では、どのようにして子どもの中に映像世界と現実世界との間の境界線ができあがっていくのでしょうか。

＜映像は実物とどうちがう？＞

　映像を完全に理解するとは、映像は実物の"写し"であると理解することです。映像世界の"写し"は非常に複雑な構造なっています。**資料10-5**を見てください。二つの"写し（写し①、写し②）"が入れ子構造になっています。まず、写し①からみていきましょう（上で取り上げた木村・加藤（2006）がみていたのは、写し①の理解になります）。大人はテレビに映し出されているものが現実にそこ（もしくはテレビの中）にあると考えてはいません。映像は実物そのものではなく、実物はどこか別の場所にあることを知っています。しかし、子どもにとってはこの理解から難しいと考えられるのです。映像に映し出されたものとその実物は確かにとてもよく似ているけど違うわけですから、子どもにとってははじめ、二つはまったく別のものとして捉えられているかもしれません。これについて麻生（1996）は次のように述べています。「『テレビの中の世界』は、『テレビの

外の世界』の"写し（像）"ではない。それは、自分の家の玩具が、友だちの家の（同じ：筆者加筆）玩具の"写し（像）"ではないのと同様である」。では、どうしたら映像が実物の"写し"であるとわかるのでしょうか。この"写し"の理解を促進するのが、映像媒体の理解、つまりテレビ映像が生成されるプロセスについての理解です。大人は映像がどのように作り出されているのか、その詳しいメカニズムを知っているわけではありませんが、カメラによって写されたものである、くらいの知識は持っています。木村・加藤（2006）の実験の6歳児の中にも、「これはカメラで撮った映像だから」とはっきり答えている子どもがいて、そういう子どもは課題に正しく答えられました。

＜映像理解とメタ表象能力＞

次に写し②についてです。ここではドラマをとりあげましょう。ドラマを見るとき、私たちの中で何が起きているのでしょうか。

ドラマは、ストーリーと役を演じる俳優から成り立っています。同じ俳

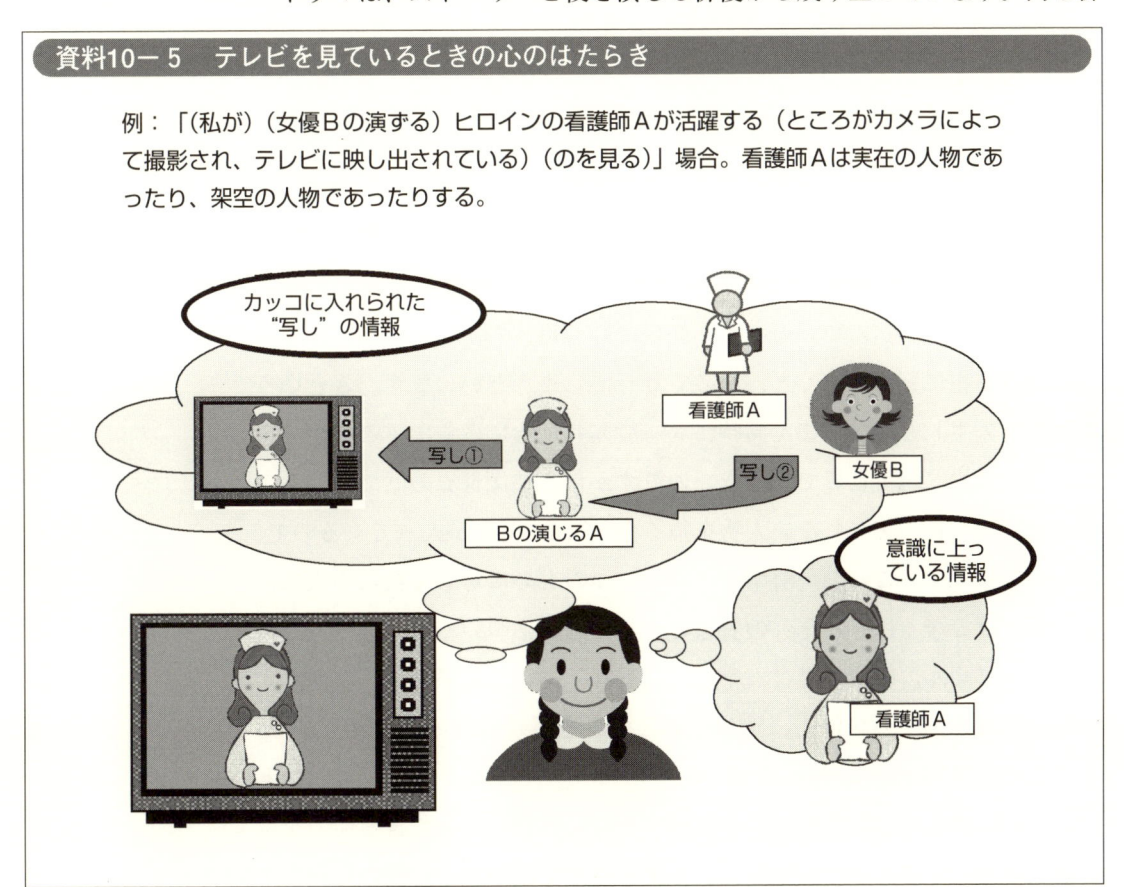

資料10-5　テレビを見ているときの心のはたらき

例：「（私が）（女優Bの演ずる）ヒロインの看護師Aが活躍する（ところがカメラによって撮影され、テレビに映し出されている）（のを見る）」場合。看護師Aは実在の人物であったり、架空の人物であったりする。

優が時には警察官になったり、ときには泥棒になったりします。ある俳優がドラマのなかで死にかけていても、実際には健康で「ふり」をしているだけなのに、私たちはどうしてそれを見て涙を流したりするのでしょうか。

　まず基本的に、私たち大人は、先ほどの資料10－5のような複雑な構造の映像世界をきちんと理解してテレビを見ています。しかし、私たちが映像世界に夢中になっているとき、この知識をいったんカッコ「（　）」の中に入れて、意識の外に押し出しているようです。とくに強く集中しているときは、自分自身をもカッコの中に入れて、主人公と完全に同化しながら、ドラマの中を「生きて」います。この、「カッコの中に入れる」ということが、映像を楽しむには非常に重要なポイントなのです。もし、こんな映像はただの作り物だ、と思って見ていたら、どんなドラマもしらけてしまうでしょう。ただし、この「カッコに入れて」意識の外に押し出すということを、私たちは自発的に行っているわけではありません。映像の持つ独特な力が私たちにそう仕向けているのです。

　一方、幼い子どもたちはこのような見方をしているわけではありません。いわば、カッコの中ができあがっていない状態です。写し②の理解に至るには、どのようなプロセスがあるのでしょうか。仮面ライダーのお兄さんは、現実の世界では、普通の人間であると理解できるためには、世界を二重化、三重化して見られるようになる力が必要です。それは、一つのものに対して二つ以上の表象を持つ能力を土台にしています。よく聞く話ですが、幼児は幼稚園の先生のことを、「先生」という"生き物"で幼稚園に住んでいると思い込んでいるので、先生にもお母さんがいるとか、休みの日には買い物に行くと聞くと、びっくりしてしまうといいます。Aという人物を「先生」として、また同時に「一般人」として表象することができないわけです。現実世界でもそうなのですから、映像世界の話では、ここにまた"作り物（実在しない人物を描くなど）"の要素が入ってくるので、さらに複雑です。これを理解するには、一つのものに対して複数の表象が持てるだけでなく、それぞれの表象どうしの関係についても理解できなければなりません。映像の場合、それが"写し"という関係です。仮面ライダーとそれを演じる俳優も、空想世界とそれを再現した映像世界も、"写し"という関係でつながっています。パーナー（Perner, 1991）は、ひとつのものに複数の表象を持ち、なおかつその関係性を表象できる能力をメタ表象能力と呼びました。そして、4歳を過ぎた頃からこの能力を獲得す

資料10-6　テレビ映像の種類

フィクション	ノンフィクション	
ドラマなど	再現	実写
	ドキュメンタリーなど	ニュースなど

(木村, 2007から引用)

ると述べています。

　また、テレビ番組では、ドラマだけではなく、いろいろな種類の映像がつくられ流されています。簡単にまとめたものが**資料10-6**です。現実に起きたことを映像に再現しているものをノンフィクション、架空の出来事を表現しているものをフィクションと呼んでいます。ドラマはこれに入ります。また、ノンフィクションの中には、現実そのものを写した映像と、現実を再現した映像の二種類あります。小学生になっても、すぐにはこれらの区別はできないようです。村野井（2002）は小学生を対象に、再現映像の作られ方を理解しているかどうか調べましたが、2年生では8％しか正しく答えられませんでした。映像世界を完全に理解するには、長い年月がかかるようです。しかし、この理解に達すれば、映像世界と現実世界を自由に行き来できるようになると考えられます。

4　子どもにテレビをどう見せるか

　ここまで、子どもは大人が想像している以上に、テレビの映像に対してリアリティ感を感じている可能性があること、またテレビの理解には長い年月がかかることをみてきました。次に、これらのことを踏まえて、子どもにテレビを見せるときの留意点について考えてみましょう。

① テレビよりもまず、実体験

　はじめに、映像は私たちに様々な「体験」をもたらしてくれることを述

べました。しかし、子どもがどんなに映像世界に強いリアリティを感じているにしても、そこで得られる「体験」は、現実での体験とは同じではありません。映像での「体験」は身体全体を使って得られるわけではないからです。また、映像自体はたんなる引き金にすぎませんから、その土台となる実体験が必要です。たとえば、犬の映像を見たとしても、犬を飼ったことのある人とない人とでは、映像から得られる「体験」の豊かさはまったく違います。犬を飼ったことのある人は、その毛の感触や温もり、帰宅したときに出迎えてくれる喜びなど、映像によって様々な感覚や情動が呼び覚まされます。映像を本当の意味で楽しもうとするならば、まずは、現実生活での体験を豊富にする必要があるでしょう。子どもたちにも、テレビを見せるよりまず、自然の中でのびのびと遊ぶ体験や、人とのやりとりの中でいろいろな感情を経験する機会を、豊富につくってあげたいものです。

② 子どもに見せる映像に対する配慮

　また、子どもが映像に対して強いリアリティ感を感じているとしたら、刺激的な映像を見せることは、大人が考える以上に強いインパクトを持って子どもの心に焼きつく可能性があります。身につけて歩ける小型テレビ、1人に1台のパソコンなど、私たちは常に映像にさらされ、その中には目を背けたくなるような世界が展開しているものもあります。9.11事件のときに何度となく流された飛行機の激突映像は、子どもたちの心を傷つけたとして問題になりました。また、たとえフィクションの映像世界でも、技術の進歩によって、そのリアリティ感は増すばかりです。映像に埋め込まれた迫力ある戦闘シーン、暴力、生々しい死体……。私たち大人は、恐ろしい映像が子どもたちの心を傷つけることのないように、最大限の注意を払う必要があると思います。

③ テレビの有効利用

　テレビをどのように子どもに見せるかという親の態度や行動が、幼児の協調性や共感性などの社会性の発達に関わることを示唆する研究報告があります（菅原たち, 2007）。ここでいう親の態度というのは、「テレビを子

どもと一緒に見る」「見ている内容について子どもと話す」、ということを指しています。テレビは多様な状況の多様な出来事を私たちに見せてくれるのですから、テレビを見て話しをすれば、そこには大人の、様々な状況下での社会に対しての態度、人間に対しての態度が、表れてくることになります。大人がドラマやアニメの主人公の勇敢でやさしい行いを賞賛すれば、子どももそれを正しい行いと思うようになるでしょう。テレビを見ての発言が、子どもの価値観に影響するわけです。そのように考えると、テレビはお互いの考え方を知るという点では、絶好のコミュニケーションの道具であり、教育的な側面での効果も期待できそうです。

まとめ

　本章では、まず、大人にとってテレビがどのような存在であるかをみました。また、子どもたちがどのようにテレビ映像を理解するようになるのかを認知発達の視点から学びました。テレビは私たちの生活から切っても切り離せない存在であるかぎり、その長所・短所についてまずは大人がよく理解し、子どもたちにテレビの良い見方を示していかなければなりません。とくに、これだけ多くの情報を流しているテレビなのですから、見る側はそれを鵜呑みにするのではなく、批判的な姿勢で見極めを行う必要があります。正しい情報を選択的にうまく取り入れることが、生活の質を高めることにつながるからです。豊かに生きるために、テレビを上手に利用したいものです。

●復習アクティビティー

1．子どもたちがテレビを見ている様子を観察してみましょう。
2．もう一度、テレビの良い点、悪い点について考えてみましょう。
3．子どもたちにテレビを見せる場合、どのようなことに注意をすればよいでしょうか。

もっと深く学びたい人のために

村野井均　　2002　　子どもの発達とテレビ　　かもがわ出版
尾木直樹　　2004　　子育てとテレビ新事情　　新日本出版社

引用文献

American Psychological Association 2003 *Childhood exposure to media violence predicts young adult aggressive behavior, according to a new 15-year study.* http://www.apa.org/release/edia-violence.html

麻生武　1996　ファンタジーと現実　金子書房

Bandura, A., & Walters, R. H. 1963 *Social Learning and Personality Development.* Orlando, Fla: Holt, Rinehart & Winston.

Boyatzis, C. J., Matillo, G. M., & Nesbitt, K. M. 1995 Effect of the 'Mighty Morphin Power Rangers' on children's aggression with peers. *Child Study Journal,* 24, 45-55.

Flavell, J. H., Flavell, E. R., Green, F. L., & Korfmacher, J. E. 1990 Do young children think of television image as pictures or real objects? *Journal of Broadcasting & Electronic Media,* 34, 399-419.

片岡直樹　2002　新しいタイプの言葉遅れの子どもたち－長時間のテレビ・ビデオ視聴の影響　日本小児科学会雑誌, 106巻, 1535-1539.

木村美奈子　2007　子どもはテレビをどのように見ているか？－映像理解の発達－　季刊保育問題研究, 226号, 128-139.

木村美奈子・加藤義信　2006　幼児のビデオ映像理解の発達：子どもは映像の表象性をどのように認識するか？. 発達心理学研究，第17巻，第2号，126-137.

村野井均　2002　子どもの発達とテレビ　かもがわ出版

尾木直樹　2004　子育てとテレビ新事情　新日本出版社

ＮＨＫ放送文化研究所　2002　低年齢で多いビデオ利用　放送研究と調査, 11月号

ＮＨＫ放送文化研究所　2005　「日本人とテレビ2005」調査結果の要約

ＮＨＫ放送文化研究所　2007　"子どもに良い放送"プロジェクトフォローアップ中間報告第4回調査報告書

日本小児科学会　2004　「乳幼児のテレビ・ビデオの視聴と発達への影響」に関する調査　テレビ・ビデオの長時間視聴は乳幼児の言語発達に悪影響─調査結果を踏まえ、日本小児科学会から6つの提言─　プレスセミナー2004年3月29日

Perner, J. 1991 *Understanding the representational mind.* Cambridge, MA: The MIT Press.

Shaffer, D.R., & Kipp, K. 2007 *Developmental Psychology: childhood and Adolescence, seventh Edition.* Belmont, CA: Thomson Learning, Inc.

白石信子　2003　幼児はテレビとどのようにつきあっているか～「ＮＨＫ幼児視聴率調査」の結果から　武蔵工業大学環境情報学部情報メディアセンタージャーナル，第4号, 24-28.

菅原ますみ・向田久美子・酒井厚・坂本章・一色伸夫　2007　子どもと社会性とメディア接触との関連　"子どもに良い放送"プロジェクトフォローアップ中間報告第4回調査報告書　60-65.

| コラム | Column |

小学生が考えるテレビの良い点悪い点

　小学生の子どもたちは、テレビからどのような影響を受けているのでしょうか。尾木（2004）は中学生に小学校時代を振り返ってもらい、テレビを見たことで、どのような良い点、悪い点があったのか、回想させました。主な結果は以下のとおりです。

《良い点》
① 多くの情報を得て、ものごとを理解するようになったこと
・映画や絵が好きになった　・音楽を好きになった
・雑学を得た　・科学番組が役立つ　・曲やダンスを知った
・言葉を覚えた　・専門用語を知った
・ニュース番組で政治や公民などが勉強になった
・世界の情報を得ることができた

② 友だちとの共通の話題ができたこと
・人との会話の範囲が広がった　・学校で話題になる
・友だちの輪が広がった

③ "清涼剤"としての役割
・ギャグを使ったり、生き方が変わった　・明るくなった
・元気がなくてもバラエティを見たら忘れる

《悪い点》
① 言葉の乱れ
・言葉が汚くなった　・悪い言葉を覚えた

② 生活リズムの乱れ
・自分の時間が少なくなり、外遊びをしなくなった
・TVの前から離れるのがつらかった　・生活の乱れ　・勉強しない

③ 大人や社会への不信感を感じた
・世の中はうそだけでできていること、やらせの実態
・何も起こらない日は絶対にない(殺人など)と分った
・大人のいやらしい部分、あくどい部分が見えた

④ テレビに依存するようになった
・テレビがないと生きていけなくなった
・TV中毒　・全部信じてしまった

⑤ テレビの真似をした
・テレビの真似をしようとした　・非現実的なものにあこがれていた

⑥ その他
・情報が入りすぎて大変だった（知らなくていいことまで知った）
・ものを欲しがるようになった

第11章 子どもは文字をどのように自分のものとするか

🍀 本章のねらい

　今、この本に目を通されているみなさんは、「文字」を介して新しい情報を手に入れる活動に従事しているわけです。当然のことながら、子どもは生まれてすぐにこのような活動へと足を踏み入れることはできません。つまり私たち自身は、これまで歩んできた生活におけるいずれかの場面で、それを可能にする力を身につけてきたのだと考えられます。

　「文字」は公式には小学校の入学後にはじめて体系的に教えられますが、現在日本で生活するほとんどの子どもたちは、それ以前から何らかの形で文字を眼にする、いいかえれば文字文化にさらされた世界の中で生活しています。読み書きをはじめとする文字活動を自分のものとするにあたっては、いわゆる国語教育での明示的な文字指導だけではなく、文字にさらされた生活の中での無意識のうちの経験が何らかのかたちで影響すると考えられます。この章では、子どもがこのような「文字」の世界へと進む背景およびプロセス、ならびに「文字」によって子ども自身に可能になる世界について論じ、とくに幼児期の文字習得に関して、私たち大人がいかにその世界を理解し、支えていけるかをみなさんとともに考えたいと思います。

● 予習アクティビティー

　「読む」こと、また「読み書き」とは、具体的にはどのような活動をさすのでしょうか。これらは、文字を使った活動の代表的なものと言えますが、本章の議論を始めるにあたり、改めて整理してみましょう。

　資料11-1の【事例1】【事例2】は、乳幼児期の子どもが文字と接しているエピソードです。これらの事例に登場する子どもたちはそれぞれ「文字を読んでいる」と言えるでしょうか。そう言えるとすれば、それはどういった理由からか、またそうではないとすればその理由と、どのような条件が満たされるならば「読んでいる」と言えるのかについて考えてみてください。

1 「文字を読み書きできる」ということ

はるか昔から「読み書き算盤(そろばん)」ということばがあるように、文字を読んだり書いたりすることは、初等学校における基礎的な学習、さらにはその結果としての基礎学力の代名詞であるかのように考えられています。就学前教育・保育を例として考えても、文字の読み書きは、幼児教室等でそれを積極的に推進する側、対照的にそれを否定的にとらえる側の双方から、「勉強」や「教育」の典型的な指標としてみなされることが多いように思われます。

資料11－1

【事例1】
　ある幼稚園の5歳児クラスでのできごとです。30人ほどの子どもが、漢字かな交じり文で俳句が記されたカードの束をもって、めいめいの席に保育室の正面を向いて座っています。保育者は子どもの前に立ち、カードの1枚を「菜の花や　月は東に　日は西に　蕪村」とリズミカルに音読し、「どうぞ」と促しました。子どもたちはそれを合図に「ナノハナヤ　ツキハヒガシニ　ヒハニシニ　ブソン」と一斉に声をあげます。

【事例2】
　1歳9ヵ月のまりえちゃんは絵本が大好きです。とくに、かばくん、わにくん、かめくんがぞうくんと散歩に出かける『ぞうくんのさんぽ』という絵本がお気に入りで、自分でページをめくり何度も繰り返し眺めています。この絵本のクライマックスは、ぞうくんが背中に乗せていた動物たちと一緒に池に落ちてしまう場面です。ひらがなで「どっぼーん」と書かれているそのページをめくるたびに、まりえちゃんは「ドッボーン」と声をあげます。

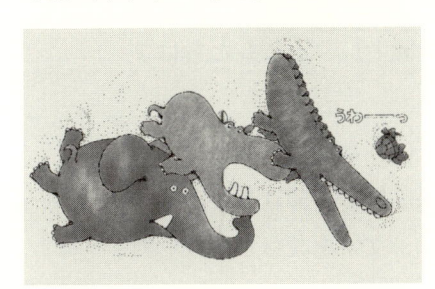

（なかのひろたか『ぞうくんのさんぽ』福音館書店, 1968）

しかしながら先の「予習アクティビティ」で触れたように、「文字を読める」「読み書きできる」といっても、そこで想像される内容がどの人にとっても一致するとは必ずしも言えないようです。みなさんは、「予習アクティビティ」の問いに対してどのような答えが思い浮かんだでしょうか。この2つはともに読むことに関する例ですので、読み書きのなかでも、本章ではとくに「読み」に焦点を絞って論じたいと思います。これらの例からは、「読める」ことを具体的にどのような活動としてとらえることができるのでしょうか。

　【事例1】【事例2】に共通するのは、子どもたちが文字を前に声をあげている、ということです。この様子を実際に眼にすれば、それは「読んで」いるかのごとく見えるのかもしれません。しかし一方で、「読み」に必要とされるのは、たんに文字を眼にして声をあげることだけではなく、特定の文字記号に対し、それに合致する音韻を正しく発音することです。そのことをふまえると、たとえば【事例2】のまりえちゃんが、別の場面で「どっぽーん」と書かれた文字だけを眼にして「ドッボーン」と発音できるかといえば、大いに疑問が残ります。このような観点から読みを考えれば、まりえちゃんはまだ読めないのだと考えられます。これは【事例1】の子どもたちでも同様です。子どもたちは「菜の花や、月は東に……」という一連のフレーズの中で「花」や「月」の漢字が出てくるから発音できるわけであって、別の場面でそれが単独で示されたときに読めるのかと考えてみると、おそらく難しいのではないかと思われます。

　さらに私たち大人にとって「読む」とは、たんに読みあげ発音するということだけを意味しているのではありません。読んだうえでその内容を理解し、そこから情報を得たり、経験のないことに思いを馳せたり……ということがあるでしょう。【事例1】の子どもたちがこの水準を達成している、すなわち俳句の意味世界を理解し得ているかといえば、やはりそこには疑問が残ります。この観点から考えても、【事例1】の子どもたちはまだ読めないことになるかもしれません。

　本章のねらいは、「読む」とは本来どのような行為を指すのかを定義することではありませんので、これ以上の詳細な議論はここでは避けたいと思います。ただ、このような整理から言えるのは、文字を読むという活動を考えるうえで、少なくとも複数の水準を想定する必要があるということではないでしょうか。たとえば【事例1】は、読むものとして文字が書か

れていることは理解している一方で、文字そのものを音読したり、文字を読んで内容を理解したりする水準までは至っていないケースだろうと考えられます。【事例2】では、文字の機能を絵本の絵と異なるものとして理解しているかどうか自体が不明瞭です。いずれにせよ、2つの事例に描かれた「読み」は、みなさんが今この瞬間にしているような、書かれたものを読んで内容を理解する水準までは至っていないことは確かなようです。

　文字を読むことの特徴は、本書第10章で扱われている「テレビを見る」活動と比較するとよりはっきりすると思います。テレビは、読んで考え、理解しなくてはならない「文字」とは大きく異なる特徴をもっています。ポストマン（Postman, 1982）も指摘するように、テレビは画像を即時的なパターン認識によって「見る」ものであり、見るための特別な技能は基本的に必要とされません。そこには"正しい"見方があるわけではなく、テレビを見たからといってそのための技能が習熟されるわけでもありません。これに対し読みは「読んでいるように見える」「音読できている」「読んで理解できている」といった複数の水準をもつ、獲得までに時間を要する活動と考えられます。

　文字を読み書きすることが就学前教育や保育の中に必要かどうかは、早期教育論やその反対論などを代表として、先にも述べたようにこれまでしばしば議論の対象になってきました。これは別の観点から言えば、読み書きがそもそも、この種の議論の対象になりやすいことを反映した結果かもしれません。その理由の1つは、文字の読み書きが"できる"までに時間を要する活動である、つまりは教育の対象として成り立つということです。一方、獲得までに時間を要する活動であることからは、読みの成立に至るまでのプロセスに、複数の水準を想定する必要があることが示唆されます。そう考えると、具体的にどの水準の活動を指して「文字を読める」としているのかを明確に定義せずに、「できる」―「できない」を対比したり、それをもとにして「教えるべき」―「教えるべきでない」を対比したりするといった、一元的な軸から議論を進めることは適切ではないでしょう。

　では、子どもは実際に、どのような段階を経て文字を自分のものにしていくのでしょうか。第2節では、日本語における「読み」の習得を例に、発達の進み方の実際を整理することにしましょう。

2 文字習得のプロセス：「読み」を例に

　子どもの文字学習、とくに読みの習得プロセスの特徴として第一にあげられるのは、一般にはそれが幼児期から開始されるということです。
　読み習得が公式の学校教育の俎上に載せられるのは、先にも述べたように小学校入学以降です。しかし高橋（2000）ほか多くの文献で指摘されるように、ほとんどの子どもは小学校入学までにひらがなを読み始めるのが現実です。**資料11－2**は、子どもの読み書きについての大規模調査の中で比較的最近行われたものである、1992年から1994年にかけて東京都・福島県・徳島県の1,400名強の3〜5歳児を対象とした調査結果を示したものです（東ほか, 1995）。横軸にはひらがな全71文字を読めた数、縦軸にそれを達成した人数の割合が年齢別に記されています。ここからは、5歳児では合わせて8割近くの子どもが65文字以上、つまりほとんどのひらがなを読めていることがわかります。また、3歳児でも2割弱の子どもが同様の力をもっており、うち1割の子どもは71文字全てを読むことができています。データから示されているのは、「文字を音読する」という水準での「読み」は、既に幼児期において進行する課題であるということです。
　さらにこのデータを、国立国語研究所が1967年に、東北・東京・近畿地方の2,400名弱の4〜5歳児を対象に行った同様の調査結果と比べてみましょう（村石・天野, 1972）。**資料11－3**は、**資料11－2**と同様の手法で結果を示したグラフです。5歳児についてみると、東ほか（1995）のそれよりは少ないものの、5歳で5割以上の子どもが65文字以上読める、60文字以上とすれば6割を越える水準まで至っていることがわかります。1967年からおよそ四半世紀の変化をどのようにとらえるかは意見の分かれるところかと思いますが、近年の早期教育熱の高まりによって文字習得が幼児期の課題となったということではなく、当初からそれはかなりの程度幼児期に進行するものであったことは明らかです。
　ところで、これらのグラフで特徴的なのは、どの年齢をとってもグラフのかたちが"U"字型のように、真ん中が少なく、両端に偏って分布していることです。ここからは、子どもの文字習得の程度が、これから習得を

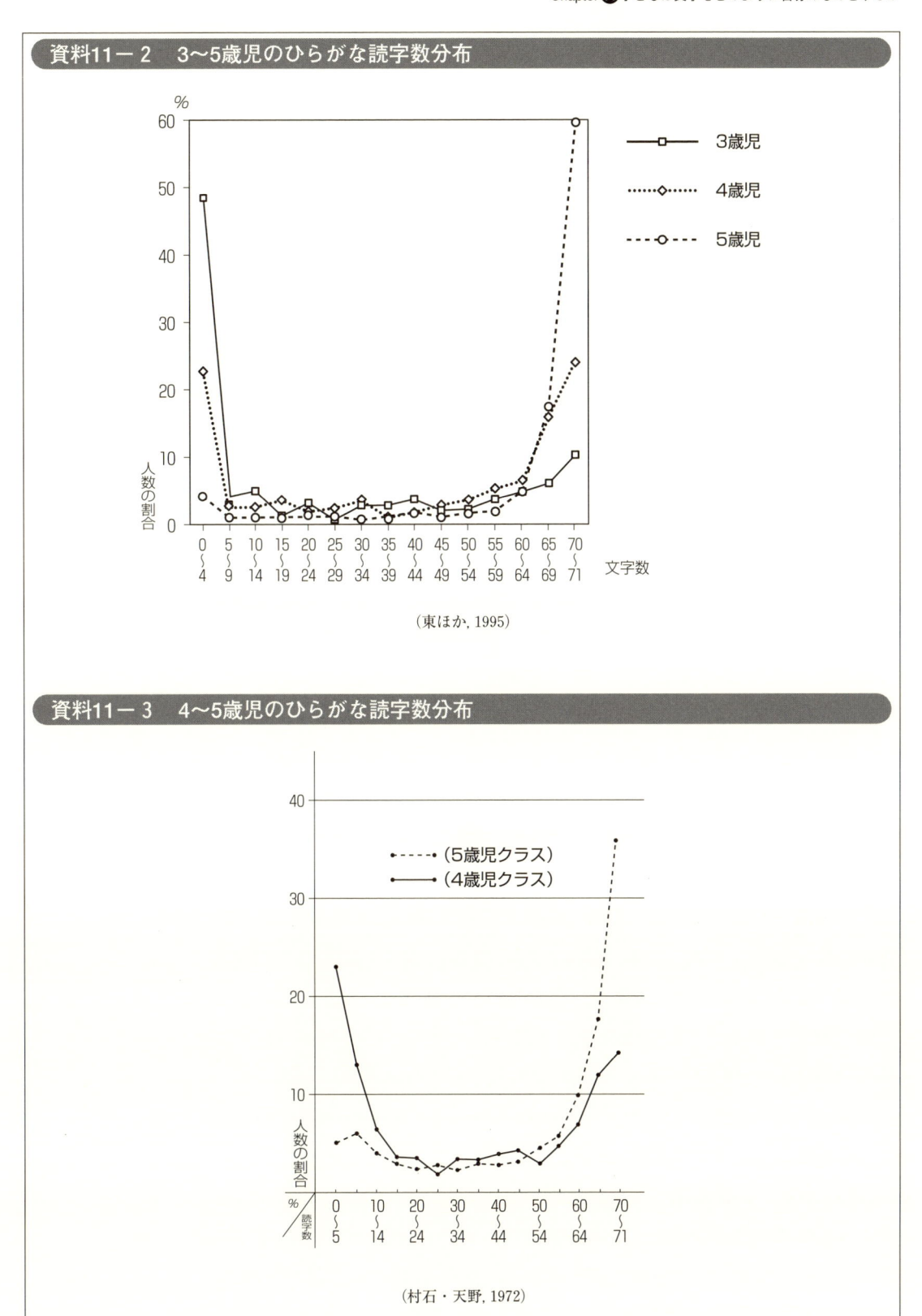

Chapter 11 子どもは文字をどのように自分のものとするか

資料11−2 3〜5歳児のひらがな読字数分布

(東ほか, 1995)

資料11−3 4〜5歳児のひらがな読字数分布

(村石・天野, 1972)

始める子どもと、既に習得を終えつつある子どもに分かれていること、つまりそれは徐々に進行するのではなく、一度開始されると急速に達成されるものであること、その開始時期は子どもによって個人差が大きいことがわかります。**資料11－4**は、幼児期における文字読みの習得過程が個人差をもって進行する様子を具体的にグラフで示しています。このことは、読みの習得プロセスにおける第二、第三の特徴だといえるでしょう。ではなぜ文字読みの学習は急速に進行し、そこには個人差が生じるのでしょうか。

　一般に我々が何か新しいことを学ぶ際には、必ずしも少しずつ身につけるばかりではなく、それを急速に身につける場合もあります。そのようなケースを、われわれは「コツ」をつかんだと表現するのではないでしょうか。文字習得はどちらかといえば、「コツ」をつかむようなペースで進行していると思われます。つまり、それはたんに「あ」という文字記号と「ア」の音韻を頭の中で一つずつ結びつけ、少しずつ成り立っていくようなプロセス（このような学習方法を心理学では「対連合学習」といいます）ではなく、何らかの学習のコツをつかみ、それを応用させることで学習を達成するプロセスではないかということです。文字の読み習得の場合は、厳密に言えば「コツ」とは異なりますが、「音韻意識（phonological awareness）」の成立が強く関わっているのではないかと考えられています。

　音韻意識とは、たとえば「クルミ」ということばは／ク／ル／ミ／の3つの音から構成されており（順序性）、語尾の／ミ／は「ミズ」の語頭音と同じものである（音韻の特性）について理解している、というような、話しことばにおける個々の言語音（音韻）を抽象した意識のことです。この音韻意識と初期の文字読み習得の関係について調べた天野（1986）は、音韻意識の指標の一つで、与えられた語から語頭・語中・語尾などの特定の位置の音韻を取り出す力である「音韻抽出」の発達と、文字の読み習得に強い関連があることを明らかにし（**資料11－5**）、さらに後の研究で、語の音韻構造を分析できない、具体的には語頭音（たとえば「クルミ」であれば／ク／）を抽出できない子どもは、ひらがなの読みの習得が難しいことを確認しています（天野, 1993；1999）。

　このように、音韻意識が文字読み習得の必要条件とされているのは、次のような事実を考えるとある意味当然と言えるでしょう。それは、文字の読みとは、文字記号に音をあてはめるという行為ではなく、実はその逆で抽象化された音韻に文字をあてはめる行為だと考えられるということで

資料11-4　幼児期におけるひらがなの読み習得ペースの個人差

タイプA (H.S.)
タイプB (F.Y.)
タイプC (S.H.)
タイプD (K.YU.)
タイプE (M.Ks.)
タイプF (K.RI.)
タイプG (I.T.)

（天野, 1993）

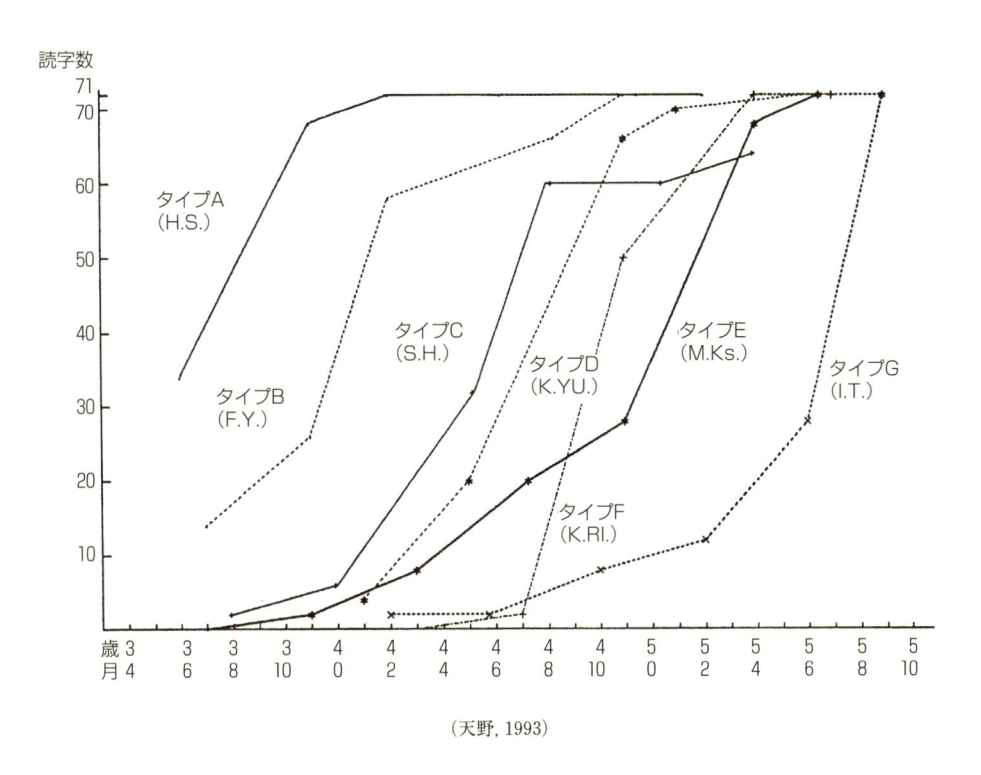

資料11-5　音韻抽出課題の正反応率とひらがな読字数の関係

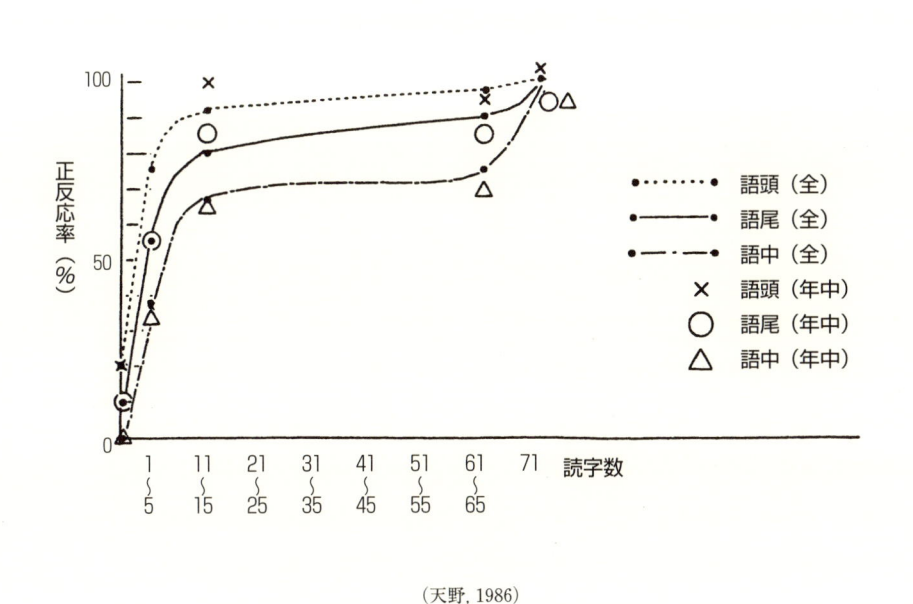

・・・・・● 語頭（全）
――――● 語尾（全）
―・―・―● 語中（全）
× 語頭（年中）
○ 語尾（年中）
△ 語中（年中）

（天野, 1986）

す。たとえば「そろばん」という語の音韻分解であれば、／そ／ろ／ばん／のように区切るか、場合によっては／そろ／ばん／のように区切っていくか、それ以外のやりかたで区切るかは、言語によって異なりますし、同じ言語内でも読みの開始期ではそれは個人によって異なります。

　筆者は実際に、読み習得の初期である3歳児を対象に積み木を使って単語の音を区切るよう求めたことがありますが、この段階では子どもによってそのやり方は様々です（松本・伊藤, 2007）。これは、おおむね4歳代にかけて一定の形式に収斂(しゅうれん)していくと考えられます。たとえば文字「ん」が読めるようになるには、そもそも音のかたまりから／ん／という音韻を取り出せなければなりません。読めるとは、このようにして一定の形式で抽象化された音韻がその前提にあり、それに文字記号が結びついていくことではじめて成り立つ過程であると考えられます。

　子どもの個体発達を考えてみたとき、当然のことながら話しことばは文字の読み書きに先行して現れます。話しことばの音的側面の分析である音韻意識が先行して、文字はそれに後からあてがわれた結果が「読み」であるという発想は、このような発達的観点からみてもより自然なものと思われます。

　では、このような音韻意識に支えられた文字読み習得の開始時期が子どもによって大きく異なるのはなぜでしょうか。一つ考えられるのは、それが組織的・体系的な教育というかたちで行われていないことです。実際に、文字の読みに対し組織的な指導をする幼稚園・保育園の数は、全体をみれば決して多くありません。さらにほとんどの保育者や保護者は、より早期からの積極的な文字指導に賛成しない一方で、読み書きのための環境を整えることに配慮し、子どもが興味をもったら積極的に教えるというスタンスをとっています（東ほか, 1995；大藤, 2002）。これらのことが、子どもの興味・関心に応じて文字の読み書きが開始されているという現実へと結びつくものと考えられます。

　一般に、組織的・体系的な教育が介在して成立するタイプの学習であれば、その結果は先に述べたようなU字型とは反対に、山型の分布を示すでしょう。教師は通常、何かを教えるとき、できるだけ多くの子どもに伝わるような教え方を採用するはずです。よってその結果は、普通程度に理解できる、いわゆる「中くらい」の子どもが最も多く、教師の期待以上に理解できる子どもと、期待したような理解に達しない子どもが少数いる、と

いう分布になるものと思われます（このような分布は一般に「正規分布」と呼ばれ、学校教育における相対評価の根拠になっています）。そう考えると、幼児期の読み習得が組織的に教授されていないことは、先述の「音韻意識」の介在と合わせ、幼児期の読み習得分布がU字型をとる理由として指摘できるでしょう。

　まとめると、日本語における文字の読み習得は基本的に幼児期に開始されること、そこには「音韻意識」が介在し、小学校以降のような組織的な教育が行われないゆえにその開始時期は子どもによって異なり、とくにそれが進行する4〜5歳ころにかけては文字読みを習得した子どもと、そうでない子どもとの個人差が一時的に大きくなるだろうことが理解できます。では、このような現状をふまえたとき、文字を自分のものとし始める幼児期の子どもたちの世界を、私たち大人はいかに支えていくことができるのでしょうか。

3　幼児期の文字習得を支えるために

　第2節では、幼児期には習得度の個人差が大きくなること、その原因の一つとして体系的な文字教育がなされていないことが考えられると述べました。しかしこのことは、幼児期における文字習得を現在のものから見直し、小学校でなされているように体系的に実践する必要性を意味するものではないと筆者は考えます。本節ではそのように考える理由を説明しつつ、幼児期の文字習得に対し可能なアプローチを考えたいと思います。

　さて、文字習得とは当然のことながら、それ自体独立した活動として展開して発達するものではなく、子どもの言語発達の中に位置づく活動です。そのことを明確に指摘した文献のひとつに岡本（1985）があげられます。

　岡本（1985）が用いたのは「一次的ことば」と「二次的ことば」という概念です。「一次的ことば」とは、具体的な場面と結びつき、生活の中で現実体験と寄り添いながらやりとりの中で用いられていくもので、主に乳幼児期に展開するとされています。たとえば幼児期の会話は、ことばそのものが情報を伝えるものとして機能し成立しているのではなく、具体的事物などの行動文脈や聞き手によって支えられたときに初めて成立するもの

です。先に紹介した【事例2】において、まりえちゃんが絵本の挿絵を手がかりに、まるで文字を「読んで」いるかのように発音する様子は、この「一次的ことば」の成立と共通する面があるように思われます。まりえちゃんは実際には文字から何かを得ているのではなく、絵本の挿絵を行動の手がかりとしているのでしょう。この水準においては、たとえ子どもの側はことばを使って情報を受け取ったり、発信したりしているつもりであっても、それが実際に成り立っているとは言いきれません。つまり子どもからすれば、この時点は文字の機能の理解に先行して、生活の中で文字が情報を媒介する記号であることを体感し、それが「今、ここ」にない世界を表象するものであることに徐々に気づいていく段階だと言えるでしょう。

　これに対し「二次的ことば」は、現実の世界とは離れたかたちで抽象化された聞き手一般へ発信されていくもので、主に学童期以降に展開するとされています。この二次的ことばの媒体の代表として、岡本は文字を介した読み書きをあげます。文字とは本来、相手を定めずに不特定多数とコミュニケーションするために使ったり（書籍や新聞・雑誌がその典型です）、今ここにいない相手、たとえば未来の自分や過去の自分とコミュニケーションするために使ったりするツールです（日記や「ブログ」がこれに相当するでしょう）。ここから考えると、本章の冒頭で提起した「文字を読めるとは何か」という問いに対する最終的なゴールとしては、二次的ことばの媒体としてそれを機能させることが可能になった状態を置くことができます。具体的に言えば、読んで内容を理解したり、解釈したりする、という水準です。

　さて、このような整理を補助線とすることで、幼児期における文字習得の特徴を学童期以降と比べてよりはっきり提起することができるように思います。既に述べたように、文字とは本来、それ自体独立して情報を伝えることのできるツールであり「二次的ことば」としての特徴をもつものです。しかしながら幼児期における文字は、【事例1】【事例2】に典型的にみられるように、実際には二次的ことばとしての役割は果たしていない、その手前の段階にあるように思われます。つまり、幼児期の読み書きは、形式的には二次的なことばであるが、実際には一次的ことばのフィールドで展開する現象としてとらえることができます。

　幼児にとっての文字が、一次的ことばと二次的ことばの間でこのような二重性をもっていることは、ヴィゴツキー（Vygotsky, 1934）が幼児期の

Chapter ⓫ 子どもは文字をどのように自分のものとするか

ひとりごとについて、機能や構造においては内言だが、その発現の仕方においては外言であると指摘したことと共通性を見いだせるのではないかと思います。ヴィゴツキーが幼児期のひとりごとを、そのような二重性をもった発達における移行期の現象としてとらえたように、幼児期の文字習得も、学童期において機能する二次的ことばとしての文字習得へと最終的に移行する前段階のものとして発達的にとらえることが可能でしょう。このような視点にたつことで、生活の中から自発的に文字を自分のものとし始めている、この時期の子どもたちの世界を支える手がかりを浮き彫りにできるのではないでしょうか。

　幼児期の文字習得について現時点で明らかであるのは、組織的なアプローチはなくとも、文字習得はほとんどの子どもたちに程度の差こそあれ開始されるということです。しかしながらそれはあくまで"開始"にすぎず、学童期の子どものそれと同様に読めているかといえばそうではありません。言語発達全体における位置づけから考えると、幼児期におけるそれはあくまで一次的ことばとして、具体的関係の支えをもとに展開するものであり、学童期のそれとは質の異なるものとしてとらえる必要があります。そのことを考えると、幼児期の文字習得には、学童期の実践を先取りして「正しく読む」「読んで理解する」ことを心がけるのではなく、文字の「機能」を感じ、それを使えるうれしさを感じられるような実践が求められる

大型絵本で読み聞かせ　豊橋市・希望が丘幼稚園

のではないかと思われます。

　内田（1989）は、幼児期の終わりと小学校入学後の子どもを対象に、「字が読める（書ける）といいことがあるか」と問いかけ、その内容について分析しています（**資料11－6**）。そこにおいて示されているのは、幼児期には読み書きに価値を感じない子どもの割合が高く、また、価値を感じているにしてもその機能を実際に認識している子どもは多くないのに対し、学童期には8割以上の子どもがその価値に気づき、機能を認識しているというものでした。読み書きの機能、すなわち文字を道具として認識するということは、岡本（1985）の整理に照らし合わせれば「二次的ことば」としての文字ということでしょう。内田（1989）のデータは、幼児期は文字習得が開始されている一方で、子ども自身の認識としてはそれが何に役立つのかが理解されない「一次的ことば」のフィールドで習得が進行していることを裏付けています。実際に、「読めてうれしい」「書けてうれしい」という文字活動自体がうれしそうな様子は幼児期にのみ見られるもので、学童期以降そのような姿はほとんど見られません。つまり、幼児期には文字の機能が自覚されていない反面、文字の習得活動そのものの中で、文字に対しポジティブな姿勢で向き合い、その機能に気づいていくような経験が醸成される必要があることが示唆されます。

　幼児期の文字習得についてデータをもとにした学術的観点から論じている文献の多くは、「幼児期にあっては、文字が学ばれる時期や、文字習得の遅速ということよりもむしろ、読み書きの機能につながるような内面がしっかり育っているかどうかが問題にされるべきではないか」（内田,1998）というように、学童期のような文字教育を幼児期に展開することに対し否定的な見解を述べています。「一次的ことば」のフィールドである幼児期においては、「これからの学習に役に立つもの」として文字を学ぶという、学童期のような認識のもとで学習を成立させることは困難だと考えられます。幼児期において、ただたんに文字記号を正確に覚えさせる、書き順を正しく覚えさせるなどの、学童期の組織的な実践を先取りする教育の中で、子どもの「読めてうれしい」「書けてうれしい」思いが阻害されることがあるとすれば、学童期以降の発達的展開、すなわち文字機能の理解にマイナスの影響を及ぼす可能性が出てくるのではないでしょうか。

　文字の読み書きは習得までに時間がかかり、いくつかの段階を経ねばならない質の活動です。それゆえ、幼児期には発生的にもっとも初期の段階

資料11−6　幼児・学童にとっての読み書きの価値および機能：内田(1989)のデータから

		読み		読み	書き		書き
		価値あり		価値なし	価値あり		価値なし
		技能自体	技能付随		技能自体	技能付随	
年長組	男児	4	3	9	2	2	12
	女児	4	6	6	2	5	9
	計(%)	8(25.0)	9(28.1)	15(46.8)	4(12.5)	7(21.8)	21(65.6)
1年生	男児	11	2	3	10	4	2
	女児	15	0	1	16	0	0
	計(%)	26(81.3)	2(6.2)	4(12.5)	26(81.3)	4(12.5)	2(6.3)

注）技能自体：「メモが読める」，「ママと交換日記ができる」など読み書きの道具的価値を認識している答え方．
　　技能付随：「うれしい」，「ママがほめてくれる」など読み書き行為に付随しておこることを答えた場合．

(内田, 1999)

に生じうる「読んでいるつもり」ということを大切にしつつ、文字に興味をもち機能に気づいていくような実践、「文字を使えるようになったうれしさ」「読めてうれしい」「文字を学べてうれしい」を感じられるような実践が求められると思います。たとえば絵本の読み聞かせは、そのような実践のひとつであるといえるでしょう。表面的に「読める」のではなく、幼児期の子どもにとっての文字習得の意味を尊重するような実践を考えていきたいものです。

●復習アクティビティー

　本章では、子どもの文字への興味を支える実践として実際にどのような工夫がなされているかについては、紙面の関係上扱うことができませんでした。よってここでは、とくに幼児の「文字を読める・書けるようになってうれしい」という気持ちを支え育んでいくために、保育園・幼稚園や家庭でどのような工夫ができるか調べることを課題として提起したいと思います。次に掲載する「読み聞かせ」に関する文献や保育実践記録などを参考にして、あそびや環境づくり等で具体的に実践できることを考えてみましょう。仲間どうしでアイデアを紹介し合うのもよいですね。

もっと深く学びたい人のために

　幼児にとって最も身近な文字の一つとして考えられるのは「絵本」でしょう。子どもは絵本のどのような部分に惹きつけられていくのか、それによって子どもにもたらされるものは何か、そもそも子どもが楽しめるような絵本にはどのようなものがあるかを学べるよう、ここでは次の3冊を紹介しておきたいと思います。

　田代康子　2001　もっかい読んで！－絵本をおもしろがる子どもの心理　ひとなる書房
　秋田喜代美　1998　読書の発達心理学－子どもの発達と読書環境　国土社
　宍戸洋子　2002　絵本からのおくりもの－子育てに夢と希望を　ひとなる書房

引用文献

天野清　1986　子どものかな文字の習得過程　秋山書店
天野清　1993　子どもの読みの習得過程についての発達的・実験的研究　平成4年度文部省科学研究費一般研究(B)研究成果報告書
天野清　1999　子どものかな文字の読み書き習得における音節分析の果たす役割―大六一志著論文に対する反論　心理学研究, 70, 220-223.
東洋（代表）　1995　幼児期における文字の獲得過程とその環境的要因の影響に関する研究　平成4－6年度科学研究費補助金（総合研究A）研究成果報告書
松本博雄・伊藤崇　2007　音韻意識の形成過程の多様性を探る試み―語彙知識との関連から　日本教育心理学会第49回総会発表論文集, 317.
村石昭三・天野清　1972　幼児の読み書き能力　東京書籍
岡本夏木　1985　ことばと発達　岩波書店
大藤素子　2002　アメリカの教育改革がキンダーガーテンの文字教育にもたらした影響について―成熟論からイマージェント・リタラシーへの変遷　乳幼児教育学研究, 11, 11-21.
Postman, N. 1982 *The disappearance of childhood*. London: Allen. ポストマン, N.（小柴一　訳）　2001　子どもはもういない　新樹社
高橋登　2000　読む力はどう育つのか－文字への気付きと音への意識　月刊言語, 29(7), 68-75.
内田伸子　1989　物語ることから文字作文へ－読み書き能力の発達と文字作文の成立過程　読書科学, 33, 10-24.
内田伸子　1998　読み書き能力の獲得　内田伸子（編）　言語発達心理学－読む書く話すの発達　第5章　放送大学教育振興会, 67-84.
内田伸子　1999　発達心理学：ことばの獲得と教育　岩波書店
Vygotsky, L. S. 1934 *Myshlenie i rech'* ヴィゴツキー, L. S.（柴田義松　訳）　2001　思考と言語（新訳版）　新読書社

Chapter ⓫ 子どもは文字をどのように自分のものとするか

第12章 子どもの絵の発達

🌸 本章のねらい

　本章では、みなさんにさまざまな観点から「子どもの絵」のおもしろさや魅力について紹介していきたいと考えています。たしかに子どもの絵はどれもユニークで、見ているだけでも飽きることがありません。しかし、子どもの絵の本当の面白さは、その絵を描いている子どもの思考や認知の面白さを深く理解できたときに、より一層深く、大きなものとなるのです。

　まず、第1節では、人物画の初期形態である「頭足人」を例に、謎と秘密のベールに包まれた子どもの絵の世界にみなさんを誘います。第2節では、乳幼児期から学童期にかけての子どもの絵の発達的特徴を概観していきます。第3節では、プロセス・アプローチと呼ばれる描画過程の詳細な分析による研究例を紹介することで、子どもが絵を描く際の認知プロセスの秘密に迫ります。第4節では子どもの絵をさらに楽しむためのポイントを解説します。

　子どもの絵の魅力や不思議について考えることは、子どもそのものの魅力や不思議について考えることに他なりません。将来、保育者や教師として子どもたちに関わるみなさんには、子どもの絵の魅力だけでなく、子どもの魅力についてもお伝えできればと思っています。

● 予習アクティビティー

1. あなたは「子どもの絵」と聞いて、どのような絵をイメージしますか？実際に紙に描いてみましょう。
2. あなたは子どもの頃に絵を描いたり、絵を使った遊びをしていましたか？どのような絵を描いていたか、どのような遊びをしていたかを思い出して、グループでも話し合ってみましょう。

1 子どもの絵の不思議

① 「子どもの絵」の発見

　世界各地の洞窟や岩壁に残された壁画を見ていると、私たち人類が"絵を描く"という一つの文化を有史以前から脈々と受け継いできたことを実感させられます（**資料12－1**）。ところが人類が刻み続けてきた悠久の美術史にあって、「子どもの絵」の歴史はまだ始まったばかりといえるのです。
　「子どもの絵」の研究は、高橋敏之（2006）によるとイベニーザー・クックの「美術教育と子どもの本性」（Cooke, E. 1885）やコラド・リッチ（Ricci, C. 1887）の『小さな子どもたちの美術』にその起源をみることができます。つまり、子どもの絵が「発見」されてからまだ100年ほどしか経っていないのです。それゆえ、子どもの絵にはまだ解明されていない点がたくさん残されています。

② 頭足人の秘密と謎

　みなさんは**資料12－2**に示したような絵を見たことがあるでしょうか。あるいは《予習1》でこれらと似た絵を描いた人がいるかもしれません。これは子どもが描く人物画の初期の形態で「頭足人」と呼ばれており、頭

資料12－1 悠久の歴史を刻んできた絵画の文化

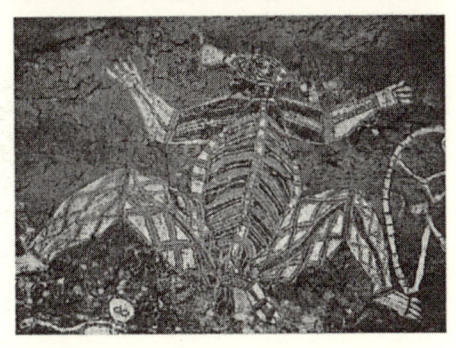

*約15,000年前にクロマニョン人が描いたとされるラスコー洞窟の壁画（左）とカカドゥ国立公園（オーストラリア）の岩陰にあるアボリジニの描いた壁画（右）（フリー百科事典『ウィキペディア』より）

部を表すとされる円形部分とそこから出ている手足を表す描線によって構成されます。こうした人物表現は、日本だけでなく広範な文化圏で出現することが知られており、ドイツ語でも Kopffüssler（頭足人）と呼ばれており、英語（tadpole figure）やフランス語（hommes-têtards）では「おたまじゃくし人間」と表現されているようです。

　このように、頭足人は子どもの人物画の典型としてよく知られているにもかかわらず、まだ多くの謎が残されています。その一つは「頭足人には胴体が本当にないのか？」という疑問です。みなさんはどう思われますか？

　コックスとパーキン（Cox & Parkin, 1986）は、子どもたちが頭足人を描いた後に「この人のお臍はどこにあると思う？」と訊ねてみることにしました。すると約半数の子どもたちは、「頭」の中にお臍を描き、残りの子どもたちは、両脚の間にお臍を描いたというのです（**資料12－3**）。また、バセット（Bassett, 1977）は頭足人を描いた子どもたち12人にボール紙のパーツを組み合わせて人物を作らせてみました。すると頭足人を描いている子どもたち全員が胴体のある人物を構成したというのです（**資料12－4**）。

　このように、一見すると胴体は描かれていないように思われる頭足人ですが、事はそれほど単純ではないようです。頭足人についてはこれまでも「人物表象の未分化説」や「プランニング能力の未発達説」など諸説が唱えられてきましたが結論には至っていません。頭足人に限らず子どもの絵にはいまだ解明されていない多くのナゾやヒミツが残されているのです。

2　子どもの絵の発達過程

　本節では、乳児期から学童期前半の子どもが描く絵について、その発達的な変化をたどりながら、各時期の特徴について概観してみることにしましょう。

① なぐりがき期

　なぐりがき（錯画、掻画、スクリブル）とは、子どもが筆記具（鉛筆、

Chapter 12 子どもの絵の発達

資料12-2　頭足人にはまだまだ多くの謎が残されている

M 4.5　　M 3.8　　F 4.2

F 3.11　　F 3.6

F 4.3　　M 3.6

(Thomas & Silk, 1990)

資料12-3　頭足人のお臍はどこにある?

おへそ　　a　　b　　おへそ

(Cox & Parkin, 1986)

資料12-4　バセットの実験で用いられた人物構成のパーツ

a　　b

(Bassett, 1977)

クレパス、マーカーなど）を紙などの上で動かしたり、叩きつけたりすることによってできた痕跡のことをいいます。なぐりがきは1歳ごろに始まりますが、腕や手首の統制機能が発達していくにつれて、《点描》→《無秩序な線描》→《横の往復線》→《縦の往復線》→《なめらかな円錯画》というように発達的に変化していきます（**資料12-5**）。また、チンパンジーでも適切な画材を与えて訓練をすると、なぐりがきができるということが知られています（**資料12-6**）。

　なぐりがきはその描線自体が何かを表現しているわけではありません。ですから、この時期の絵を「表現」として捉えるか否かについては議論の余地が残されます。しかし、子どもたちの様子を観察していると、なぐりがきをしながら声を出したり、自分で描いた痕跡に注意を向けたり、指をさしたりしています。少し大きくなれば描きながらいろんなお話もしてくれるでしょう。幼い子どもたちにとって「お絵かき」を通して大人とのやりとりやコミュニケーションを楽しむという経験は、表現活動の土台となる「表現することは楽しい」という思いを培ううえで大切といえるでしょう。

②象徴期（意味づけ期）

　2歳から3歳ごろになると、子どもたちは自分が描いたなぐりがきや簡単な形に対して「○○ちゃん」、「パパ」、「ママ」、「ブーブー（自動車）」などと命名（意味づけ）をするようになります。こうした変化が起こる背景には子どもの象徴機能の発達が関係していますが、この段階では絵を描き始める前から「○○を描こう」という明確な意図があるわけではありません。描いているうちに自分の描いた形（丸や線）と過去のイメージとが結びつくことによって意味づけされていくのが一つの特徴です（**資料12-7**）。

③前図式期（カタログ期）

　やがて子どもたちは次々と浮かんでくる事物のイメージを、丸・線・十字・四角といった簡単な形を組み合わせて描いていきます。そして、このときに用いられる定型的な表現のことを「図式」（スキーマ）といいます。第1節で紹介した「頭足人」も人物表現の図式の一つといえるでしょう。

Chapter 12 子どもの絵の発達

資料12-5　なぐりがき（スクリブル）の描画例

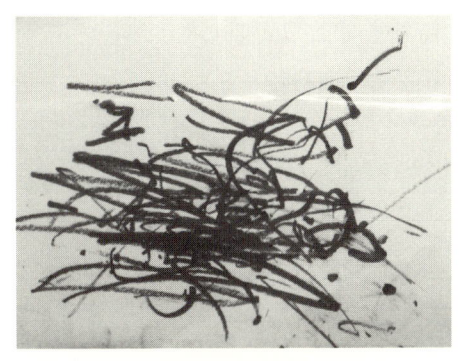

左右の往復線 　　　　　　　　　　　　円錯画

資料12-6　チンパンジーが描いたなぐりがきの例

（中原, 2001より引用）

資料12-7　象徴期の描画例（2歳8ヵ月）

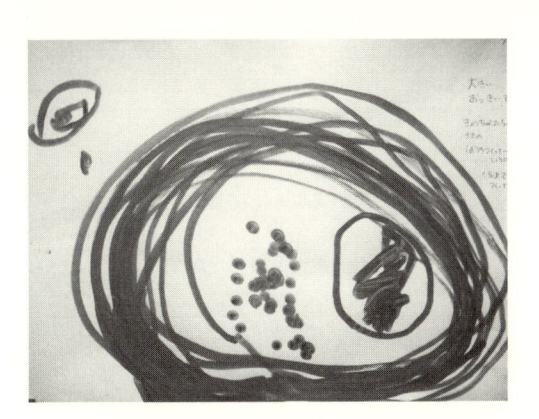

きょうか：おおきい　おっきい　てんぐきょうちゃんたちのとこに来たの
保育者：「おうちつくって～」っていいに来たんやな
きょうか：くるまでつくってあげたな

〔解説〕
　保育園（2歳児クラス）の運動会が終わった後に描いた絵。運動会では、家がこわれてしまった天狗さんを助けるべく、二人一組になって手押し一輪車で積木を運び、坂道をのぼって天狗さんの家をつくってあげたそうです。

このように図式を多用して絵を描いていく時期を「図式期」といいます。ただし、5歳ごろまでは一枚の絵としてのまとまりがなく、商品カタログのように事物が羅列的に描かれることから、この時期を「前図式期」や「カタログ期」と呼んで図式期と区別することもあります（**資料12－8**）。

④ 図式期

5歳頃から学童期前半にかけて、図式のバリエーションはさらに豊かになっていきます。また、地面や基準線を表す「基底線」が出現するなど、絵の中に位置関係や因果関係が表現されるようになります。しかし、まだ遠近法等を用いて特定の視点からの眺めを描くことはできず、しばしば「視点の混合」がみられます（**資料12－9**）。たとえば、乗馬している人を描く際に馬は横向きに人は正面向きに描いたり、見えるはずのないお母さんのお腹の中にいる赤ちゃんを描いたり（レントゲン画）、運動会の絵でトラックに沿って人物を放射状に描いたり（展開図法）というものです。

視点の混合は視覚的にリアルな絵を目指すという意味では未熟な表現といえますが、情報伝達という意味では事物の特徴と空間的な情報を見事に両立させた表現ともいえます。何より保育や教育では、こうした方略を用いて子どもが何を表現したかったかを考えることのほうが大切でしょう。

3 描画過程から子どもの絵のおもしろさを探る

ここまでみてきたように、「子どもの絵」は大人が描く絵とは違って、とてもユニークです。では、子どもが描く絵はどうしてそのような絵になるのでしょうか？　本節では、子どもたちの描く「頭でっかちの人物画」を例に、その謎に迫ってみることにしましょう。

① 頭から描くから頭でっかちになるのか？

子どもが描く人物画は、実際の比率や大人が描くそれに比べて、頭部が大きく描かれることが知られています。余談になりますが、人物画は子ど

Chapter 12 子どもの絵の発達

資料12-8　前図式期の描画例

資料12-9　図式期の描画例

基底線表現

視点の混合
※バスは横向きで、人は正面を向いている

レントゲン画
（寺内, 2001）

展開図法

もが描く絵の中でも特別な位置を占めています。それは年齢による表現方法の違いが比較的顕著で、身体意識と対応づけられた解釈も容易なことから、知能や性格などを測定する心理テストとして広く利用されてきた経緯があるからです。

これまで「頭でっかちの人物画」もさまざまな解釈がされてきました。たとえば、「子どもたちが頭を実際以上に大きいと思っている」や「他の身体部位より重要と考えている」という直感的な解釈から、「男児の描く大頭の母性像は母への依存が強く、逆に小頭は知的劣等感と身体の衝動をおさえる頭部機能の拒否を示唆する」といった無意識を強調した解釈などです。

トーマスとツァリミ（Thomas & Tsalimi, 1988）は、3歳から8歳の子どもたちに自由に人物画を描かせたところ、多くの子どもたちは頭から人物画を描き始めたといいます（**資料12-10**）。そこで、今度は、子どもたちの半数には頭から描き始めるように、残りの半数には胴体から描き始めるように指示をしました。すると胴体から描き始めた子どもたちの多くが視覚的に正確な比率（頭：胴体=1：6）に近い比率で人物を描いたというのです（**資料12-11**）。

つまり、この実験から、頭から描くという描き順（描画方略）が「頭でっかちの人物画」を生み出す一つの要因になっていたことが示唆されたのでした。

② 子どものプランニング能力と人物画の関係

ヘンダーソンとトーマス（Henderson & Thomas, 1990）は、子どもたちは、頭（顔）の中には目・鼻・口などを描く必要があることを知っているために、あらかじめ頭を大きく描いているのではないかと考えました。そこで、4歳から7歳の子どもたちを対象に次のような実験をしてみました。

まず、1枚目は全員に普段描いている通りに人物画を描いてもらいます。そして、2枚目は、それぞれ顔や胴体の中に描く要素を変えて描いてもらうことにしました。

たとえば、ある子どもたちには「今度はこの人の歯を見せてくれるかな？」と言って歯のある人物を描いてもらいました。また、別の子どもたちには、「今度はこの人に光り輝くボタンと大きなポケットのついたジャケットを着せてくれるかな？」と上着を着た人物を描かせることにしました。

Chapter 12 子どもの絵の発達

資料12-10　人物画の「頭-胴」比率と描き順の関係

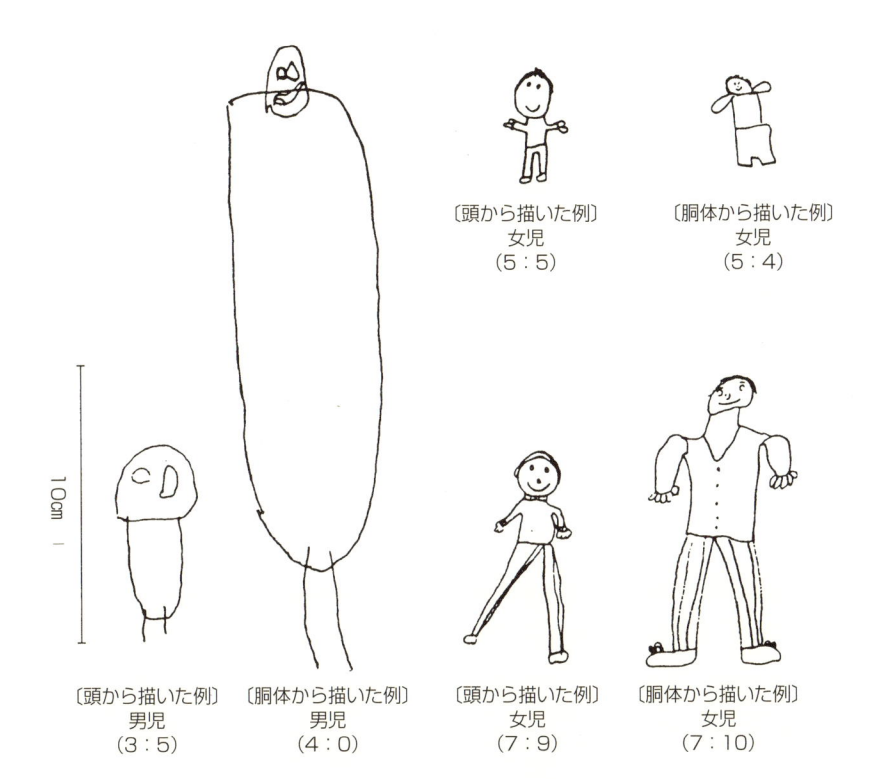

〔頭から描いた例〕
女児
（5：5）

〔胴体から描いた例〕
女児
（5：4）

〔頭から描いた例〕
男児
（3：5）

〔胴体から描いた例〕
男児
（4：0）

〔頭から描いた例〕
女児
（7：9）

〔胴体から描いた例〕
女児
（7：10）

各年齢群における描画例（自画描画）
カッコ内は描いた子どもの年齢

(Thomas & Tsalimi, 1988)

資料12-11　人物画の描き順が「頭-胴」比率に与える影響

(単位 cm)

	年齢（歳）			
	5-6		7-8	
	頭	胴体	頭	胴体
頭から描いた場合	3.195	3.405	3.876	6.456
胴体から描いた場合	2.08	13.071	2.599	12.752

(Thomas & Tsalimi, 1988)

195

他にも「今度は顔が見えないように後ろ姿を描いてくれるかな？」といって人物画に目や鼻や口を描かなくてすむようにしたり、1枚目と2枚目で描く要素が変わらなければ絵の比率も変わらないことを確かめるために、「はじめに描いてもらった人とまったく同じ双子(ふたご)の人を描いてくれるかな？」という「双子条件」で描いてもらう子どもたちのグループも作りました。

　この実験の結果は、とても興味深いものになりました（**資料12-12**）。歯を描かせた子どもたちは予想通り頭部を大きく描き、逆に後ろ姿を描かせた子どもたちは頭部を小さく描いたのです。また、上着を描かせた子どもたちは胴体をより大きく描いたことも分かりました。このことから、子どもたちは頭や胴体を描くときに、その中に描く予定のものをあらかじめ考慮に入れて描いていることが示されたのです。

　このように「頭デッカチの人物画」を例にとってみても、子どもたちの描く絵に対するこれまでの解釈がいかに短絡的なものであったかがよく分かります。ところで、トーマスとツァリミ（Thomas & Tsalimi, 1988）やヘンダーソンとトーマス（Henderson & Thomas, 1990）のように、子どもが絵を描いていく過程（プロセス）を詳細に分析することによって、子どもの認知や思考について研究していく方法をプロセス・アプローチと呼んでいます。

　このプロセス・アプローチによって、絵を描くという行為が、実は複雑な問題解決過程を含んだものであり、子どもの絵のおもしろさは出来上がった絵だけでなく、その描画過程にこそ隠されていることが分かってきたのです。

4　子どもの絵の楽しみ方

　ここまで、絵から見えてくる子どもの発達的な特徴や、絵を描く過程から見えてきた子どもの認知プロセスの面白さについて紹介してきました。しかし、これだけでは子どもの絵のおもしろさは語り尽くせません。最後に子どもの絵をさらに楽しむための秘訣を紹介することにしましょう。

Chapter 12 子どもの絵の発達

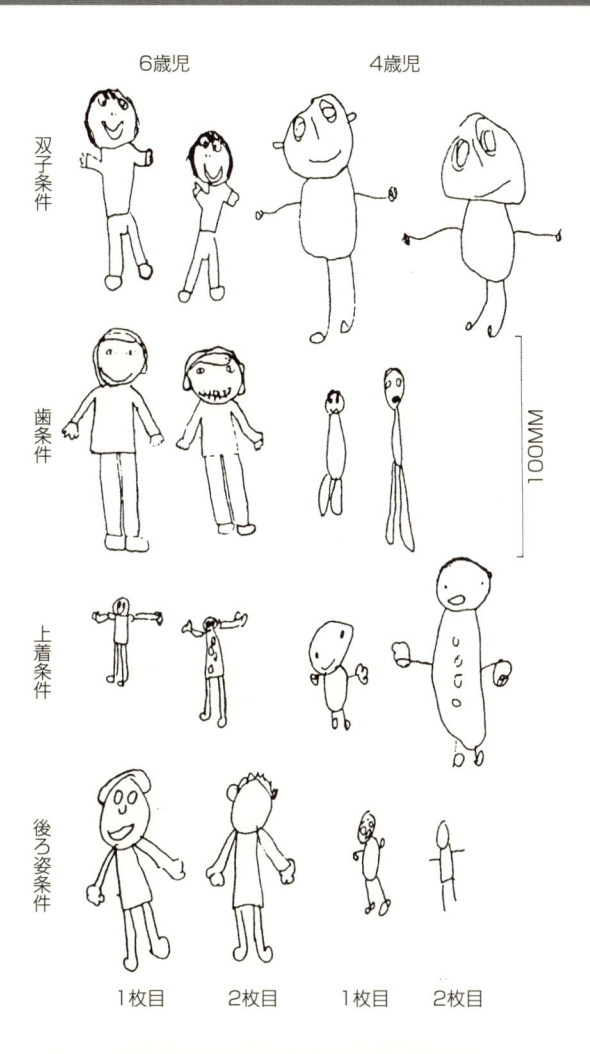

資料12−12 描く要素による「頭-胴体」比率の変化

6歳児　　　4歳児

双子条件

歯条件

100MM

上着条件

後ろ姿条件

1枚目　2枚目　1枚目　2枚目

各条件における［頭／胴体］比率

条件	描画	年齢群		
		4−5	5−6	6−7
双子	1枚目	1.12	0.81	1.61
	2枚目	1.38	0.83	1.73
歯	1枚目	0.89	0.92	0.99
	2枚目	1.63	1.39	2.05
上着	1枚目	1.83	2.10	0.97
	2枚目	0.89	0.96	0.87
後ろ姿	1枚目	1.16	1.56	0.95
	2枚目	0.83	0.69	0.90

(Henderson & Thomas, 1990)

① 子どもの絵に耳を傾けてみる

　もし、保育園や幼稚園に出かける機会があったら、ぜひ子どもたちが絵を描いている様子を観察してみてください。きっと友だちや先生とお喋りや対話を楽しみながら描いていることに気づくでしょう。1枚の子どもの絵にはそんなあふれんばかりの思いがいっぱい詰まっているのです。

　保育や幼児教育の世界には「子どもの絵は見るものでなく聴くものである」という格言があります。このことばは、子どもの本当の思いというものは出来上がった絵だけを見ていても分からない。子どもの絵を見る時には、その絵に込められた子どもの思いに耳を傾ける気持ちが必要だということを教えてくれます。**資料12-13**は、みほちゃん（3歳2ヵ月）が保育園でプールの後に、先生や友だちといっぱいお話をしながら描いた絵です。先生や友だちの絵をいっぱい描いた後に、でも最後はやっぱり大好きな家族の絵を描いたのでした。

② あそびとして楽しむ子どもの絵

　子どもたちはいつも自分を表現するために絵を描いているわけではありません。子どもたちが絵を描く様子を見ていると「絵にはもっといろんな楽しみ方があるんだよ！」と私たち大人に教えてくれているようにも思えてきます。

　たとえば**資料12-14**は、3歳のTちゃんが、まるでままごとを楽しむかのように絵の中のお鍋でカレー作りを楽しみながら描いた絵です（田中, 1991）。また、大きな紙に難しい迷路を描くことを楽しんだり、図鑑を見ながらできるだけリアルに恐竜を描こうとする子どもたちもいます。このように、子どもたちは、遊びの一つとして絵を描く活動も楽しんでいるようです。私たち大人ももっと絵の楽しみ方を子どもたちから学ぶ必要があるのかもしれません。

Chapter 12 子どもの絵の発達

資料12−13　みほちゃん(3歳2ヵ月)がプールに入った後に描いた絵

（京藤・平沼, 2007,『現代と保育』68号より引用）

み　ほ「やまもとせんせい」
保育者「せんせい誰かとひっついてんのかなぁ。誰とひっついてんのやろ」
み　ほ「みーみと ひっついてるの」
保育者「あっ、またひっついたなぁ。みーみは誰とひっついてんの？」
み　ほ「はるなちゃん、ひっついてるの」
保育者「はるなちゃんは誰とひっついてんの？」
み　ほ「ひとみちゃん、ひっついてるの」
あ　ん「あんちゃんも かいて」（と、横にいた あんちゃんが言う）
み　ほ「あんちゃんもかいてあげた。ママ。パパ。ひっついてるの。ゆうたくん」

資料12−14　ごっこ遊びとして展開する描画活動

T：小さい丸をいくつも描いて、「お芋がたくさんころがってきちゃった」

保育者：「Tちゃん、お芋が好きだね。お芋どうやって食べようか。カレーライスにして食べようかな」
T：「いいよ」
保育者：「チョキ、チョキって切るか、じゃあ」
T：描いた丸の芋の上に線をクレヨンで引きながら「チョキ　チョキ」と、お芋を切っているつもり。保育者もそれに合わせて「チョキ　チョキ」と声をかけている。（全部の丸を線で切ると）「先生、食べてもいいよ」
保育者：「でも、お鍋でグツグツになくちゃ、お鍋かいてあげるか」と、別の紙にお鍋を書く（図A参照）

T：鍋の外に描いてあった小さい丸を指差して「あっ、出ちゃったー（鍋の中から）」
保育者：「あっ、たいへん、たいへん。入れて、入れて」
T：その丸を手でつかんで鍋の中に入れる真似を何度もする。
保育者：それに合わせて「たいへん、たいへん」と声をかける。
保育者：（カレーライスができて）「じゃあ、みんなのお皿用意してあげるかな、カレーライス食べるから」と新しい紙を出す。
T：その紙に丸をたくさん描きながら「お皿」といっている。（図B参照）
保育者：「お皿いっぱい」
T：お皿の下に細長い丸を描き「こっちね、テーブル」

A　　　　　　　　　　　　B

T：「このお鍋入れて、この中」といいながら、先に描いたお芋を手でつかんで保育者の描いたお鍋に入れる真似。そして、保育者とTと一緒にお鍋の中にお芋や人参を描く。
保育者：「ボーッ、ボーッて火燃えているかな」
T：鍋の上の方に「ボーッ、ボーッ」といいながら縦線をいっぱい描く。
保育者：「ガスですよ、ここから」といい、鍋の下の方に炎を「ボーッ、ボーッ、グツグツ」といいながら描いてやる。

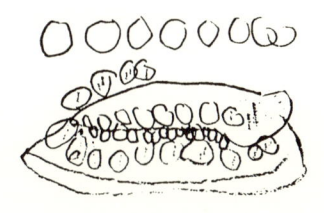

保育者：「あっ、テーブル。誰すわろうかな？　先生すわろうかな、Aちゃんすわろうかな？」
T：テーブルの周囲に小さい丸を描くと「こっちにね、先生」
保育者：「それから？」
T：また小さい丸を描いて「Aちゃん」。同じように繰り返して「Hくん、Gくん、…」とクラス全員をテーブルの周囲に小さな丸で描く。
保育者：「これで、みんなになっちゃった」

（田中, 1991）

●復習アクティビティー

1．あなたが面白いと感じた子どもの絵の秘密や謎に迫るような実験計画を考えてみましょう。
2．実際に子どもと一緒に会話を楽しみながら絵を描いてみましょう。

もっと深く学びたい人のために

コックス，M．（子安増生　訳）　1999　子どもの絵と心の発達　有斐閣選書

ワロン，Ph．（加藤義信　訳）　2002　子どもの絵の心理学入門　白水社（文庫クセジュ）

ワロン，Ph．・カンビエ，A．・エンゲラール，D．（加藤義信・日下正一　訳）　1995　子どもの絵の心理学　名古屋大学出版会

寺内定夫　2001　絵で聴く子どもの優しさ　萌文社

田中義和　1997　描くあそびを楽しむ　ひとなる書房

トーマス，G．V．・シルク，A．M．J．（中川作一　監訳）　1996　子どもの描画心理学　法政大学出版局

引用文献

Bassett, E. M. 1977 Production strategies in the child's drawing. In G. Butterworth (Ed.), *The child's representation of the world*. NewYork: Plenum Press.

Cox, M. V., & Parkin, C. 1986 Young children's human figure drawing: Cross-sectional and longitudinal studies. *Educational Psychology*, 6, 353-368.

フリー百科事典『ウィキペディア（Wikipedia）』「ラスコー洞窟」「カカドゥ国立公園」（2008年2月7日現在）

Henderson, J. A., & Thomas, G. V.　1990　Looking ahead: planning for the inclusion of detail affects relative sizes of head and trunk in children's human figure drawing. *British Journal of Developmental Psychology*, 8, 383-391.

京藤真由子・平沼博将　2007　《連載》実践記録の真価に迫る　第一回「新人時代こそ保育実践の手ごたえをめいっぱい感じたい」　現代と保育，68, 116-131.

中原佑介　2001　ヒトはなぜ絵を描くのか　フィルムアート社

高橋敏之　2006　幼児の造形表現の基礎理解　名須川知子・高橋敏之（編著）　保育内容「表現」論　ミネルヴァ書房

田中義和　1991　イメージの発展を楽しむ遊びとしての描画活動　山崎愛世・心理科学研究会（編著）　遊びの発達心理学　萌文社

Thomas, G. V., & Silk, A.M.J. 1990 An introduction to the psychology of children's drawings New York: NYU Press.　トーマス，G・シルク，A．（中川作一　監訳）　1996　子どもの描画心理学　法政大学出版局

Thomas, G. V., & Tsalimi, A.　1988　Effects of order of drawing head and trunk on their relative sizes in children's human figure drawings. *British Journal of Developmental Psychology*, 6, 191-203.

第Ⅳ部

障害をもつ子の世界

第13章 自閉症児の心の世界

🌸 本章のねらい

「自閉症」という障害は、今や、多くの人が知っているでしょう。しかし、自閉症の心の世界についての知識をどれくらいの人が持っているのでしょうか？ この章のねらいは、自閉症児を対象とした研究や報告をもとに、彼らの心の世界を描写し、その困難さを理解することです。

●予習アクティビティー

1. 自閉症について知っていることをまとめてみましょう。
2. ことば以外の方法で、次のような状況を人に伝えてみましょう。
   「うれしい気持ち」
   「それを、取ってください」
   「消しゴムないかな？」

1 自閉症児の発達を支えるために知っておきたいこと

① 自閉症児の心の世界を理解するために

1943年に精神科医であるレオ・カナーが、自らのクリニックで出会った11名の特徴的な行動を示す子どもたちについて報告しました。このときから、自閉症を理解する試みが始まったといえます。この障害が、生まれながらの発達障害であることは、いまでは、広く認識されています。しかし、これまでの歴史を紐解くと、①不適切な家庭環境におかれているために生じる障害、②言語を理解できないために起きる障害、と考えられていた時

代がありました。

　自閉症は、明らかな原因は解明されていませんが、人とのかかわり方に特徴のある障害です。たとえば、自閉症児は、互いの視線が合ったときに微笑むことや、「先生、見てて」など、自分の行動を見守って欲しいなどの要求を表現することはあまりありません（友だちが言っていることをまねて言うことはありますが……）。自閉症は、生まれながらの発達障害であるので、第Ⅰ部で述べられた乳幼児期に発達する豊かなコミュニケーションを、自らの力で、養育者と結び、作り上げていくことに困難さを抱えています。人とのかかわりに困難さをもつからこそ、保育士・教師は、自閉症児の心の世界を理解する必要性があります。

　現在、自閉症児の心の世界を理解しようと試みる3つの立場があります。1つ目は、第Ⅱ部6章でも紹介のあった「心の理論」や、その理論を獲得する基盤となる他者との情動的交わりにともなって広がる世界をもてないために、ことばの発達を始め、日常的なコミュニケーションに支障がでると考える立場です。これは、社会相互的な関係から自閉症児の心の世界を理解する立場といえます。

　2つ目は、コミュニケーション上の問題を自閉症児の認知特性から理解する立場です。この立場では、人の表情の変化をはじめ、自分の周囲で起きていることを読みとるときに、通常用いる情報を上手く取り入れることができないために生じると考えます。たとえば、健常児の子どもであれば、絵本に描かれている絵全体へ注意を向けることと話の筋をとらえることを同時に行いながら、読み聞かせを楽しむことができます。これは、お話を聴きながら、その内容に合う描写へ視線を向けることが同時にできるということです。しかし、自閉症児は、聞くことと見ることといった複数の情報を一度に取り入れて、それらを統合して処理することが苦手です。また、自閉症児の認知特徴として、一度に全体を捉えることに困難さがあると指摘されています。このため、絵の細部やことばの一部のみへ関心を向けてしまいます。結果的に、読み手は、絵本を読みながら、その自閉症児と共有する世界を広げることが難しくなります。

　3つ目は、行動を調節することに困難さを抱えていると考える立場です。日常、よく目にするのは、クーベルハーン（玉を転がすオモチャ：自閉症児の好きな遊び・オモチャ）で遊び始めると、なかなか他の遊びに移ることができない、また、逆に、次々とオモチャを変えてしまって一つのこと

に取り組めない姿です。

　私たちが子どもの遊びを目にしたとき、その遊びの中に目的や計画がこめられて、それに向かって実行する姿に、その子なりの遊びが展開され、豊かであると感じます。そうした行動は、決して衝動的に行われるのではなく、見通しをもって調節して行なわれています。この立場では、自閉症はこうした行動の調節に困難さを持っていると解釈します。自閉症児は、変化を嫌うといわれています。このことは、状況等が変化すると、そのたびに自らの行動を調節し直す必要が生じることが背景にあるかもしれません。

　この3つの立場だけで、自閉症児の心の世界全体を理解することはできません。それでもこれらの考えは、彼らの心の世界を理解する手がかりとなります。そして、忘れてはならないことは、今ここにいる自閉症児の行動や心の世界を多面的に理解しようとする保育士・養育者の柔軟な姿勢です。

② 医学的な診断

　自閉症児が発達障害であること、そして、自閉症児の心の世界を理解する手がかりとなる3つの立場を紹介しました。ここでは、自閉症の姿を理解するために、どのような行動をもって、自閉症と診断されるかをみていきます。医学的な診断基準のことです。

　自閉症は、医師が診断する障害の名前です。自閉症は、3つの障害によって診断されます。それらは、①社会性の障害（社会的相互交渉の質的異常）、②コミュニケーションの障害（コミュニケーションの質的異常）、③想像力とそれに基づく行動の障害（反復的行動パターンと関心の著しい限局）です。これらは、アメリカ精神医学会の「精神疾患の診断・統計マニュアル」や世界保健機関（WHO）による「国際疾病分類」（ICD）の中で解説されています（章末コラム1参照）。

　こうした診断基準以外にも感覚・知覚の過敏さや鈍感さが指摘されています。通常であれば許容できるくらいの音を異常に大きく感じてしまうことや、人に触られることを極度に嫌がることが、例としてあげられます。たとえば、触覚的な過敏さのある場合、養育者が抱き上げようと自閉症児に触れると、すぐに逃げてしまうことになります。さらに、こうした感

覚・知覚の過敏さは、養育上の困難さを引き起こします。例をあげると、自閉症児自身は、心理的に養育者に抱かれたいが、いざ抱かれるとすぐに感覚的に拒否してしまい、子どものなかで矛盾が生じ、イライラとした状態が続き、結果的に育てにくい子となります。感覚や知覚の過敏さは、偏食の問題だけでなく食材の温度や硬さなどの加工法、衣服の面では素材・形などに気を使う必要が生じ、養育者には、日常生活を送るうえで深刻な問題です。

ここでは、医学的な診断基準である3つの症状を日常的な行動を通して理解を深めていきます。

❶社会性の障害

社会性の障害とは、人と情緒的な関係を結ぶことができないことをいいます。人に対する関心がないこと、また、親しい人とそうでない人の区別をつけられないことも含みます。以下の1～4に例をあげます。

1. 興味・関心を引くことが難しい。人が声をかけても、視線を話者へ向けることをしない、または、気がついていないような様子を示す。
2. 自分の必要なものや関心のあるものをとりに行くときに、許可を得ること、また、要求を伝えてくることがない。何でも自分でやってしまい、人の助けを必要としない。
3. 人が指さしをして知らせようとしても、その指さしが何を示しているのかわからない。また、子ども自身が指さしをしない、あるいは、指さしすることがあっても、振り返って、相手の反応を確認することをしない。
4. 自分のペースを乱されるような介入を極端にいやがる。また、ゲームなど協力して遊ぶ場面では、独りよがりなルールを作ることや勝ちにこだわり、負けそうになると遊びを中断してしまう。

❷コミュニケーションの障害

コミュニケーションには、ことばの理解だけでなく、身振り・表情といった、ことば以外を読みとることも重要です。自閉症のコミュニケーション障害は、非言語コミュニケーションに顕著に現われます。ことばの意味をとり違えたり、誰に対して話しかけているか解らないような話し方をする場合があります。以下の1～4に例をあげます。

1．ことばの発達が他の能力に比べて遅れている。
2．うなずいたり、首を振る、相槌（あいづち）をうつなどのコミュニケーションを円滑に進めるための身振りをうまく使えないので、会話が広がらない。また、相手の言っていることが分からないので、会話とならず、自分の話したいことだけを一方的に話してしまう。
3．自分の思っていることが伝わらないときに、言い換えたり、身振りなどを用いてなんとか伝えようとすることがない。うまく伝わらないと、イライラして乱暴なことばを使ったり、相手を非難する。
4．同じことを何度も言ったり、以前経験したのとまったく同じように相手が応じるまで、執拗に要求を繰り返す。

❸想像力とそれに基づく行動の障害

　想像力と聞くと、ファンタジーや空想などを思い浮かべます。自閉症児が抱えている障害は、そうしたファンタジーや空想する能力のベースとなるような、「物事を見通す」ことができないがゆえに生じる障害と言い換えることもできます。予測・予期ともいえます。私たちは、予期しない事態に直面したときに、励まされたり、いたわられるなど、他者との関係において、その戸惑いをのりこえていく力を持っています。しかし、自閉症児の場合は、他者との情動的なつながりを基盤として対処することができないので、結果的に、新しいことに挑戦するゆとりを持つことができない事態が生じます。それが感覚的な遊びに固執したり、こだわり行動として現われるとも解釈できます。

1．いつも同じ手順や同じ道を通りたがる。同じものしか食べない。たとえば、車に乗ると、必ずマクドナルドに行かなければ怒る。マクドナルドでは、必ずチキンナゲットを決まった席で食べる。
2．オモチャの遊び方にバリエーションがない。
3．ごっこ遊びやふり遊びをしない。また、そうした遊びの仲間に入れない。あるいは、いつも同じ役しかできない。
4．描画する内容がいつも同じである。遠足に行ったときの絵は描けないが、漫画のキャラクターは上手くかけるなど、一定の手続きでならば描ける。

　医学的な診断に必要な3つの症状について具体的に示しました。医学的な診断は医師が行うのは当然ですが、日々の生活の中でこれらのことを心

に留めて、保育・教育にあたることは大切です。

③ コミュニケーション障害をみつける目

　乳児期から1歳半ごろまでの対人的な行動をみると、生後9ヵ月頃に共同注意の成立や社会的参照が出現し、他者の意図の存在に気づくようになります。そして、生後18ヵ月頃には、他者の行動の目的を状況から判断するといった、行為にこめられた意図（の内容）をある程度は理解するようになるといわれています。さらに、2歳過ぎには、他者と自己の意図を調節することが可能となります。

　これらの時期は、コミュニケーション発達の重要な節目です。しかし、残念ながら、これらの時期にコミュニケーション上の障害になかなか気づかないのが現状です。自閉症児と診断される時期は、イギリスの調査では、知的障害を伴う場合は平均15〜17ヵ月頃で、知的障害を伴わない場合は平均20〜22ヵ月でした（McConchie, 2005）。また、神尾たち（2006）は、知的障害を伴わない自閉症児が、何歳で診断されるかを首都圏と福岡での調査をもとに比較しました。その結果、医療機関への受診時期に約2年、確定診断の時期には、約4年の開きがあり、地域差があることを指摘しています。また、名古屋市の調査では、知的障害のない自閉症の場合、乳幼児健診で問題を指摘されない場合が数多く存在していました（鷲見ほか, 2006）。診断を受ける時期の遅れは、その後の教育的配慮を考えると深刻な問題です。

　自閉症は、生まれながらの発達障害ですから、診断の時期に国や地域による違いがあるとはいえ、養育者と情動的な関係の成立時期から何らかの育てにくさが現われているはずです（手のかからない、おとなしすぎる赤ちゃんも含めて）。それにもかかわらず、自閉症児のコミュニケーションの問題は、ことばの遅れとしてまず初めに指摘されている現状があります。その時期は、1歳6ヵ月時の乳児検診のときです。先に示したように、この時期に「共同注意」「社会的参照」「指さし」「模倣」などの社会相互関係の発達指標となる行動は、すでに出現しているはずです。知的障害を伴わない自閉症の場合は、ことばの遅れを指摘されないことは多いのですが、話者の意図を読み取る力の観点から、その子どものコミュニケーション行動を分析すると、その子どものコミュニケーション上の弱さが行動の中に

現われている可能性は十分にあります。

　また、幼稚園や保育園にいる子どもたちのなかに、医学的に発達障害と診断は受けていないが、かんしゃくをすぐに起こす、新しいことに取り組めない、落ち着かないといった「ちょっと気になる」子どもたちがいます。こうした子どもたちの中に、将来自閉症と診断される可能性を持った子どもが含まれている場合があります（詳しくは次章）。就学前は、子どもの成長を見守りたいといった願いや、集団生活の中で初めて問題を認識することがあるからです。こうした子どもの生活環境を含めたコミュニケーション発達を考える視点は重要です。

　コミュニケーションの障害であると同定したり、診断するには、専門的知識や熟練を要します。しかし、その問題にいち早く気がつくのは、日々教育や保育にあたる人たちです。コミュニケーションの問題は、毎日の生活の中で、養育者を含めた複数の目でみていくことが必要です。とくに、保育士・教師に求められることは、各年齢で期待される社会相互的な関係を成立させる力がどのくらい育っているかといった、コミュニケーションの発達に関する知識をもって、注意深く子どもとかかわることでしょう。

　そこで、第2章と第3章で取り上げた共同注意、行為にこめられた意図と心の理論を通して、自閉症児特有のコミュニケーション問題をみていきます。

❶共同注意

　意図的な行為者を認識することのできる生後9ヵ月頃の発達は、自閉症児の早期発見に大きな意味を持っています。イナイ・イナイ・バー遊びを楽しめるようになる時期は、ちょうど意図的な行為者を認識する時期に重なり、何らかのコミュニケーション障害の徴候が、遊びの中にも出現していると思われます。経験を積んだ児童精神科や小児神経科の医師は、生後6ヵ月頃の様子をみて診断可能であるともいわれています。

　現在、自閉症と診断された子どもが、生後9ヵ月や18ヵ月頃をどのように過ごしていたかの調査（後方視的調査）が多く行われた結果、一定の成果を挙げています。また、わずかではありますが、乳幼児健康調査の結果、コミュニケーションやその他の発達に障害が疑われる子どもについての追跡調査（前方視的研究）も行われています（Baron-Cohen, 1992; 大神・実藤, 2006；神尾・稲田, 2006；Landa & Garrett-Mayer, 2006）。こうした追跡

調査の結果、コミュニケーション障害を検出できる行動として注目されているのは、先にあげた共同注意です。

　共同注意は、コミュニケーション障害をみつける手がかりとなります。ただ、このことばを用いるときに注意する必要があります。その理由は、初期の共同注意研究に、乳幼児がいつ頃から他者の視線を追うことができるかをテーマとして始まった歴史的経緯があるからです。乳児の視線の理解は、視野内のモノへ他者が視線を向けたときのみ、他者が見た対象物を同定できる段階から、視野外でも対象物を同定できる段階へと発達していきます。自閉症児の場合、他者が見ているところへ視線を向けることは、健常児と変わらなく可能です（別府, 2001；岡田ほか, 2002）。自閉症児が苦手なのは、他者がどのような意図をもって対象を見ているかを理解することにあります。このような理由から共同注意ということばを用いる際には、他者の視線の理解であるのか、他者と情緒的な交わりをもとにした世界を持っているかを区別することが必要となってきます。具体的に、この2つの違いについてみていきましょう。

　別府（2001）は、興味深い実験を行ないました。この実験では、自閉症児の背後でシャボン玉を飛ばし、自閉症児の目の前にいる大人が、そのシャボン玉を指さします。このとき、自閉症児がどのような行動を取るかを健常児と比較しました。結果をみると、自閉症児は、指さした方向を健常児と変わらない発達段階で見ることができます。つまり、対象物を同定する共同注意の成立（共同注視）は、通常発達の子どもとかわらない時期に成立したことになります。自閉症児と健常児との大きな違いは、健常児が、シャボン玉を見た後にもう一度、指さしをした目の前の大人に視線を投げかけたのに対して、自閉症児は、そうした行為がまったくなかったことでした。この行為に対して、別府は、次のように解釈しました。健常児は、「あなたが示したシャボン玉をみつけたよ」との意味を含めた視線を投げかけたが、自閉症児は、そうした他者との共有した世界がないので、確認の視線を向けなかったのではないかと。この実験から、他者と共有する世界は、健常児と同じ発達段階で成立していないことがわかりました。このことから共同注意の成立と視線の理解がまったく異なる発達的意味を持っていることも明らかになりました。

　こうした研究の結果、今では、視線を理解することと、他者と情緒的に共有した世界の中で対象を共有するといった視線の理解とを、区別する必

要があることが示唆されています。このため、研究者が特別に、「表象的共同注意」（小山・神土, 2004）や「意図共有的共同注意」（大藪, 2004）という表現によって、視線の理解と区別する場合もあります。現在では、コミュニケーション場面でこの用語を用いるときは、前提として、他者と情動の世界を共有し、その世界で意図をもつ存在としての他者を認識しているとして解釈されることが多くなってきました。

❷行為の中にこめられた意図を読みとること

　共同注意の重要性について述べました。そのうえで、自閉症児が困難なのは、他者がある対象や事象をなぜ見ているのか、あるいは、何を示そうと思っているのかを理解することであると述べました。それでは、共有した世界が成立していることを確認する方法はあるのでしょうか？

　自閉症児がどのようにして他者と共有した世界を作り上げていくのかは、今のところ明らかではありません。だからといって、自閉症児が他者と共有する世界を持っていないことにはなりません。ここでは、自閉症児が他者と共有する世界を何らかの形で獲得していることを示す実験を2つ紹介します。

　1つ目は、第3章でも紹介されたメルツォフの実験課題（51ページ参照）を自閉症児に行ったアルドリッジたち（Aldridge, et al, 2002）の実験です。この実験課題の意味を理解するうえで重要なことは、行為にこめられた意図を読み取る力でした。この課題を行うときに、実験者は、あらかじめ「○○をします」と明言しません。ですから、この課題に成功するには、他者の関心が何に向けられているか、また、何をしようとしているのかを予測する能力が必要です。あらかじめ明言していない他者の意図（行為の目的）を理解することは、他者と共有した世界を持っているからなせる技でしょう。

　この実験で、自閉症児は、興味深い結果を示しました。つまり、自閉症児（発達年齢13.8ヵ月、生活年齢2歳2ヵ月～4歳2ヵ月）と健常児（自閉症児の発達年齢に合わせ、14.4ヵ月頃）を比較した結果、自閉症児のほうが他者の行為の続きを成し遂げることが可能だったのです。補足ですが、自閉症児と知的なレベルを合わせるために比較した健常児群の年齢は、平均14.4ヵ月でした。この年齢では、健常児にとっては、他者の行為の中の意図を認識することは難しい年齢です。それに対して、自閉症児の生活年

齢は、2歳～4歳頃でした。社会的な経験の豊かさが結果に影響した可能性はあります。とはいえ、この実験結果から自閉症児は、行為の中にこめられた他者の意図を理解していないとは言えないことがわかりました。

　もう1つは、赤木・中嶋（2006）の実験です。この実験では、大人が○と△と□の型はめを自閉症児の前で行いました。そして、○の穴にわざと□の型はめピースを押し込もうとします。当然、はまるはずはありません。このとき、自閉症児は相手が何をしようとしているか、また、相手の行為の誤りを指摘することが可能かをみました。結果、自閉症児は、相手の行為の誤りを指摘することができました。つまり、他者の行為の中にこめられた意図を理解することができたといえます。

❸心の理論

　バロン＝コーエンは、マインド・リーディング（Mind Reading）を獲得するプロセスを仮説的に考え、自閉症児は「心の理論メカニズム」の獲得に困難さを持つと考えました。それは、次のような実験結果から導き出されています。自閉症児、自閉症児と同じ発達段階にある健常児、自閉症児よりも発達段階の低いダウン症児に心の理論課題（第6章資料6－2参照）を行いました。その結果、健常児との比較では、同じ発達段階であるにもかかわらず、自閉症児は課題に通過できませんでした。そのうえ自閉症児は、発達段階の低いダウン症児よりも課題通過率が低い結果でした。この結果から、自閉症児は心の理論を獲得することに障害があると結論づけたのです。しかしその後、自閉症の中にも心の理論課題を通過することが可能であるとの報告が多く出されるようになりました。

　こうした研究結果から、現在では自閉症児が健常児とは異なる方法で「心の理論」課題を通過している可能性や、さらには、他者の心的状態を理解するプロセス自体が通常発達と異なる可能性が指摘されるようになってきました。

　まとめると、自閉症児は通常とは異なるプロセスをたどって、共同注意・行為の中にこめられた他者の意図・心の理論を獲得している可能性があります。現在、自閉症児の心の世界を理解する試みは、ヒトはどのようにして他者の心の世界を理解しているのかといった視点から、霊長類研究やロボット工学など幅広い領域からも注目され、多くの領域で研究されています。

❹自閉症児の心の世界

　最近、自閉症者が自らの心の世界を語った書物が多く出版されてきました。こうした書物を通して、より自閉症の世界が分かるようになってきました。それらを読むと、彼らの心の世界は、通常の我々が感じる世界よりも、感覚的な鋭さに特徴的な世界であることが分かります。自閉症児の心の世界を杉山（2004）は異文化であると述べています。

　通常の発達であっても、乳幼児期は物理的な世界の成り立ちや、感覚的な世界の認識もままならず、混沌とした中で過ごしています。通常乳児は、養育者の腕の中で安心することができますが、自閉症児の場合は認識の世界にこれまで示したような制約があるために、安定や安心すること自体を経験していない可能性があります。

　では、自閉症児に対して、どのようなコミュニケーション援助が可能なのでしょうか？　次節では、コミュニケーション援助について述べます。

2　コミュニケーション援助のための手立て

　自閉症児と遊びを通してコミュニケーションをとることは、保育士・教師にとってはもちろんのこと、養育者にとっても容易なことではありません。言語を獲得する以前の自閉症児の場合、年齢自体が低いこともあり、ことさら難しさを感じます。通常の発達をたどっている子どもは、自らが他者を求め、社会的存在としての歩みを自ら切り開く力を持っています。ところが自閉症児は、社会的な存在として歩むことに困難さを抱えています。自閉症児とかかわりたい気持ちである養育者・保育士・教師の気持ちを加藤（2004）は、次のような詩で表しています（**資料13－1**）。

　　お気に入りのおもちゃで「一緒に遊ぼう」と近寄る
　　すっと、離れる
　　磁石の同極のように　その距離は縮まらない
　　一緒にあそぶことは、邪魔されること？
　　私は邪魔な存在？

Chapter ⑬ 自閉症児の心の世界

資料13-1

コミュニケーションのキッカケをつかみやすいオモチャ

①「トントンボール」

①トントンとハンマーで、ボールをたたくと、ボールが下から出てくる。おもちゃを置く机の高さを変え、子どもの視線と大人の視線がちょうど同じ位にすると、大げさな声の調子や表情が伝わりやすい。
（公文知育玩具）

②「入れ子」

②大きいものから小さいものへと順に積み上げていく。グラグラとなったり、50cm（高さ）くらいの机の上でドンドンと積み上げていくと、自分の背丈よりも高くなるので、大人の助けを求めてくるキッカケとなる。

③「おさんぽ あひる」

③ボールがあひるの背中でくるくると回っている間は、あひるが動く。障害物にぶつかると方向転換する。子どもと一緒に障害物を並べて、あひるがぶつかるのを楽しんだり、あひるから逃げたりすると、大喜び。
（公文知育玩具）

＊オモチャは、操作性が少ない単純な仕組みのもののほうが、あそびが広がります。操作性が高いと、オモチャを操作することが楽しくなってしまい、相手とのコミュニケーションを楽しむ機会とはなりません。

感覚遊びを通してコミュニケーションをとるために

『感覚統合とは、体の内部や外から入ってくる多くの刺激を脳で組織化して、環境に対して適応反応をおこしていくときの脳における一連の処理過程のことをいいます。適応反応とは、環境と意味のあるかかわりを持つことです。』（「みんなの感覚統合」佐藤剛・土田玲子・小野昭男著 パシフィックサプライ株式会社 より）

自閉症児のなかには、不器用さや鈍感さが目立ったり、過剰に感覚刺激を取り入れてしまっていると考えられるお子さんがいます。かなり痛みが伴うハズだと周りが思っていても、本人は、ケロッとしている場合や大きな音を過度に怖がるような場合がそうです。

そのような自閉症児が感覚統合の部屋で遊ぶと、自分の好きな感覚を自ら探して遊び始めます。この遊びを通じて、私たちは、日頃の行動を理解したり、また、あらたな感覚との出会いを創造することができます。これが、コミュニケーションを作り出すきっかけとなります。

感覚統合療法ルーム

一緒にいても私は一人
　でも、彼は一人が好きみたい？
　でも、私は支援がしたい
　でも、何を支援すればいいの？
　せめて、私に振り向いて

　切実な思いが伝わってくる詩です。こうした中にある養育者・保育士・教師は、何を手がかりとしたらよいのでしょうか。

① 身体的なコミュニケーションを利用する

　乳幼児期の感覚は、胎生時期から聴覚が発達していき、新生児期から触覚や視覚が徐々に発達していきます。視覚と触覚は、6歳頃に成人と同じ程度に発達するといわれています。感覚は、自らの運動を引き出し、自分や自分の周りの情報を取り入れることに役立ちます。そして、取り入れた情報をさらに統合し、音の意味を解釈することや状況を判断するといった、高次な情報を処理する手がかりとなっていきます。感覚器官を通して物や他者に関する外的な情報を得るだけでなく、自分自身の身体をも発見していきます。その主要な働きを担った感覚は、運動感覚（自己受容感覚）と呼ばれる感覚です。

　運動感覚は、身体各部の状態についての感覚です。自分自身の姿勢、空間内での自分の位置、身体の動く方向、力の入れ方や強さを、物の重さや素材の特性を皮膚感覚も伴って調節する際に用いる感覚です。たとえば、鉄の扉を開けようとする場合、その扉の重さに合うように力が自然と身体にこめられていきます。障子は、それほどの力は要りません。障子が木材と紙でできているとの認識をもっていれば、はじめからそっと開けることが可能です。障子のことを知らない場合は、必要以上の力を入れて開けるかもしれません。

　皮膚感覚と運動感覚は、あわせて体性感覚と呼ばれています。つまり、体性感覚は、自分の身体と他者の身体やまわりに存在するモノ、自分の身体と空間の関係を認識していく手がかりとなる感覚です。子どもは、壁と壁の間にわざわざ入り込む、水溜りの中を長靴でバシャバシャと歩く、高いところに上って飛び降りる、ブランコを「もっと高く、もっと高く」と

漕ぐことが大好きです。こうした活動を通して、子どもは、身体に多くの感覚を収めていき、自らの身体と環境の関係を知っていきます。

　体性感覚を通して自らの身体の状態を強く意識することは、同時に、その境界をも認識することになります。壁と壁の間に身体が納まらないときに、皮膚には圧力がかかり、また、その圧力は次に、もう少し腕や足の関節を曲げるといった身体を縮めることを促します。身体と外界との調整は、外の世界を強く認識したときに生じているのでしょう。この調整は、自分の身体で生じていることとそうでないことの区別です。それは、他者を知ることの源です。

　例をあげます。赤ちゃんが養育者に抱かれるとき、養育者の動きに応じて自分の身体を調節し、抱かれる姿勢を作ります。スプーンを差し出されると口をあけることも、一つの例といえます。コミュニケーションの観点からは、他者の動きに協調することは受容を意味します。また、意図的であるかどうかは別として、その協調的な動きを崩すと、それを相手は拒否として受け取ります。最も原初的なコミュニケーションは、体性感覚を基盤としたものでしょう。こうしたコミュニケーションで、子どもは他者と自己のズレを感じる場面に遭遇し、自分の周りの世界から情報を取り込み、また、持っている情報を作り変えています。この作業を繰り返しながら、外の世界を取り込んでいきます。

　このように前言語期のコミュニケーションは、体性感覚を基盤として成立している自他の協調的やりとりと考えられます。これを身体的コミュニケーションとここでは呼びます。他者の動きに応じる姿勢から始まり、その後は、他者の心理的な動きに応じて自らの心理的な構えをつくることとなります。

　自閉症児の場合、体性感覚に困難さをもつ可能性が指摘されています。自己と対象物・空間・他者との境の認識が不足している状況にあるともいえます。こうした中にある自閉症児にとって、クルクルと回ること、手をヒラヒラとさせること、走り回ることは自らの身体を確認している行為とも解釈できます。何度となく注意されても、水道の蛇口をひねって水で手を濡らすことをやめなかったり、靴下をすぐに脱いでしまう自閉症児がいます。これらの行為をしなければ、自分の身体と外の世界を区別して認識することができず、混乱してしまうのかもしれません。こうした行為は、外界を探索するうえで、本人にとって最もわかりやすい身体感覚を伴って

いると解釈すると、自らがその感覚を体感することで、自分自身を確認していると考えられます。

　前言語期にある自閉症児とのコミュニケーションを考えるうえで、その自閉症児の好む感覚を知ること、そして、その感覚を通して働きかけることは、コミュニケーションを成立させる重要な手がかりとなります。自閉症児の好む感覚を通じて、協調的な身体的コミュニケーションを成立させていくことをねらいとした保育プログラムづくりが可能です。さらに、問題行動としてあげられる中に、自閉症児の持つ感覚的な敏感さや鈍感さが隠れているといえるでしょう。具体的事例として、筆者が言語聴覚士としてコミュニケーション指導を行った4歳の自閉症児をコラムで紹介します（コラム2）。

②ことばの理解とコミュケーションの成立

　さて、この節では、ことばを獲得している自閉症児が持つコミュニケーションの問題を取り上げます。言語とは、音と意味が恣意的に結びついた記号です。恣意的とは、そこになんら必然性がないことです。「犬」は、／inu／と発音しますが、明日から／mamo／と呼びましょうといわれれば、その発音であっても、これまで／inu／と発音していた内容を意味する日本語として既定することは可能です。ことばを獲得した自閉症児は、言語の恣意性を理解することに対して困難さを示すことあまりありません。自閉症児の言語コミュニケーションにおける難しさは、他にあります。

　アーロンとギッテン（Aarons & Gittens, 2002）は、自閉症児の言語特徴を20個あげています。ここでは、その中で、とくに状況を読み取りながら会話の内容を理解することや視点取得について取り上げます。アーロンらが示した20の特徴のうち、ことばを字義通りにしか受け取らない（16番）や代名詞、位置を表すことば、順番を表すことば（9番目）に関連する内容です。

　日常生活で用いることばには、言外の意味や状況に応じてことばの意味が変わることがあります。たとえば、劇の配役を決める場面で「キツネがいい」と言うと、それは、「私は、キツネの役をやりたい」ことを意味しますが、うどん屋で、同じように「キツネがいい」と言うと、「キツネうどんを注文する」という意味なります。同じ「キツネがいい」と言っても、意

味が場面に応じて変わっています。このような場面に応じたことばの理解ができないことをさして、字義通りにしか意味を受け取れないといいます。

　もう一つ例をあげましょう。赤信号で母親が「赤だよ」と言うと、それは、「信号の赤は、止まれの意味を表す色だから、横断歩道を渡ってはいけない」ことを意味します。実際にあった話ですが、ある自閉症児は、「そうだね」と言って渡ろうとしました。何度も横断歩道を渡る経験をしていたし、遊びのなかで「赤は止まれ、青は進め、黄色は注意」と言っていたので、当然信号の色の意味を理解していると思っていた、と母親は言っていました。この例は、自閉症児が言語記号の恣意性を理解することはできても、社会的な状況に即してことばの意味を読み取ることは困難であること（文脈の理解／語用論的な問題）を示しています。

　ことば以外の場面でも、保育士が「イスに座りなさい」の意味で、椅子をトントンと叩くことがありますが、同じ動作でもって、椅子を片付けることを意図して行う場面もあります。自閉症児は椅子をトントンとされても、その場の状況に応じて、この2つの意味を解釈することができないことが予測されます。このことを考えると、十分な配慮とは、話すことが可能な自閉症児であっても、「座りなさい」を示すのか、あるいは、「片づけなさい」の意味なのかを明確に示すことでしょう。

　さらに、かなりの言語能力をもっている自閉症児であっても難しいことばは、聞き手が話し手の視点にたって理解する必要のあることばです。「行く／来る」「もらう／あげる」「する／される」「ここ／あそこ」です。これらのことばは、たとえば、自分が行くことは、相手にとって「来る」ことになります。こうしたことばの獲得に、他者と自分の視点の違いを認識する必要があるといわれています。

　たとえば、「あした　ここに　来てくれる？」と「あした　ここに　行ってくれる？」と言われた場合、どのような意味の違いがあるでしょうか。「あした　ここに　来てくれる？」と電話であなたが相手に言った場合、相手がある場所からあなたがいる場所へ移動することになります。ところがあなたが言われた場合、「ここ」とは、相手にとっての「ここ」であるため、自分の現在いる場所とはなりません。同じ／koko／と表現されますが、相手にとっての「ここ」と自分にとっての「ここ」は、異なります。

　また、電話で「あした　ここに　行ってくれる？」と通常は言いません。これは、実際にお互いの顔を見る位置で交わされる会話です。そのうえ、

この会話で用いている「ここ」は、話し手と聞き手が、今現在いる場所を示していません。この場合の「ここ」は、場所を示す地図や写真を実際に指し示しながら使う必要があります。

　こうした会話を理解するには、話者の立場で、使われたことばを理解する必要があります。つまり、相手の視点にたって、「ここ」を理解しなければ、どこに行ったらよいのか分からなくなります。自分からみると「ここ」は、相手からみると「そこ」になることを理解する必要が生じます。他者の視点にたってことばを理解すること（視点取得）は、だれに教えられたわけでもなく、通常であれば間違えながらも、小学校までにはたいがい獲得できます。「いってきます」「おかえり」の挨拶も同様です。いつもお母さんが自分に「おかえり」と言うからといって、そのままのことばとして覚えて、自分が帰ってくるときに「おかえり」と言うのは間違っています。

　相手の視点をもつことは、その人の心の存在に気がつき、また、その人の心は自分とは異なっている、したがって、相手が見ていることと自分が見えていることには違いがあることに気がつくことです。だれも意識してはいませんが、コミュニケーションが円滑にすすんでいる背景には、こうした自分とは異なる心をもつ存在としての他者認識の育ちがあります。自閉症児のコミュニケーション上の問題を理解するには、ことばを使用することと会話が成立することの違いを区別して、問題を整理することが重要です。

　もう一つ手がかりとなるのは、自閉症児の行動に違和感を覚えたとき、それを問題行動として捉えるのではなく、見方を変えることです。通常発達の場合、他者認識が十分でない年齢の子どもは、多くのシグナルを発信して、大人からの足場がけ（手助け）を引き出しています。自閉症児も健常児とは異なった方法で、シグナルを発している可能性があります。たとえば、オウム返し、同じ質問を繰り返す、しゃべり続けるなどがあります。こうした現象を否定的なものとして考えるのではなく、自閉症児が足場がけを要求しているコミュニケーション・サインとして理解することに教育・療育の手がかりがあるでしょう。社会的な存在としてのヒト、常にヒトと関りたいと願っている存在として自閉症児の行動・発言を解釈することが、彼らの心の世界を理解することには必要です。

●復習アクティビティー

1．自閉症児のユウスケ君は、靴下が嫌いでいつも脱いでしまいます。冬でも裸足で過ごします。また、床をドンドンと踏み鳴らしながら歩くことが大好きです。ときには、家にある竹踏みまで園に持ってきて、何時間もその上にのっています。イボイボのついたサンダルをみつけると、一目散で走っていき、履こうとします。

　ユウスケ君は、なぜ、このような行動をとるのでしょうか？　その理由を考えたうえで、どのような遊びであれば、他の子どもと一緒に遊べるのか、考えてみましょう。

解説：ユウスケ君は、足の裏が案外鈍感なのかもしれません。常に強い刺激を求め、凹凸のある物や力をしっかりと入れる歩き方をしています。

　足の裏にはっきり・しっかりした刺激を与えるような遊びを考えると他の子どもと同じように遊べる可能性があります。紐のついた空き缶の上にのって歩く遊びは、どうでしょうか。

2．はるかチャンは5歳の自閉症児です。話すこともできます。ある日、はるかチャンがいつものように上靴に履き替えようとしたときに、担任の先生が「はるかちゃん、今日は、いいよ。運動会の練習あるよ」と声をかけました。「今日は、いいよ」とは、どのような意味でしょうか。また、その意味をはるかチャンは、理解できたでしょうか。

解説：「今日は、いいよ」は、このことばだけをみると、2つの意味にとれます。まず、「今日は上靴に替えていいよ」、そして「今日は、上靴に替えなくてもいいよ」です。2つの状況のどちらであるかは、次に「運動会の練習あるよ」に示されています。ところが、ここでも、運動会の練習は、園庭で行うというその園での経験がなければ、理解できません。練習を体育館で行う可能性も否定できません。はるかチャンは、この「今日は、いいよ」の意味を理解できなかったと思います。

もっと深く学びたい人のために

内山登紀夫　諏訪利明・安部陽子（編）　2005　発達と障害を考える本＜1＞ふしぎだね！？
　　自閉症のおともだち　ミネルヴァ書房
稲沢潤子　太田昌孝（編）　茂木俊彦（監修）　1998　子どものためのバリアフリーブック―
　　障害を知る本　自閉症の子どもたち　大月書店
渡部信一（編著）　2004　自閉症児の育て方　笑顔で育つ子どもたち　ミネルヴァ書房
ポール・コリンズ（著）　中尾真理（訳）　2007　自閉症の君は世界一の息子だ　青灯社
別府哲　1997　障害児の内面世界をさぐる　全障研出版部
杉山登志郎・原仁　2003　特別支援教育のための精神・神経医学　学研
佐藤剛・土田玲子・小野昭男　1996　「みんなの感覚統合」その理論と実践　パシフィックサ
　　プライ社

引用文献

Aarons, M., & Gittens, T. 1992 *The Handbook of Autism*. London: Routledge.

赤木和重・中嶋理香 2006 自閉症児における積極的教示行為の障害と発達 日本発達心理学会第17回大会発表論文集, 374.

Aldridge, A.M., Stone, R.K, Sweeney, H.M., & Bower, T.G.R. 2000 Preverbal children with autism understand the intentions of others. *Developmental Science*, 3, 294-301.

Baron-Cohen, S. Allen, J., & Gillberg, C. 1992 Can autism be detected at 18 months? The neelde, the haystack, and the CHAT. *British Journal of Psychiatry*. 161, 839-843.

Baron-Cohen,S. 1995 *Mind Blindness* London: MIT Press. バロン＝コーエン, S.（長野敬・長畑正道・今野義孝 訳）2002 自閉症とマインド・ブラインドネス 青土社

別府哲 2001 自閉症幼児の他者理解 ナカニシヤ出版

神尾陽子 2007 早期発見・診断法 日本臨床, 65（3）, 477-480.

神尾陽子・稲田尚子 2006 1歳6ヵ月健診における自閉症またはその他のＰＤＤ早期発見についての予備的研究 精神医学, 48, 981-990.

加藤寿宏 2004 コミュニケーションの発達－広汎性発達障害児との共に遊びを楽しむために－ 感覚統合研究, 10, 1-8.

Landa, R., & Garrett-Mayer, E. 2006 Development in infants with autism spectrum disorders:a prospective study. *Journal of Child Psychology and Psychiatry*, 47, 629-638.

McConchie H. Couteur, A., & Honey, E. 2005 Can a diagnosis of Asperger syndrome be made in very young children with suspected Autism Disorders? *Journal of Autism and Deveiopmental Disorders*, 35, 167-176.

小山正・神土陽子（編）2004 自閉症スペクトラムの子どもの言語・象徴機能の発達 ナカニシヤ出版

岡田俊・佐藤弥・村井俊哉・十一元三・久保田泰考・石坂好樹 2002 他者の視線方向に対する自閉症者の反応－表象的処理と反射的機序の乖離 精神医学, 44, 893-901.

大神英裕 実藤和佳子 2006 展望 共同注意－その発達と障害をめぐる諸問題－ 教育心理学年報, 第45集, 145-154.

大藪泰 2004 共同注意 川島書店

杉山登志郎 2004 《展望》コミュニケーション障害としての自閉症 高木隆郎, P. ハウリン, E. フォンボン（編） 自閉症と発達障害研究の進歩 2004/VOL.8, 3-23.

鷲見聡・宮地泰士・谷合弘子・石川道子 2006 名古屋市西部における広汎性発達障害の有病率 小児の精神と神経, 46（1）, 57－60.

> コラム　1　　　　　　　　　　　　　　　　　　　　　　　　　　　　　*Column*

自閉症の診断基準　現在医師が用いている診断基準

アメリカ精神医学会の「精神疾患の診断・統計マニュアル」
(Diagnostic and Statistical Manual of Mental Disorders Ⅳ-TR)

A．（1）、（2）、（3）から合計6つ（またはそれ以上）、うち少なくとも（1）から2つ、（2）と（3）から1つずつの項目を含む。
　（1）対人的相互反応における質的な障害で、以下の少なくとも2つによって明らかになる。
　　（a）目と目で見つめあう、顔の表情、体の姿勢、身振りなど、対人的相互反応を調節する多彩な非言語的行動の使用の著名な障害
　　（b）発達の水準に相応した仲間関係を作ることの失敗
　　（c）楽しみ、興味、達成感を他人と分かち合うことを自発的に求めることの欠如（例：興味のある物を見せる、持ってくる、指さすことの欠如）
　（2）以下のうち少なくとも1つによって示されるコミュニケーションの質的な障害：
　　（a）話し言葉の発達の遅れまたは完全な欠如（見振りや物まねのような代わりのコミュニケーションの仕方により補おうという努力を伴わない）
　　（b）十分会話のあるものでは、他人と会話を開始し継続する能力の著名な障害
　　（c）常同的で反復的な言語の使用または独特な言語
　　（d）発達水準に相応した、変化に富んだ自発的なごっこ遊びや社会性をもった物まね遊びの欠如
　（3）行動、興味、および活動の限定された反復的で常同的な様式で、以下の少なくとも1つによって明らかになる。
　　（a）強度または対象において異常なほど、常同的で限定された型の1つまたはいくつかの興味だけに熱中すること
　　（b）特定の機能的でない習慣や儀式にかたくなにこだわるのが明らかである
　　（c）常同的で反復的な衒奇的運動（例：手や指をぱたぱたさせたり捻じ曲げる、または、複雑な全身の動き）
　　（d）物体の一部に持続的に熱中する。
B．3歳以前に始まる、以下の領域の少なくとも1つにおける機能の遅れまたは異常：
　（1）対人的相互反応、（2）対人的コミュニケーションに用いられる言語、または、（3）象徴的または想像的あそび
C．この障害は、レット障害または小児期崩壊性障害ではうまく説明されない。

国際診断基準　第10版（ICD-10）

A．3歳以前に次にあげる領域のうち少なくとも1項の発達異常または発達障害が存在すること。
　（1）社会生活のためのコミュニケーションに利用する受容性言語または表出性言語

（2）選択的な社会的愛着の発達、または相互的な社会関係行動の発達
　（3）機能的遊戯または象徴的遊戯
B．（1）、（2）、（3）から併せて、少なくとも6症状が存在し、そのうち（1）から2項目以上、（2）と（3）からそれぞれ1項目以上を含んでいること。
　（1）相互的な社会的関係における質的異常として、次に挙げる領域のうち少なくとも2項が存在すること。
　　（a）視線・表情・姿勢・身振りなどを、社会的相互関係を調整するための手段として適切に使用できない。
　　（b）（機会は豊富にあっても精神年齢に相応した）友人関係を、興味・活動・情緒を相互に分かち合いながら十分に発展させることができない。
　　（c）社会的・情緒的な相互関係が欠除して、他人の情動に対する反応が障害されたり歪んだりする。または、行動を社会的状況に見合ったものとして調整できない。あるいは社会的、情緒的、意志伝達的な行動の統合が弱い。
　　（d）喜び、興味、達成感を他人と分かち合おうとすることがない。（つまり、自分が関心をもっている物を、他の人に見せたり、持ってきたり、指し示すことがない）
　（2）コミュニケーションにおける質的異常として、次に挙げる領域のうち少なくとも1項が存在すること
　　（a）話しことばの発達遅延または全般的欠如があり、身振り手振りでコミュニケーションを補おうとする試みを伴わない
　　（b）他人とのコミュニケーションで相互に会話のやり取りを開始したりまたは持続したりすることに大抵失敗する。
　　（c）常同的・反復的な言葉の使用、または単語や文節の特有な言い回し
　　（d）さまざまなごっこ遊び、または、社会的模倣遊びの乏しさ
　（3）行動や興味、および活動性のパターンが制限され、反復的・常同的であるが、次に挙げる領域のうち少なくとも1項が存在すること。
　　（a）単一あるいは複数の、常同的で限定された興味のパターンにとらわれており、かつその内容や対象が異常であること。または、単一あるいは複数の興味が、その内容や対象は正常であっても、その強さや限定された性質の点で異常であること。
　　（b）特定の無意味な手順や儀式的行為に対する明らかに強迫的な執着。
　　（c）手や指を羽ばたかせたり絡ませたり、または身体全体を使って複雑な動作をするなどといった、常同的・反復的な奇異な行動。
　　（d）遊具の一部や機能とは関わりのない要素（たとえば、それらが出す匂い・感触・雑音・振動）へのこだわり。
C．その臨床像は、次のような原因で起こっているのではないこと、つまり、広汎性発達障害の他の亜型、二次的な社会的・情緒的問題を伴う受容性言語の特異的発達障害、反応性愛着障害、または脱抑制性愛着障害、なんらかの情緒ないし行動の障害を伴う精神遅滞、ごく早期に発症した精神分裂病、レット症候群など。

コラム 2　　　　　　　　　　　　　　　　　　　　　　　　　　　　　　　　*Column*

Rくんとシャボン玉

　ことばを持たない自閉症児Rくんは、言語聴覚室に入ることを嫌がりはしませんでしたが、入室すると部屋の中を走ったり、飛び跳ねたり、床に寝転がって天井をずっと見つめていたりします。Rくんとコミュニケーションする方法をさぐることが言語聴覚士としての筆者の役割です。彼が興味を持ち、そして、筆者と共有できる遊びや感覚を模索しました。とくに、体性感覚を利用する遊びを探しました。感覚的な遊びに没頭する傾向のある彼は、触覚過敏があり、シャボン玉を自らの手で壊すことやネトネトするシャボン玉液に手が触れることを嫌がります。けれども、シャボン玉がふわふわと空を舞う様子を見るのは楽しそうでした。筆者がシャボン玉を吹くと、さっとシャボン玉が出てくる筆者の口元を見ます。シャボン玉が消えてなくなると、まったく筆者の口元を見ることも、要求することもなく、部屋を飛んだり、跳ねたり、寝転がったりしていました。筆者に対する関心はないことがわかります。Rくんとのコミュニケーションをとるうえでの手がかりは、何でしょうか？

　この時点で、空に浮かぶシャボン玉を意味あるものとして認知していることは、わかりました。シャボン玉は浮遊する円形の透明なものとして視界に認めることができています。いずれそれが、消えてなくなると予想しているかは、わかりません。しかし、実際に消えてなくなるので、このこともRくんと筆者の共通した認識です。つまり、この共通の認識を通して、意図を伝え合うことが可能となるかもしれないことが、筆者の手がかりでした。このため、これを身体的コミュニケーションへ発展させる窓口としました。

　Rくんのコミュニケーションの発達としては、他者の意図性の認識が育つ生後9ヵ月の発達段階を越しているとは判断できませんでした。食卓に食べ物が用意されると食卓の周りに近づくことや、母親の声をほかの人と区別している様子はありました。筆者は、生活場面や人が、Rくんにとって意味を持ち始めた段階であると考え、〈構え〉を作ることを目標としてセラピーを開始しました。

　このとき、シャボン玉を吹く少し前に、声をかけたりすることは、一切しませんでした。これは、余計な情報を入れないことが目的です。そして、シャボン玉が出てくる位置を一定にし、また、そのタイミングをできるかぎり一定にしました。こうした方法が常によいわけではありませんが、Rくんに予期する構えを作るために行ないました。部屋の中でシャボン玉を吹く位置を決めることで、部屋のどこにRくんがいても、その位置を認識できているかを確かめるためでもあります。タイミングを一定にすることは、吹くのが機械ではないので難しいのですが、〈構え〉は、偶発的にタイミングがずれたときに生じることを期待していましたので、筆者は、あまり気負うことなく、吹いていました。Rくんの母親は、シャボン玉を壊したり、声をかけたりして同席しています。

週に1度のセッションを5回、40分間、根気よく同じように行いました。すると6回目のセッションで、突然R君は、シャボン玉を吹こうとする筆者の口元を見るようになりました。シャボン玉が出てくる前に、〈構え〉ができたのでした。はじめは、母親も筆者も偶然かと思っていましたが、セッションの終わりには、わざと吹くタイミングをずらすと、口元から筆者の目に視線が映るようになってきました。ほんの40分の間の変化でした。

7回目のセッションは、吹く場所を部屋の中で移動させてみました。このとき、固定して吹いていた以前の場所をまず見てから、あたらしい場所へ視線を移す様子がありましたが、すぐに空間の中での自分の位置、そして、シャボン玉が出てくる位置を確認できるようになりました。8回目は、吹く場所を新しい場所で固定して、吹くタイミングを変化させてみました。

このようにセラピーでは、シャボン玉が出てくることへの構えを「場所」と「タイミング」の2つの軸で作っていきました。24回目の最後のセッションでは、筆者の手をシャボン玉の液につけるような要求にまで結び付けることができました。その後、シャボン玉を療育のなかで取り入れる機会があり、保育士とのシャボン玉遊びの機会が増えていきました。母親は、子どもへの根気よい取り組みを見ることや子どもの抱える困難さを理解することに後押しされながら、シャボン玉を吹くことをわが子との共有する遊びになるように時間をつくったことを筆者に話してくれました。1年後に、Rくんは、シャボン玉に手を伸ばし、触って壊す遊びをするようになったことを母親から伺いました。

この事例で、シャボン玉は、自閉症児と他者の媒介物、別のことばで言えば、共有する認識となっています。共有する認識を通して取り組みを行なうことによって、自分の体性感覚ではない世界へ踏み出せたと考えられます。また、自閉症児のもつ困難さを体性感覚の視点から解釈し直すことで、自閉症児の心の世界を理解する手がかりを得ることができました。

写真は本文と
関係ありません

第14章 発達障害の子どもたちの認知発達と援助

🌼本章のねらい

　最近、幼稚園や保育所、学校で「教室やクラスの部屋から出て行く」「落ち着きがなく動き回る」「友だちとトラブルをよく起こす」などの問題行動を示す子どもたちが増えているといいます。この子どもたちが示す行動は、「困った行動」「自分勝手な行動」と思われることが多いようです。しかし、中には、こうした行動の背景に、認知発達や社会性、情動面の発達の遅れや偏りが関係している場合もあります。ＬＤ（学習障害）、ＡＤＨＤ（注意欠陥多動性障害）、高機能自閉症など発達障害のある子どもたちもそうです。この子どもたちは、困った行動を起こしたいわけでも自分勝手なわけでもないのですが、そう思われることがあります。ところが、知的障害がない、遅れが軽い子どもたちが多く、理解力はあるのに上記のような困った行動を行うことがあることから、「わざと悪いことをやっている」と認識され、叱られたり行動を制止されてしまうことも多いようです。そのことからくる自尊心の低下や学校などへの不適応問題も最近問題になっています。したがって、発達障害のある子どもたちの認知発達の特徴を理解し、子どもにあわせた対応の方法を行っていくことが求められています。ここでは、発達障害のある子どもたちの認知発達の特徴を学習し、上記に掲げたような行動にどのように対応すればよいか、を考えていくことをねらいとします。

●予習アクティビティー

　①Ａくんは、３歳３ヵ月に保育所に入所してきた男の子です。入所してからすぐ保育所のクラスの部屋から出ていくことが増え、「Ａくん、どこ行った？」と先生が探し回る毎日でした。お散歩に行くと他の子どもたちとは手をつなごうとしません。一人でどんどん歩き、だんご虫など大好きな虫を見つけると、

飛んで行ってしまうのです。お散歩の列からそれていくので、たえず一人の先生がつきっきりになります。また、職員室によく入ってきて、先生の机の上にあるものを次々に触ります。そこで、欲しいものがあると持っていこうとしますが、もらえなかったり、行動を止められると、全身からギャーギャーと大声を張り上げ、物を投げたりします。そういう時にそばにいる友だちを噛んだり、叩いたりしてけがをさせることもありました（別府, 2007）。

②Bくんは、学校に入学してしばらくは、他の子どもたちと変わりなく座って学習していましたが、5月の連休が明けてから黒板の横にあるえんぴつ削りのところにやってきてえんぴつを削ったり、黒板消しを触りにくるなど、落ち着きのない様子が見られるようになりました。また、授業中に水道のところに行って水を飲んだり手を洗ったりしました。さらに駐車場に行って車のタイヤのメーカーを一つひとつ確かめるような姿も見られました。Bくんは、保育園のころから一つひとつの作業や動作に時間がかかり、気がつくとまわりの子どもたちは作業を終えていて自分だけできないため、パニック状態になることが多くありました。そんな時にクラスの部屋から飛び出して非常口のマークを探しまわったり、車のタイヤを見に行くようです。一つひとつが思うようにならないとパニック状態になり、なだめたり手を貸して落ち着かせることの繰り返しなので、お母さんもとまどい悩むことが多かったようです（別府, 2007）。

③Cくんは、クラスみんなの中で「Cくん行くよ」と言われても気づかずにいることが多く、まわりの子どもたちがそれに気がついてCくんを連れてきてくれることがあります。Cくんのそばで保育者が一つひとつ声をかけると、やっと動き出すのです。Cくんは、登園時タオルなどの持ち物を指定の場所に入れるというような毎日の繰り返しの行動もなかなか定着せず、保育者は同じ事を何度も繰り返さなければならないとのことでした。着替えも服の後ろと前が反対になったり、パンツを履き忘れて保育室に脱ぎ捨てていることもあります。また、手先が不器用で、お菓子の袋が破れずにいたりします。折り紙などの活動もうまくできず、紙をぐしゃぐしゃにします。しかし、おしゃべりでも他の子どもたちと同じようにするし、絵本の内容も理解しています。このようによく理解できるし、人との関係もとれるのにみんなと同じペースでできないCくんなので、保育者はつい「早くやりなさい」と急かしてしまいます（別府, 2007）。

問：Aくん、Bくん、Cくんがこのような行動を起こす原因となっていると考えられる認知発達の特徴を考えてみましょう。

1　発達障害のある子どもたちの認知発達

　他の章でみてきたように、人はまわりの情報（刺激）の中から必要な情報（刺激）を取り入れ、頭の中で分析、統合し、その情報（刺激）の意味を理解していきます。こうした認知発達の働きによる情報処理のプロセスにおいて、何らかの脳の機能障害によって、それがスムーズにいかなかったり、刺激に強く反応しすぎることによって、まわりの世界とのトラブルを起こしやすい場合があります。ＬＤ、ＡＤＨＤ、高機能自閉症の子どもたちの中に、こうした認知発達のプロセスにおいてつまずきを抱える子どもたちがいます。先のＡくん、Ｂくん、Ｃくんの場合も、認知発達のつまずきや発達の偏りが行動に影響を与えていることが考えられます。したがって、ここでは、ＡＤＨＤ、ＬＤ、高機能自閉症の子どもたちの認知発達の特性について考えていくことにします。

2　ADHD（注意欠陥多動性障害）

　保育室からすぐに出て行ってしまったり、カッとしてお友だちを突然たたいたりする。こういう行動を示したＡくんはＡＤＨＤ（注意欠陥多動性障害）と診断されました。ＡＤＨＤは、アメリカ精神医学会の「精神疾患の診断・統計マニュアル・第４版」（ＤＳＭ－Ⅳ）に診断基準（**資料14－1**）が記載されています。不注意（気が散りやすい、よく忘れるなど）、多動性（じっと座っていられない、しゃべり通しなど）、衝動性（順番を待てない、質問が終わる前に答えを出すなど）の３つの基本症状を示します。また同手引きによれば、不注意が中心のタイプ（不注意優勢型）と、多動・衝動性が中心のタイプ（多動優勢型）と両者がいろんな場面でみられる混合型の３つのタイプに分けられるとしています。診断は、家庭と学校など２つ以上の場所で、場面に関係なく不注意、多動性、衝動性の３つの特徴が年齢不相応に見られること、７歳未満に発生し、６ヵ月以上の長

期間にわたることなどを条件に判断します。

　ＡＤＨＤは、自分の行動をコントロールすることや行動を段取りよく進めるために働く「実行機能」と呼ばれる認知発達のつまずきがあると想定されています（Barkley, 1995）。実行機能とは、①必要な情報を一時的に心に保っておいて行動に生かす（非言語的ワーキングメモリー）、②心の中で自分に向けた会話（内言）をもとに行動する（言語的ワーキングメモリー）、③怒りやいらだちを抱いた時に気分を調節し、意欲を起こす（情

資料14－1　ＡＤＨＤの診断基準

A	(1) か (2) のどちらか	
	(1) 以下の不注意の症状のうち6つ（またはそれ以上）が少なくとも6か月間持続したことがあり、その程度は不適応的で、発達の水準に相応しないもの	
	不注意	(a) 学業、仕事、またはその他の活動において、しばしば綿密に注意することができない、または不注意な過ちをおかす (b) 課題または遊びの活動で注意を持続することがしばしば困難である (c) 直接話しかけられたときにしばしば聞いていないように見える (d) しばしば指示に従えず、学業、用事、または職場での義務をやり遂げることができない（反抗的な行動、または指示をりかいできないためではなく） (e) 課題や活動を順序立てることがしばしば困難である (f) （学業や宿題のような）精神的努力の持続を要する課題に従事することをしばしば避ける、嫌う、またはいやいや行う (g) 課題や活動に必要なもの（例：おもちゃ、学校の宿題、鉛筆、本、または道具）をしばしばなくす (h) しばしば外からの刺激によって容易に注意をそらされる (i) しばしば毎日の活動を忘れてしまう
	(2) 以下の多動-衝動性の症状の討ち6つ（またはそれ以上）が少なくとも6か月間持続したことがあり、その程度は不適応的で、発達の水準に相応しないもの	
	多動性	(a) しばしば手足をそわそわと動かし、またはいすの上でもじもじする (b) しばしば教室や、その他、座っていることを要求される状況で席を離れる (c) しばしば、不適切な状況で、余計に走り回ったり高いところに登ったりする（青年または成人では落ち着かない感じの自覚のみに限られるかもしれない） (d) しばしば静かに遊んだあり余暇活動につくことができない (e) しばしば"じっとしていない"またはまるで"エンジンで動かされるように"行動する (f) しばしばしゃべりすぎる
	衝動性	(g) しばしば質問が終わる前に出し抜けに答えてしまう (h) しばしば順番を待つことが困難である (i) しばしば他人を妨害し、邪魔する（例：会話やゲームに干渉する）
B	多動-衝動性または不注意の症状のいくつかが7歳未満に存在し、障害を引き起こしている	
C	これらの症状による障害が2つ以上の状況（例：学校（または職場）と家庭）において存在する	
D	社会的、学業的、または職場的機能において、臨床的に著しい障害が存在するという明確な証拠が存在しなければならない	
E	その症状は広汎性発達障害、統合失調症、または他の精神疾患（例：気分障害、不安障害、解離性障害、またはパーソナリティ障害）ではうまく説明されない	

（小野ほか, 2007より引用）

動・動機づけ・覚醒の調節）、④思い通りにならない時に、あらたに計画し直しその場にふさわしい行動を選ぶ（再構築）という４つを含む働きのことで、この働きの困難さがＡＤＨＤの子どもたちの行動抑制の不十分さに関係しているとされています。

　うっかりミスが多い、片づけが下手、すぐにカッとしてしまう、ずぼらだなど、お母さんのしつけの仕方が悪いということではありません。片づけをしないといけないと思っても、別のことが思い浮かぶと、身体が反応してそちらのほうに行ってしまいます。外からの刺激に脳がすぐ反応してしまうので、行動する前に考えたり、経験と照らし合わせすることができにくい、これが実行機能の弱さです。しかし、見方を変えれば、好奇心旺盛でいいアイデアも浮かぶ、思いやりもある、実行力もある、魅力的な子どもたちです。

　そもそも子どもたちは、じっとしていることが嫌いです。動くのが楽しいとばかりにあちこちを歩いてみたり、友だち同士で走り回ったりしています。また、虫などを見て、「おもしろそう」「さわってみたい」という好奇心旺盛な姿は、子どもらしい姿です。

　ところが、年齢とともにそのような姿は少しずつ変化していきます。たとえば、年少児の後半、つまり４歳頃になると、まわりを見て「ちょっと待てよ」という気持ちが働くといわれています（近藤, 1989）。そして、心の中で自分に対して話しかけることば（内言）の育ちがみられます。こうした発達の力が育ってくると、「もっとあそびたいなあ」「あそこにおもしろいものがある」と思っても、大人や周囲の求めに応じて、「もうちょっと後までがまん」と自分に心の中で話しかけながら、じっとすることやみんなとまとまって動くことのほうを選びとるようになります。自制心と呼ばれる力の育ちです。このような発達の力につまずきを抱えていると、「ちょっと待てよ」と自分の行動にブレーキをかけることができにくく、「もうちょっとがまん」と自分に話しかけることよりも、思わず飛び出してしまうことになるのではないかと思われます。

　Ａくんは、給食の片づけをしなければならないことはわかっているのに、何か興味を引くことがあると、「見たい」という要求に動かされて今やるべきことが後回しになってしまいます。Ａくんは、よく気がつき、とても友だち思いの子どもです。ただ、静かなところだと友だちと仲良く過ごせるのに、まわりに刺激が多かったりして、本人がイライラした状態のなか

にいると、ちょっとした友だちの言動が引き金となって、たたいたり、物を投げつけることになるのではないかということでした。

ですから、Aくんのような子どもが示す行動だけにとらわれずに、いいところ、魅力的なところにまず気づくことが必要です。子どもとかかわる大人との関係ができてくると、ある程度行動を予測できるようになってきますから、何かが起こる前にお話をしておいて、できることをすかさずほめてあげる、大人は子どもの行動のナビゲーターになること（田中, 2006）も必要です。

また、混乱しない環境を整えることも必要です。刺激に反応しやすい子どもの場合は、たとえば、持ち物はできるだけわかりやすいところに置いてあげることも必要です。「先生という環境」も大切です。口うるさかったり干渉が多かったりすると、混乱する環境を作り出すことになりますし、叱られることが自尊心を失わせることにもなります。Aくんの場合も、口やかましく指示するのでなくて、大きくドンと保育者が構えることによって、いい関係が生まれてきました。

もちろん、お友だちに危害を加えることや本人にとって安全でないことは制止する必要があります。しかし、それとあわせてその子の認知発達の特性を理解し、その子の良さを認め、頑張りを認めていくことが求められます。

3 高機能自閉症・アスペルガー症候群

自閉症は、1943年にL．カナーが症例を報告してから、膨大な研究や報告がされてきて、診断基準も時代とともに変わってきています。現在自閉症を特徴づける症状として、対人関係の質的障害（人との関わりが不器用で情緒的な関係が築きにくい）、コミュニケーションの質的障害（ことばの使い方や理解の難しさ）、想像力の障害（こだわりや常同的行動など）の3つが診断基準として一般的によく用いられています（第13章参照）。その他刺激への過敏性なども特徴としてみられることが多いようです。この自閉症に関して、連続した一続きの障害であると考える立場が最近よく出されています。そこでは自閉症の症状の重いものから軽いものまで含め、

自閉症スペクトラム障害と言われています。また医学的診断では、自閉症関連の障害は広汎性発達障害（ＰＤＤ）と言われています。その中でとくに知的に遅れのない、あるいは遅れが軽い自閉症、つまり高機能自閉症やアスペルガー症候群を総称して高機能広汎性発達障害と呼んでいます。「おしゃべりもできるし、よくわかっているのに、なぜそんなことをするの？」とその子どもの行動をまわりが受け止めにくいことがあります。たとえば、Ｂくんの場合、いったん思い込むとまわりの状況や大人の言い聞かせに関わらず自分の行動を変えないところがあります。この行動だけを見ると、自分勝手なわがままな子どもという理解になります。しかし、社会性の障害ゆえに起こっているまわりの状況の把握のしにくさや不安な気持ちが背景にあるのです。

　「みんなと一緒のことがしたい」という要求は、通常幼児期に育ってきます。それがもとになり、幼児期後半から他の子どもと同じように整列したり、保育者のお話のときには座るといった集団のルールを身につけ、その場にあわせて落ち着いた行動をとることにつながります。しかし、こうした要求が育つ年齢になっても、自閉症の子どもたちは「みんなと一緒のこと」をすることに難しさを抱えています。

　それは一つには、まわりの情報を受け止める認知の問題です。自閉症の認知の特徴として、知覚の雑音の除去ができないことと、認知したものとの距離が取りにくいことがあります（杉山, 2001）。つまり、まわりの刺激をすべて受け取ってしまい、自分には必要でない情報をも受け取ってしまうことや、一方で必要な刺激に適切に焦点をあてることができないことから混乱してしまう場合もあります。また、感覚の過敏さから、特定の音や声が不快になり、落ち着かなくなることもあります。こうした受け止める情報の処理の問題や過敏さゆえに、教室など人がたくさんいて、刺激や音、声の多い状況の中で混乱し、ジッとしていられなくなることが考えられます。

　また、自閉症の子どもたちは、まわりの状況や場面、人の気持ちを読みにくいこと（心の理論の問題と言われる。第6章及び13章参照）があります。そのために、スケジュールの変更やいつ終わるかわからない曖昧な時間の流れが理解しにくく、席を立ってしまうことがあります。

　Ｂくんもこうした不安な状況から立ち歩いたり、タイヤにこだわってしまうのではないかと思われました。不安だから立ち歩く、こだわるという

気持ちを考え、無理に連れ戻そうとしたり、こだわりを制止するというのでなく、まず落ち着いて過ごせる安心できる場所の存在や、前もって予告するなどの提示の工夫を考えることが行われました。そうすると、タイヤや水道のところに行かず、先生と一緒に教室で過ごすことが増えてきました。このように、相手の気持ちに気づきにくかったり、状況の判断がしにくかったりすることが、脳の機能のアンバランスさによって起こっており、まわりで起こっていることにうまく自分を合わせていくことができない子どもたちだというように、本人の困難に寄り添った発達理解を広げていくことが求められるでしょう。それを理解することで、この人ならわかってもらえる、安心できるといった安全基地としての大人との関係を築き、不安であってもがんばれる、という気持ちを育てていくことになります。こうした信頼関係をもとに、少しずつ社会的な振る舞い方や集団の中で過ごしていくことのできる方法を身につけていくことが必要になってきます。

4 LD（学習障害）

　発達にアンバランスがあって、ことばを聞き取る力や手指を使っての活動、身体運動面に不器用さを抱え、中には学童期になってＬＤ（学習障害）と判断される子どもたちがいます。なわとびや竹馬をいくら練習してもうまくできない、お絵かきや工作が他の子どもたちに比べて顕著に下手、楽器をうまく演奏できない、忘れ物が多い、などの様子を示す子どもたちもいます。背景に認知発達のつまずきがあると言われており、特定の力が出し切れない子どもたちだと言うこともできます。学習障害の定義としては、文部省（当時）に設置された調査協力者会議が平成11年にまとめたものが現在では多く使われています。そこには「基本的には全般的な知的発達には遅れがないが、聞く、話す、読む、書く、計算する又は推論する能力のうち特定のものの習得と使用に著しい困難を示す様々な状態を指すものである。学習障害は、その原因として、中枢神経系に何らかの機能障害があると推定されるが、視覚障害、聴覚障害、情緒障害などの障害や、環境的な要因が直接の原因となるものではない。」とあります。
　つまり、文字が読めても書けない、読み書きができても計算ができない

などの学習困難を抱える子どもたちです。学習障害は学習とかかわっての困難なので、まだ本格的な学習活動が始まらない幼児期に診断は確定されません。しかし、学齢期になって診断される子どもの中には、幼児期から何らかの気になる行動を示すことがあります。学習障害の疑いのある子どもたちの中には、すべてにわたって遅れや弱さが見られるのでなく、特定の領域に弱さが見られるといった認知発達のアンバランスさをもつ子どももおり、また知能検査で遅れが見られない子どももいます。しかし、がんばっているのにできない、怠けているという誤解を受けやすい子どももおり、自己評価が低くなっていくことに留意する必要があります。

　こうした学習上の困難の背景に、まわりの刺激の取り入れ方やそれを認知したり記憶するところ、つまり認知発達のつまずきをもつことがあります。たとえば知覚の基本的な心理過程の一つとしてあげられる「図と地の体制」を例にして考えます。**資料14－2**の場合で見てみましょう。通常学校や園にはさまざまな音や声（聴覚刺激）がうずまいています。その中で「これから音楽の時間なので縦笛をもってきてね」と声かけをしたのに、一人だけ縦笛をもってこない子どもがいます。先生は、その子がきちんと聞いていなかったからだと思ってしまいます。この時、子どもたちが一番聴き取らなければならない聴覚刺激は、先生の声かけです。ところが、まわりにはさまざまな音や声があります。子どもたちの発する喚声やボールを蹴る音、カラスの鳴き声や自動車の騒音などです。子どもたちはこうした「雑音」を無視することによって、教師や保育者の指示を「図」として聴きとっています。しかし、ＬＤの子どもたちの中には、無視してもいいまわりの雑音（地）に、大切な大人の声かけ（図）がまぎれて聞き落とし、理解できないことがあると考えられるのです。教師や保育者からすると、何回も指示しているのに縦笛をもってきていない子どもを見て、「どうしてきちんと聞いていないの」と思ったり、「うっかりしている」「言うことを聞かない」と誤解してしまうのです。視覚刺激にも「図と地の体制」の混乱がある場合もあります（**資料14－3**）。教科書のたくさんの文字（地）の中から、どの行（図）を読めばいいのかわからなかったり、字が重なって見えてしまう、黒板に書かれたもの（地）の中から、写す必要のある事柄（図）を選べなかったりします。この場合もノートをとったり、教科書の音読など、学習活動への参加に援助が必要になります。

　Ｃくんは、クラスみんなの中で「Ｃくん行くよ」と言われても気づかず

| 資料14−2 | 「図と地の体制」──聴覚刺激の混乱 |

(別府, 2003)　　　　イラスト：ちばかおり

| 資料14−3 | 「図と地の体制」──視覚刺激の混乱 |

(別府, 2003)　　　　イラスト：ちばかおり

にいることが多く、まわりの子どもたちがそれに気がついてCくんを連れてきてくれることがありました。つまり、うっかりして聞いていなかったのか、聞こうとしても部屋の騒音の中で、先生の「Cくん行くよ」ということばかけがうまく聞き取れなかったということも考えられます。保育者がそばで話すとわかったり、ていねいに教えると理解したりします。まわりの子どもたちの行動を見て動くというのでなく、自分から動いていくことにもなります。わかりやすい指示を出したり、コツを教えるなど工夫するだけでずいぶん救われる子どもがいるのです。「がんばっているのに、なんで、叱られてばかりなのかなあ」と悩みを抱えている場合が多いのです。他の子どもと比べて「できなさ」に直面することもあります。とくに学童期に他人と比べながら自己評価をしていく時期に、先生に叱られたり自分の頑張りを認められずに、自己評価が低くなっていきます。その中で、学校や保育園、幼稚園にうまくなじめなかったり、行けなくなる子どもの問題も指摘されています。子どもを追いつめず、自分でできた、という達成感をもたせることで自信を育てていくことが必要な子どもたちです。

5 発達障害の子どもたちの認知発達と支援

　発達障害のある子どもたちの認知発達のつまずきの一例を見てきました。こうした認知発達についての理解とあわせ、その子が抱えているとまどいや混乱、わかりにくさに気持ちを寄せることが必要になってきます。
　そのために、子どもの行動観察や心理検査の実施など客観的な判断とあわせ、子どもを暖かく見つめる視点が、関わる大人に求められるでしょう。
　発達障害のある子どもたちの中には、認められず叱られることがある中で、「どうせぼく（私）なんか」と自分に対しての評価を下げていくことがあります。からかいの対象になることで、被害感情をもち、攻撃的な激しい行動をとるようになり、まわりが困惑する状況になっている場合もあります。「二次障害」と呼ばれる状況です。しかし、そういう問題行動の背景には、「もっと認められる自分になりたい」という子どもの願い、発達要求があります。ですから、まわりの大人は子どもを見捨てず、信じ抜いて、一人ひとりの子どもが大切な存在だという気持ちをもち続けること

が基本です。

　一人ひとりの子どもがすてきな存在として、この社会で生きていくことに、最前線の大人たちが発達支援の応援団となっていくために、認知発達の研究と実践を進めていく必要があるでしょう。

● 復習アクティビティー

　発達障害の認知特性をふまえ、発達障害の子どもへの対応で留意する必要のある事項について、予習アクティビティで示したAくん、Bくん、Cくん、それぞれの事例に則して考えてみよう。

もっと深く学びたい人のために

田中康雄　2006　軽度発達障害のある子のライフサイクルに合わせた理解と対応　学研
小野次郎・上野一彦・藤田継道（編）　2007　よくわかる発達障害―LD・ADHD・高機能自閉症・アスペルガー症候群―　ミネルヴァ書房

引用文献

別府悦子　2007　ちょっと気になる子どもの理解、保育、援助－LD、ADHD、アスペルガー、高機能自閉症児－　第39回全国保育団体合同研究集会報告集　ちいさいなかま　12月臨時増刊号　38-43
別府悦子　2006　「ちょっと気になる子ども」の理解、保育、援助－LD、ADHD、アスペルガー、高機能自閉症－　ひとなる書房
別府悦子　2003　LD、ADHD、高機能自閉症児の発達保障　全障研出版部
近藤直子　1989　発達の芽をみつめて　全障研出版部
Barkley, R. A, 1995 *Taking Charge of ADHD: The Complete, Authoritative Guide for Parents*. New York : Guilford Press.　バークレー，R. A.（山田寛　監修・海輪由香子　訳）　2000　バークレー先生のADHDのすべて　ヴォイス（Voice）
杉山登志郎　2001　自閉症児の体験世界とその発達　自閉症児の発達と指導　全障研出版部
田中康雄　2006　軽度発達障害のある子のライフサイクルに合わせた理解と対応　学研
小野次郎・上野一彦・藤田継道（編）　2007　よくわかる発達障害―LD・ADHD・高機能自閉症・アスペルガー症候群―　ミネルヴァ書房

| コラム | *Column* |

ピアジェの認知発達理論

　認知発達について語ろうとすれば、ピアジェ（Piaget,J., 1896-1980）の発達段階論に触れないわけにいきません。それほどピアジェの理論は大きな影響力をもっていました。「いました」と過去形で語るのは、1980年代からピアジェに対する批判が様々な立場から起こり、21世紀を迎えた現在では、その理論はかつての威光をすでに失いつつあるからです。とは言っても、ピアジェの理論に代わるグランド・セオリー（子どもの認知発達を全体として説明するような理論）を私たちはいま持っているわけではありません。本書の各章を通観して分かるように、現在の発達心理学はそれぞれのテーマを深く掘り下げるところまで到達しましたが、一方で、かえって発達の全体性を見失う様相も呈しています。人間はバラバラな機能の寄せ集めではないし、子どもは生活の中で一個の全体として生き発達しているわけですから、その発達をトータルに眺める視点がどうしても必要です。発達心理学はそうした視点の回復に努めなければなりません。その意味で、ピアジェの理論は今でも学ぶに足る内容を有しています。また、このような点に問題関心のある人は、ピアジェだけでなくワロン（Wallon,H., 1879-1962）の発達理論についても、ぜひ学んでいただきたいと思います。ここでは、本書を読むにあたっての基礎知識として、ピアジェの発達段階論について以下、やさしく解説します。

　ピアジェは人間の認知的活動の起源に関心をもっていました。人間が他の生物と比べてかくも高度な認知的活動を行えるようになったのはなぜかと問い、その答えへの足がかりとして、赤ちゃんから青年期のはじめに至るまで、子どもはどのようにその認知的活動を発達させていくかを研究したわけです。その際、ピアジェは認知的活動の形式的側面に焦点を当てました。つまり、認知は何かについての認知ですから、その対象や出来事についての個々の知識内容が問題となると同時に、その知識を組み合わせたり展開する心のルールがしっかりできていて、はじめて私たちは考えたり、記憶を整理したり、判断したりできるわけです。知識内容にかかわらず適用されるそうした心のルールの発達こそ、ピアジェが関心を向けたところです。ピアジェはこのルールのことを（心的）操作と呼んでいますが、論理規則と言い換えても大きく間違いではないでしょう。

　ピアジェによれば、子どもははじめからこうした心的操作ができるわけではありません。赤ちゃんのときには、まだ心的なレベルで対象を扱ったりはできないのです。もちろん、赤ちゃんでも欲しいおもちゃの手前にじゃまなものがあれば、それを取り払っておもちゃを手に入れようとします。欲求実現のために障害を取り除くという一定の問題解決行動は生後8～9ヵ月もすればできるようになります。しかし、それは、あらかじめ心の中で「じゃまなものを別のところに動かして……」などと考えてしているわけではありません。このように、行為レベルでは簡単な課題解決を行うことができても、心的レベルではまだそれができない2歳までの段階を、ピアジェは「感覚運動期」と呼びました。

　やがて2歳前後の頃から、対象を心の中に移しかえて（つまり表象して）、心の中で操作することができるようになります。しかし、幼児期を通じて、子どもはその心の中の操作を大人と同じような

ルールにしたがって行うことができません。たとえば、有名な保存課題の例を見てみましょう。図aを見てください。同じ形をした2つの容器に同じだけジュースが入っています。一方の容器を子どもの見ている前で別の細長い容器に移し替えました。そうすると、当然液面の高さは上昇します。5歳の子どもは、これを見てジュースの量が前よりも増えたと答えてしまいます。ところが、8歳の子どもは前と量は変わらないと正しく答えられます（液量の保存）。何が5歳の子どもと8歳の子どもでは違うのでしょうか。ピアジェは、それを次のように説明しました。ジュースが移し替えられた結果を見て、もし心の中で「ジュースは増えたように見えるけれども、もう一度元の容器に戻したら前と同じになるはず（このような心的操作を"可逆性"と言います）」と考えることができれば、子どもは「やっぱり量は変わらない」と答えることができるはずである、でも、5歳の子どもにはこれがむつかしい、と。つまり、幼児期の子どもは、見かけの変化に惑わされずに、心の中で行う心的操作から得られる結論を優先することができないのです。ピアジェは2歳から7歳までのこのような特徴をもつ時期を「前操作期」と呼びました。前操作期とは、「心の中での<u>操作</u>がうまくできる<u>前</u>の<u>時期</u>」といった意味です。

図a　液量の保存課題

　7歳以後の子どもは、「操作期」に入ります。つまり、心的操作が適切なルールに則ってできるようになるのですが、ピアジェはこの「操作期」をさらに2つの時期に分けて考えました。11〜12歳までが「具体的操作期」、それ以後が「形式的操作期」です。この2つの時期はどのように異なるのでしょうか。なぜ「具体的」と「形式的」という形容詞がその違いを表すのに使われるのでしょうか。この違いは算数と数学の違いを考えてみると、よく理解できるでしょう。みなさんの中には、小学校のときは算数が得意だったけれど、中学校になってからは数学が苦手になったという人もいるでしょう。いや、こういう人たちのほうが多数派かもしれませんね。でも、それはなぜだか考えたことがありますか。また、なぜ小学校は算数と呼び、中学校以後は数学と呼ぶのか、考えたことがありますか。小学校では、足し算、引き算、掛け算、割り算などの数の操作を学びます。そして、その数操作を具体的な生活経験に当てはめて使えるよう、練習します。算数の文章題とは、このようなものですね。つまり、たとえば3という数字は、3個のミカンであったり、3匹の子ブタであったり、3枚の紙であったり、いつでも具体的な事物に還元可能な記号として存在しています。したがって、数字という記号の操作も、純粋に抽象的な心的操作として行われるというよりも、具体的な事物のイメージに支えられて行われているわけです。ところが数学の世界はどうでしょうか。文字式が出てきたり、無理数や虚数が出てきたりして、これを具体的な経験世界と突き合わせて理解しようとすると、かえって躓きの元となります。むしろ、数学の世界では、現実をいったん離れることが必要です。数学では、実際にはありえない仮定（公理）から出発して純粋に論理的な体系を築くことも可能なのです。

このように、心的操作が具体的な事物に支えられてスムースに行われる時期と、そのような支えなしに抽象的なレベルで可能となる時期を分けて、ピアジェは「具体的操作期」と「形式的操作期」と呼んだのでした。まとめると**表a**のようになります。

　ピアジェのこのような段階論には様々な批判があります。ここでは、その最有力の議論として、領域固有性論（モジュール論）からの批判を紹介しておきましょう。この論では、「ピアジェの考えるような、認知的活動の全領域を覆うような発達段階といったものはない」とされ、子どもは「個々の認知領域で経験を通じて知的有能さを獲得していく」存在と捉えられます。問題は、一般的な心的操作のルールの獲得でなく、むしろ個々の領域で必要とされる知識やスキルの学習であって、個別領域で有能になっていくこと（熟達化）の積み重ねが知的発達だとみなされるわけです。この考え方は、個人によって得意な知的活動の領域が違っていたり（たとえば、国語は得意だけれど算数は苦手など）、一人の個人の中でも領域によって発達が均質には進まないという経験的事実と、よく合っています。しかし一方で、発達の過程では子どもが全体として大きく変化する時期（歩行やことばの開始、自己意識の芽ばえの時期としての乳児期の終わりや、体の変化と知的世界の拡大が始まる思春期など）のあることも、私たちは経験的に知っています。子どもの発達を一つの全体的なシステムの変化として捉えなければ、このような事実は説明できないでしょう。したがって、必要なのは、後者のような見方の中に、モジュール論的な考え方をどう組み込んでいくかということです。現在の認知発達心理学では、このことが問われています。

表a　ピアジェの認知発達段階論

発達段階	年齢範囲	特徴（及び典型的な現象）
感覚運動期	誕生から2歳まで	表象機能が未だ十分に育っていないため、もっぱら行為レベルで外界への適応が行われている時期。（循環反応、対象の永続性など）
前操作期	2歳から7歳まで	イメージ、ことば、記号によって外界を表象し、それらを心的に操作することが可能となるが、未だ適切な論理規則に則っては行えない時期。（保存概念の未成立）
具体的操作期	7歳から11,12歳まで	適切な心的操作が具体的な事物の支えを得て行えるようになる。（保存概念の獲得）
形式的操作期	11,12歳以降	適切な心的操作が具体を離れて抽象的なレベルで行えるようになる。（可能的世界についての思考が可能となる）

もっと深く学びたい人のために

ピアジェ, J.・イネルデ, B.（波多野完治・須賀哲夫・周郷博　訳）　1966　*新しい児童心理学*　クセジュ文庫（白水社）

ピアジェ, J.（中垣啓・訳）　2007　*ピアジェに学ぶ認知発達の科学*　北大路書房

索引

【あ】

アクション・ヘッダー 123-125
アスペルガー症候群 231, 232
アニミズム 108
アルゴリズムの理解 146
安定順序の原理 138
一対一の原理 138
一次的ことば 179-181
一次的信念の理解 94, 95
意図共有的共同注意 210
意図的因果 110, 111
意図的な行為者 46
意図と願望の区別 53
意図の共有 54, 55
意図理解 44-46, 48, 50, 52-56, 58, 67, 211
意味づけ期 190
イメージ処理方略 130, 131
インフォーマル算数の知識 140
動きの模倣 64
ウルトラディアン・リズム 16
運動感覚 214
ADHD（注意欠陥多動性障害） 226, 228-230
映像の表象性の理解 82
映像理解 162, 163
液量の保存 239
LD（学習障害） 226, 228, 233
遠近法 192
延滞模倣 64, 66, 68
オウム返し 218
音韻意識 176, 178, 179
音韻抽出 176
音声の模倣 64
音読 173, 174

【か】

外言 181
概念的カテゴリー 23, 24
概念発達 106
科学的概念 115
科学的生物学 116

学習障害 234
可逆性 239
カタログ期 190, 192
カテゴリー分類 22-24
からかい 48
感覚・知覚の過敏さ 204
感覚運動期 239, 240
眼球運動 14, 16
間主観的 36
機械論的因果 110, 111
記号的意味 62, 63
記号的行為としての「ふり」 68, 69
擬人化 110
基数 144
基数の原理 138
基底線 192, 193
忌避反応 79
9ヵ月革命 46
教示行為 56
鏡像自己認知 76-82, 85
鏡像段階説 78
共同注意 28, 34-37, 39-41, 48, 96, 207-211
共同注視 32, 209
協力行動 54
距離の感覚 142
具体的操作期 239, 240
形式的操作期 239, 240
計数 138
言語処理方略 130, 131
言語の恣意性 216
高機能自閉症 226, 228, 231, 232
高機能広汎性発達障害 232
広汎性発達障害（PDD） 232
国際疾病分類 204
心の理論 88-91, 94, 95, 98, 100, 102, 107, 203, 208, 211, 232
誤信念課題 88-90, 92, 94, 98, 100, 101
ごっこ遊び 64, 68, 70, 72, 75, 206
ことばの遅れ 207
コミュニケーション援助 212
コミュニケーションの障害 204, 205, 207-209
語用論的な問題 217

【さ】

視覚的注意 30, 32
時間概念 121, 122
時間管理能力 120
時間構造 121, 122, 124-126, 129-133
時間処理方略 129, 130
時間の構造化 120
自己意識 76, 85, 240
自己概念 78
自己志向的な反応 77, 78
自己受容感覚 214
自己像認知 76-81, 86
自己認知 70
自制心 230
実行機能 99, 229, 230
視点取得 216, 218
視点の混同 192, 193
自閉症 79, 80, 202-205, 207, 208, 212-232
自閉症スペクトラム障害 232
社会性の障害 204, 205
社会的参照 48, 49, 96, 207
写真の自己像認知 80
主観的輪郭 20
熟達化 240
馴化・脱馴化法 13, 14
循環反応 240
順序無関係の原理 138
象徴期 190
象徴行為としての「ふり」 69, 70
情動交流 29, 30
衝動性 228
情動的行動 231
叙述の指さし 48, 49
序数の理解 144
視力 16
シーン・スキーマ 122
シーン・ヘッダー 123-125
新生児模倣 67

身体的コミュニケーション　215, 216
心的操作　238-240
人物画　186-188, 192, 194, 195
錐体細胞　18
随伴性　30, 79-81
数概念　135, 136, 138, 139, 144, 145
数唱　141-143
数の保存　136, 138
数量の感覚　134, 139, 142, 144, 148
スキーマ　190
スクリプト　123-126
スクリプト・ヘッダー　123, 125
図式期　192, 193
図と地の体制　234, 235
スマーティー課題　92, 93
生活時間構造　126, 130
静観的態度　33
正規分布　179
生気論的因果　110, 111
精神疾患の診断・統計マニュアル　204, 222, 228
生物概念　114
生命認識　108
前言語期　215, 216
選好注視法　13
前図式期　190, 192, 193
前操作期　239, 240
早期教育論　173
早期能力開発　3
想像力の障害　231
相対評価　179
即時模倣　64, 66
素朴生物学　107-117
素朴物理学　107, 108
素朴理論　104, 106-109, 111, 113, 115-117
存在論的区別　106, 111

【た】

ターンテーキング　33
対象像認知　84
対象の永続性　240
体性感覚　214, 215
対連合学習　176
ダウン症　211
多動　228
多動優勢型　228
単純な注視　32
遅延ビデオ映像　80, 81, 85
知覚的カテゴリー　24
知識の凝集性　109
知的障害　207, 226
抽象化の原理　138
つもり　36, 37
出来事スキーマ　122
テレビ視聴時間　155
展開図法　192, 193
伝達意図　36
動作的表象としての「ふり」　68
頭足人　186-188, 190
動物概念　115

【な】

内言　181, 230
なぐりがき　188, 189, 191
名前の理解　85
二次障害　236
二次的ことば　180, 182
二次的信念の理解　94, 95

【は】

恥じらい　79, 80
発達障害　202-204, 207, 208, 226, 236, 237
反復タッチング課題　24
非言語コミュニケーション　205
ビデオ映像自己認知　82
皮膚感覚　214
表象機能　60, 62, 64, 72, 74
表象的共同注意　210
不注意　228
不注意優勢型　228
プランニング能力　188
ふり　64, 68, 72
プロセス・アプローチ　186, 196
分数の概念　146
保存　136, 138
保存概念　240
保存課題　136, 239

【ま】

マークテスト　77-82, 84, 85
マイクロ分析　29
マインド・リーディング　211
みたて　37
見ること─知ることの関係理解　98
メタ表象　98
メタ表象能力　163, 164
文字指導　170, 178
文字習得　174, 176, 179-183
モジュール論　240
物語的意味　62, 63, 74
模倣　29, 50, 64, 66, 72, 207

【や】

役割取得　66
指さし　34, 48, 96, 205, 207, 209
幼児期健忘症　12
曜日の感覚　144
読み習得　174, 176, 178, 179

【ら】

ライブビデオ映像　81, 82, 84
領域一般説　121
領域一般的な能力　99
領域固有性論　240
領域固有説　121
領域固有の因果関係の理解　110
理論説　106
レントゲン画　192, 193
聾児の心の理論　101

【わ】

ワーキングメモリー　229

執筆者

坂田 陽子（さかた ようこ）	愛知淑徳大学	1章
常田 美穂（つねだ みほ）	香川子ども子育て研究所	2章
赤木 和重（あかぎ かずしげ）	神戸大学	3章
木村美奈子（きむら みなこ）	名古屋芸術大学	4、10章
加藤 弘美（かとう ひろみ）	南部地域療育センターそよ風	5章
瀬野 由衣（せの ゆい）	愛知県立大学	6章
布施 光代（ふせ みつよ）	明星大学	7章
丸山真名美（まるやま まなみ）	至学館大学	8章
山名 裕子（やまな ゆうこ）	秋田大学	9章
松本 博雄（まつもと ひろお）	香川大学	11章
平沼 博将（ひらぬま ひろまさ）	大阪電気通信大学	12章
中嶋 理香（なかじま りか）	姫路獨協大学	13章
別府 悦子（べっぷ えつこ）	中部学院大学	14章
加藤 義信（かとう よしのぶ）	愛知県立大学	コラム・ピアジェの認知発達論

装画／おのでらえいこ
装幀／山田道弘
写真／川内松男　（p.63 p.75 p.132 p.155 p.225）

資料でわかる　認知発達心理学入門

2008年5月25日　初版発行
2017年3月20日　5刷発行

編　者　加　藤　義　信
発行者　名　古　屋　研　一
発行所　㈱ひとなる書房
東京都文京区本郷2-17-13
広和レジデンス1F
TEL03（3811）1372
FAX03（3811）1383
e-mail：hitonaru@alles.or.jp

©2008　印刷・製本／モリモト印刷株式会社
＊乱丁、落丁本はお取り替えいたします。お手数ですが小社までご連絡ください。